全著作

森繁久彌コレクション 5

海

ロマン

解説　片山杜秀

藤原書店

船長服を着て

昭和31（1956）年に譲り受けた「メイキッス号」でのパーティ。後列中央に著者、その右が船を仲介してくれた石原慎太郎氏。前列左に杏子夫人

浜離宮横にヨットを置き、仕事の合い間、東京湾でのんびり過ごす

愛船ふじやま丸
全長21.5m　マストの高さ18m
当時も今も日本最大のヨット

メイキッス号上の著者

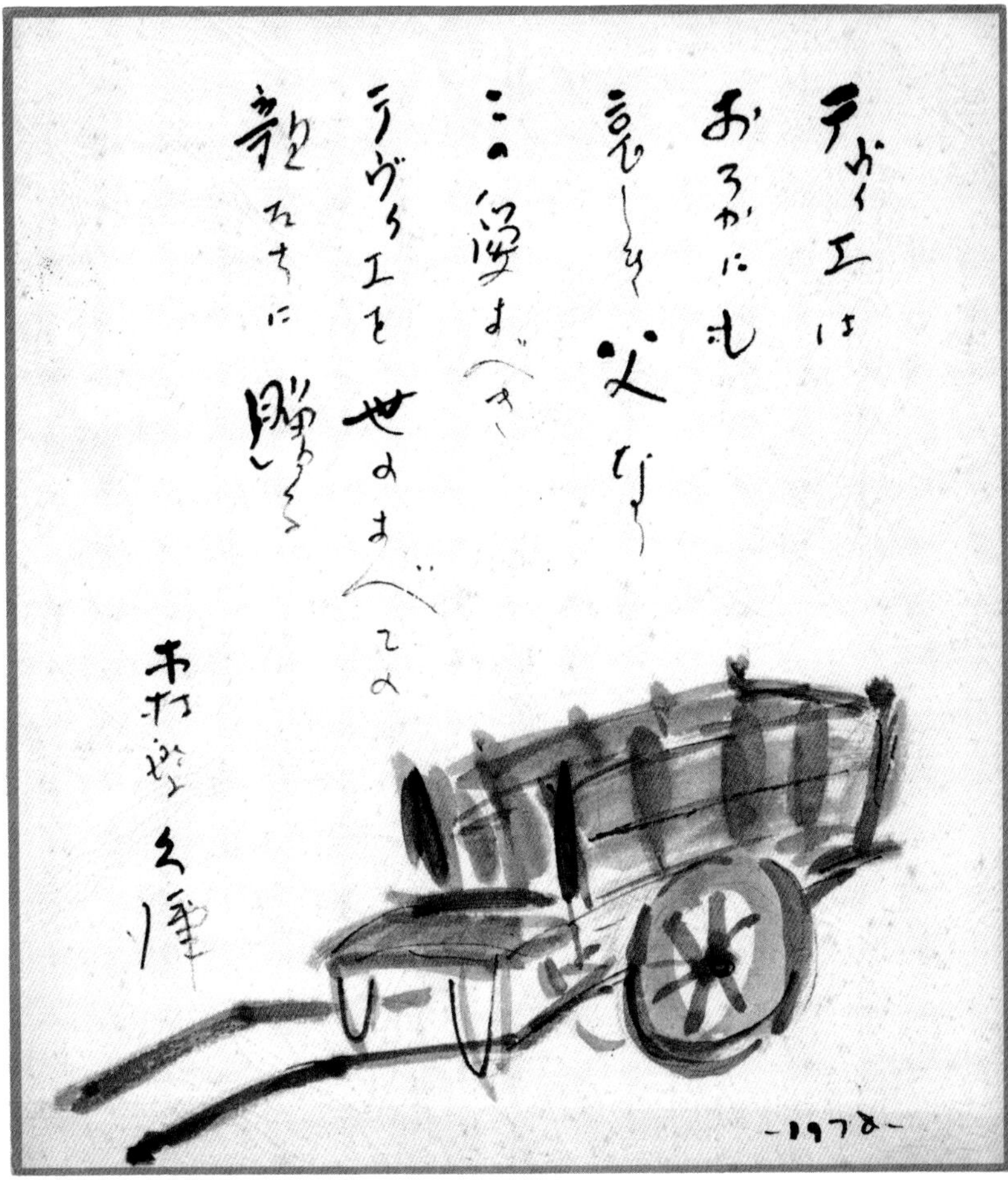

テヴィエは
おろかにも
哀しき父なり
この愛すべき
テヴィエを世のすべての
親たちに贈る

森繁久彌

舞台「屋根の上のヴァイオリン弾き」に寄せて、
一九七八年

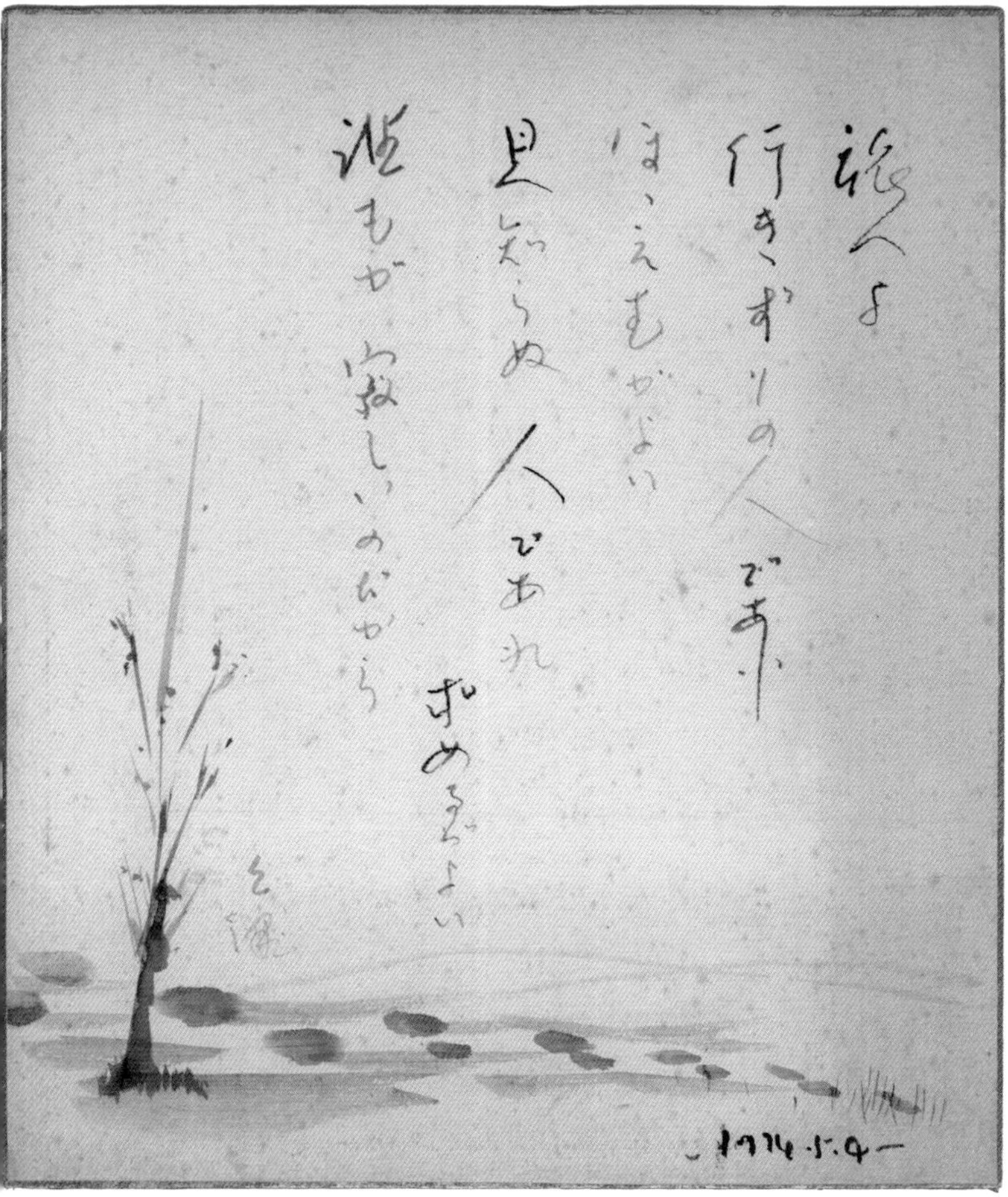

旅人よ
行きずりの人であれ
ほゝえむがよい
見知らぬ人であれ
　　求めるがよい
誰もが　寂しいのだから
　　　　　　　　久彌
一九七四年五月四日

慈悲とは 人をゆるすこと
智恵とは 己れをゆるすこと
森繁久彌

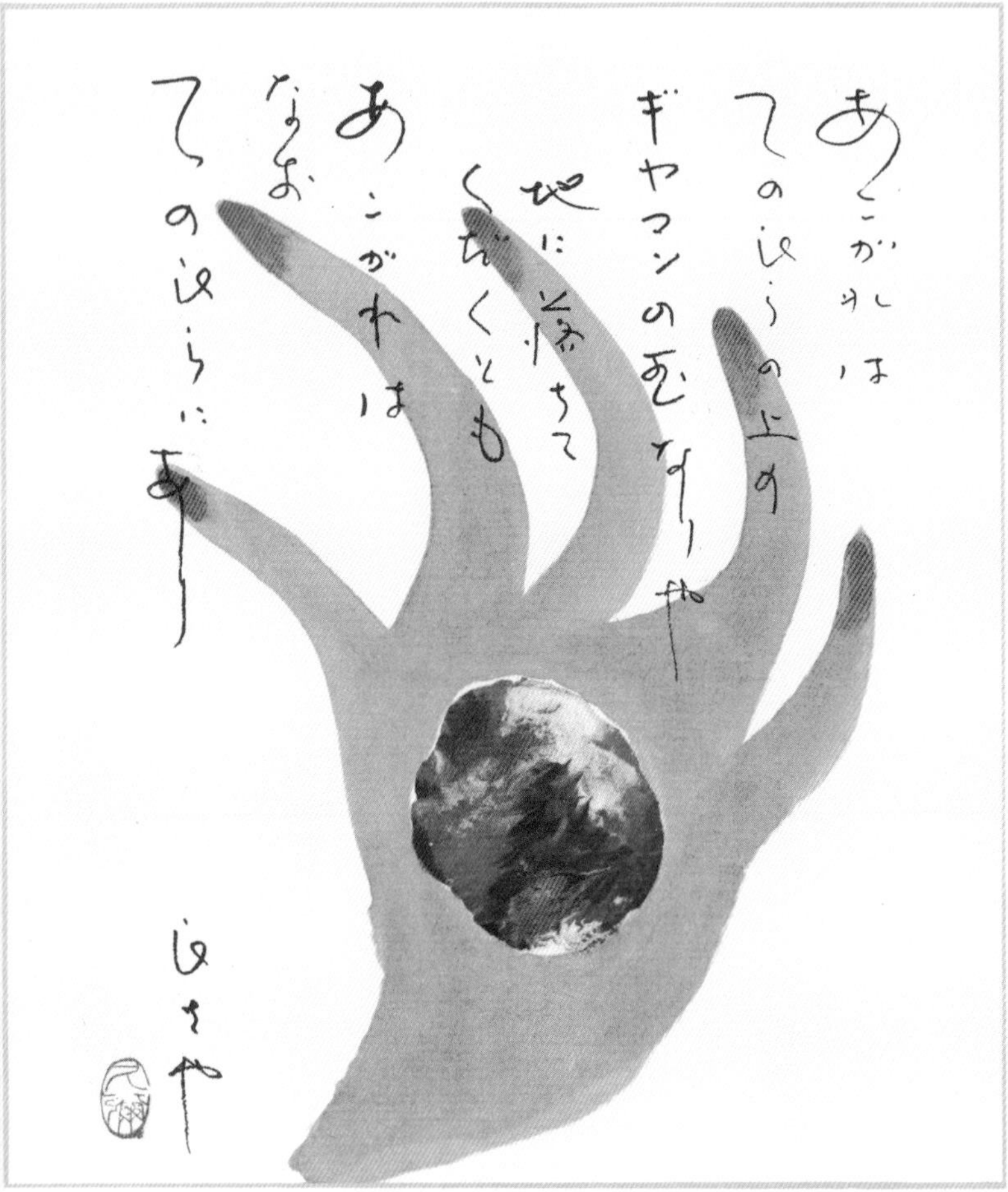

あこがれは
てのひらの上の
ギヤマンの玉なりや
地に落ちて
くだくとも
あこがれは
なお
てのひらにあり

ひさや

（『森繁らくがき帖
はじのうわぬり』より）

全著作〈森繁久彌コレクション〉5　海――ロマン

目次

I　海よ　友よ――メイキッスIII号日本一周航海記

II　わが愛しの海

一

二

III　森繁久彌の詩

詩

詩と文——『一片の雲』より

歌　詞

俳句

特別附録1 森繁らくがき帖「はじのうわぬり――書画の世界」 341

特別附録2　森繁久彌の詩碑、色紙　395

カバー画　山藤章二
装　丁　作間順子

全著作〈森繁久彌コレクション〉5

海

ロマン

『全著作〈森繁久彌コレクション〉』発刊にあたって

森繁久彌は俳優としてすばらしい業績を残したばかりでなく、自ら筆をとって多くの文章を残し、二十三冊もの著作をあらわした。名文であり、ユーモア、ウィットにあふれ、奥深い。しかし、著書の多くは今は品切れになっている。このままでは、〝文人・森繁久彌〟は埋もれてしまうと危機感を抱き、ぜひ残しておかなければ、との思いから、三年ほどかかってしまったが、ようやく発刊にこぎつけることができた。

本コレクションは、著者のこれまでの単行本から、あらためてテーマ別に構成し直し、著者の執筆活動の全体像とその展開を示すものである。

「全著作」と銘打ったが、厳密な意味で全作品を集めたというわけではないけれども、森繁さんの全体像が見渡せるようにと配慮した。

また、著者は故人であり、特に『自伝』の巻は、その全生涯を網羅的に出すことには至っていない。作品と作品の間に記述の空白がある部分もある。読者のご寛恕をいただければ幸いである。

『全著作〈森繁久彌コレクション〉』編集委員会

凡例

一、原則として、最新版の単行本を底本とする。単行本に未収録の作品については、それぞれ初出紙誌を底本とする。
一、原則として用字の統一は行わず、底本を尊重する。
一、ただし、明らかな誤植は訂正する。また明らかに不自然な表記は訂正する。
一、原則として、現代かなづかい、新漢字に統一する。(ただし、旧かなづかいの引用文等を除く)
一、現代では差別的とされる表現があるが、著者が故人であり、また差別の意図はないことから、そのまま残した。

I

海よ　友よ

——メイキッスIII号日本一周航海記

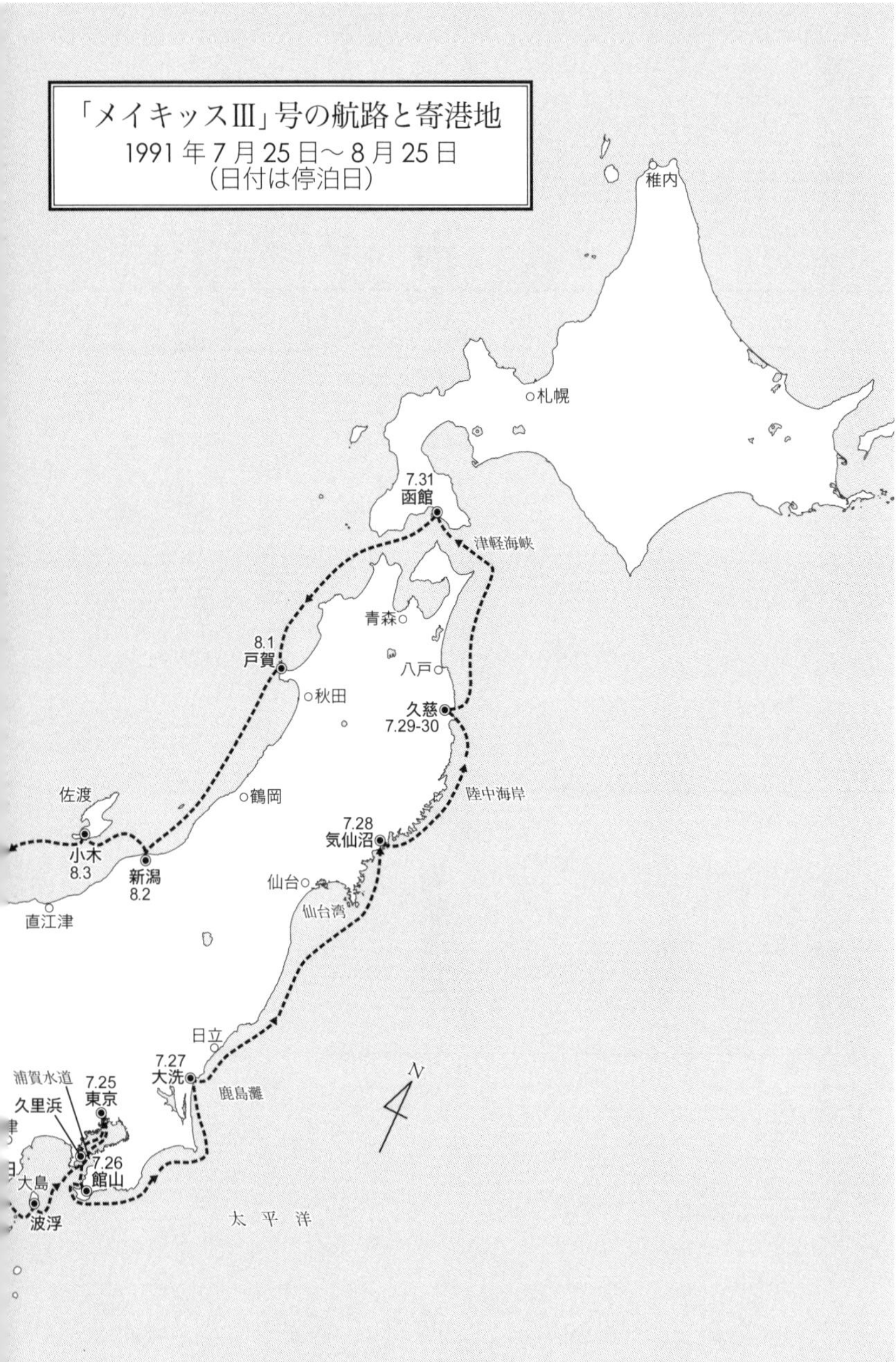
「メイキッスIII」号の航路と寄港地
1991年7月25日～8月25日
（日付は停泊日）
稚内
札幌
7.31
函館
津軽海峡
青森
八戸
8.1
戸賀
秋田
久慈
7.29-30
陸中海岸
鶴岡
佐渡
7.28
気仙沼
小木
8.3
新潟
8.2
仙台
仙台湾
直江津
日立
7.27
大洗
鹿島灘
浦賀水道
7.25
東京
久里浜
7.26
館山
大島
波浮
太 平 洋
N

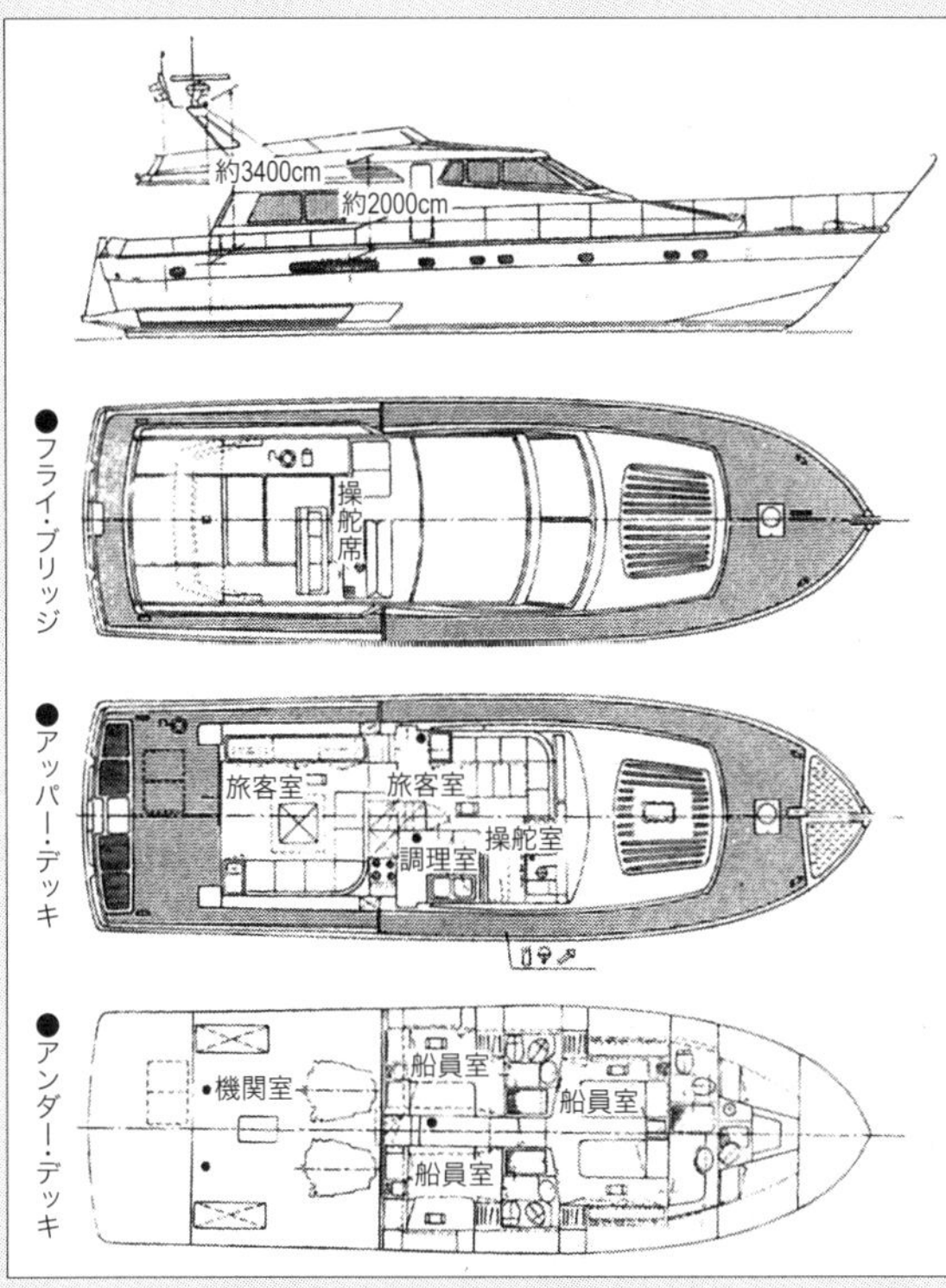
約3400cm
約2000cm
●フライ・ブリッジ
操舵席
●アッパー・デッキ
旅客室
旅客室
調理室
操舵室
●アンダー・デッキ
機関室
船員室
船員室
船員室

「メイキッスIII」設計図

日本海
七尾
8.4-6
三国
8.7
若狭湾
宮津
8.8
鳥取
境
8.9
松江
萩
8.10
玄界灘
響灘
下関
8.11
福岡
関門海峡
周防灘
長崎
熊本
別府
大分
串港
8.12
松山
瀬戸内海
高松
播磨灘
大阪
名古屋
奈良
和歌山
徳島
宇佐
8.14
高知
土佐清水
8.13
豊後水道
海部
8.15
紀伊水道
新宮
8.17-22
浜島
伊勢湾
浜松
遠州灘
串本
8.16
熊野灘
宮崎
日向灘

ドラが鳴る――プロローグ

一九九二年――年が明ける。

年が明ける――とはよくよく考えると不思議な言い回し方だ。何も昨年まで閉まっていたドアが開くわけもないし、正月から日が差して長い夜が明けるでもない。昨日につづく自儘《じまま》な日々がこともなげに明け、あっという間に暮れるのが正月だ。

その一年の間にさほどのこともやらないし、またやろうともしない。それがごく一般的な人間の生活でもあろうか。そして気ばかり何かしようと焦り思い、実は割合に意味もない毎日を――一カ月を、一年を送り老人になる。子どもができると、皺寄せのように妙に子どもに溺れる。そのうち孫ができればクソ可愛がりに陥って、ただそれだけで粗大ゴミと化してしまう。いかにも残念なことだ。

私は極力それに逆らって生きようと、前もいまも思っている。

早い話が島が欲しいというと、明日にも欲しいのだ。見つかれば銭もないのに自分のモノにする。そのうち飽きたころ、人が私の島で遊んでいる――結構なことだ。つまりそれでいいと納得するのである。いまこそヨット・ハーバーが要る時代だというと、ヨット・ハーバーのために飛行機を借り、三浦半島を葉山から三崎までを限なく何回も飛び回り、遂に長井の浜を越えた佐島《さじま》に目星をつけ、それこそカネもないのに約五億ほどもかかるヨット・ハーバーをこしらえた。カネのない奴は皆おいで、海の好きな奴は皆おいで、船の好きな奴はみんな来い！　人はだまっていても集まった。

ある日、銀座で一杯やっていたら、そこの姉ちゃんが、

「ネエ、面白いとこがあるのよ、じゃんじゃん食って飲んで平気でドロンできるの、あんまりおいしくて悪くなったけど……」

「皆行ってるの?」

「それが評判で若い連中が皆行くのよ。あとで、場所教えたげるワ」

なんと——それが私の造った佐島マリーナであるとは。でも、考えようによってはそれもいいいな、客が喜んで何が悪いと、別に私は叱らなかった。

ちょうどそのころ、日本でオリンピックが開催されるという。私は、毎年ヨットの連中が向こうの金持ちのヨットマンに全員ご馳走になった話ばかり聞かされていたので、人はともかく、自分だけでも何かしたいと思い、大型帆船の建造を思いついた。全部日本のものでまかなおうと、七十五フィートの大型艇の作図を渡辺修二氏にお願いした。

かつて日本海軍の潜航艇を造っていた腕のいい職人たちがやっている、横須賀に近い追浜《おつぱま》の光工業で着工した。渡辺氏はいくらかかるか分からんというが、なあに乗りかかった船だ。私のほうもやってくれといわれれば、クリスマスの余興でもなんでもお断りせずに働いた。でもとうてい間に合わず、税務署とも大喧嘩した、が、艇《ふね》はできた。晴海埠頭で進水式と公開をかねて、三笠宮や松田文部大臣や名士を呼んで、東宝の音楽団の奏でる中をシャンパンを抜いた。

このころの私への悪口が一番ひどかったのではなかろうか。

「あのバカ、いずれ海で死ぬぜ！」

絢爛と艇は輝き、風聞をよそに日本の海の女王として君臨したのだ。当時、艇を見る人が、記録によると千二百人というから大変な集まりでもあった。

やがて、オリンピック大会本部から江の島にこの艇のバースを造りますという。私はウイスキーを三樽、肉は神戸牛を一頭分、ともかく外人のヨットマンは全部俺が引き受けたと強がりをいって処女航海に出た、大阪——つまり私を育てたチヌの海、西宮のハーバーである。

なんと！　そこまではよかったが、私がここで猛烈な台風に遭うとは——計算外である。

いやはや風速六〇メートルの風に巨船も木の葉だ。西宮湾内でビットに結んだロープが切れた。実は切れたのではなく堤防そのものが吹っ飛んだのである。そんなことがあって、新艇はシッチャカメッチャカで遂に堤防に乗り上げて大破しておしゃかになった。オリンピックもへったくれもない。ただそれだけの話だが、つづいて千葉沖の海を埋め〝貸し飛行場〟を造ろうと発願したが、仵から、目下、佐島に造ったマリーナが忙しいからと断られ、私も片や劇団をつくるわ、役者諸君も集まってくるわで本業が忙しくなり、モリシゲ・ビジョンも度がすぎるとお叱りもあり、遂にそのほうは夢の尾羽打ち枯れる日々がつづくのである。

でも、考えてみればそのあたりが私の華ではなかっただろうか。女友達との付き合いも家内の目を盗んで忙しかったが、いまから考えるとよくこの体がもったもんだと思う。仕事をしているか、酒を飲んでいるか女の娘《こ》と遊んでいるか。だが暇があろうとなかろうと詩の本も己の側《そば》から離したことはない。

さしたる答えは返ってこなかったが――というより他人が見りゃ何のメリットもなくて過ぎた日々だが、私にしては十分満足している人生だったと思っている。流行《はや》りのゼニカネでいうなら借金こそ残れ、何の貯金も残っていない。もっとも、貯めようと思ったことは一度もないのだから、これでカネが残っていたら警察に来てもらって調べてもらうよりほかにない。

私でも、友だちが亡くなって役者が減った故だろう、いろいろな会の〝長〟に祭り上げられ、不思議や粗大ゴミも適当な場所をもらうのだ。

ただ、そんな私にも私だけの密かな楽しみがあった。実は、島も買った、そしてその島に小屋まで建てたが、それもいつか忘れ、またロケでとことん惚れ、こんな美しい風景の土地があろうか――と求めたが、いまやなんの魅力もない。その私の魂をゆするものは、実は水の上であった。川で――池で――、湖であり、いや海はその中で私を一番に魅了した水の上だった。

正直いって、カネも、あるいは仕事も可愛い彼女たちも、大半は忘れたようだが、そんな中で忘れられないものはやはり船だった。ある日、

「オレなあ、全部やめてどこかの船にでも――、ボーイでいいから……」

「何をいってるんですか、大概のことは許しますが、それは別れてからにしてください」

女房の一喝にあった。

私なりに悶々の日はあったようだ。

ある日、伜が一枚のパンフレットを持ってやって来た。

それから四、五日経って、どうアレ？　と聞くのだ。いやな奴だ、癪にさわったので、いま飛行船に夢中なんだ！　とどなり返した。

「ヤレヤレ、今度は飛行船か！」

困った親だと思ったに違いない。

さて、そのパンフレットだが！　アメリカ製の船も乗ってきたが、どうも私の気持ちはヨーロッパ趣味に走るようで、そのイタリー製の艇を暇さえあれば見て、老人は興奮しながら暮らした。

銭オンチも年を取れば少しは覚えたのか、なんとカネのないウチ——と分かって、結局、いま住んでいるこの土地でカネを借りられるという有り難いことがあったのだ。

伜はイタリーへ飛んだ。そこの社長にも会い、大層好意的な扱いで、いますぐなら自分の艇がある、まだ四、五十時間しか乗ってないが、それなら値段もいくらか引こう——ということになり、一応決めて再度、艇が船積みされるときに伜の泉《いずみ》はイタリーを再訪問した。なんとこの艇が山の上に置いてあるのに驚いたという。そのへんは別荘地で、金持ちたちは山の上に住み、船もほとんどの人が車庫の隣に艇庫を持っている。やっと日本の貨物船に積んで日本へ嫁入りできたのだが、そのデッキへの船賃が一千万円というのにも驚いた。

到着の日、亡妻と品川まで行ったのも思い出だ。

「わたしは、あまり乗せてくれないわネ」

「そんな厭味をいうな」

「でも、私は妬《や》けるわネ」

と本音を漏らした。

素晴らしい姿の我が艇に見惚れたが、間もなく、「この船、誰の船、ボクの船！」と皆がいい、持ち主はなんとなく小さくなった。でも、皆が自分の船だという気持ちがなけりゃ船の運航などうまくゆくものではない。

大島へ行き、相模湾で遊び、大阪へ行き、瀬戸内海を回り、どうやら他人の船でなくなるのに二年ほどもかかった。

さて、そろそろ船にも慣れたので、このへんでいっちょう冒険でもやらかそうか――。その話が次章からつづくのだが、私たちは春から夏にかけて準備に入り、ようやく夏の盛りを待った。

東京を出て北へ――東京・久里浜・館山・大洗

マゼランはホーン岬で高波に翻弄されながらも、我々には帰る道はない、ただ前進あるのみだ――といったそうだ。その話が私の頭の中にくり返し、くり返しつき上げてきて、ただひたすら怒濤に祈るばかりであった。長い日本一周の計画は一見華々しいが潮は決して甘くないということだ。

日本一周、私たちがヨット・マンたちが余り好まない北回りを選んだのは別に確たる理由があるわけではない。ただ北回りのほうが黒潮の後押しもあるし、大方は南風が吹くのでこれもあと押しだし、海は楽だろうと私たちは安直に考えた。

が、すべてはひっくり返ったのだ。まず稀な気象異変で、東北は夏寒だし、静かなるべき海峡も日本海も、〝こんなハズはねえんだし〟と漁師も首をかしげる毎日であった。くずれ、なお、ねじくれた潮流は何度も肝を冷やさせた。いずれにしても海は、時に広大で、母のようにやさしく、時にまた、駄々っ子のように我儘《わがまま》である——ことを、いやというほど知らされた。考えれば、その海が好きな私ももう若くない、あと二年で八十歳だ、あまり悠長なことはいってはおれん。

平成三年七月二十五日、東京湾マリーナ（石川島播磨）を離れた。夏の海のキラメク中へ艇《ふね》を出した。まだ秋じゃないのに妙に赤トンボが艇にまつわりついてくる。どうしたんだろうなあーというと、物知り風に〝今年は夏が短いんですよ〟とちょっと気になる返事が聞こえた。

元来、私はヨット乗りだが、年を取ってからはヒール（傾く）するものの上が耐えられなくなってきて、とうとうモーターボートに切り替えた。

メイキッスⅢ号は三十五トン、五十七フィートで、左右二機で千五百馬力のエンジンと十五キロの発電機（これは昼夜回りっぱなしだ）、艇への震動を嫌ってエンジン・ルームにはバカでかい消音器がついており、スクリューは五枚ペラで、お陰で静かである。会話にも差し支えない。

イタリーの名船といわれるサン・ロレンツォ製である。船といえばチーク材だが、これはなんと真っ白い白樺《バーチ》である。赤いチークでは暗いというのだ。

東京湾マリーナで結団式のシャンパンを抜いて、マスコミの皆さんにお別れして艇は出た。私はキャビンの家内の写真の前で出発と守護を祈願した。久里浜に着き、伜のマンションで私たちは最後の仕上げをし、早朝を期して出発に決まった。気圧一〇〇八ミリバール、強風警報だという。一同は緊張したが、そこに東京湾の出口を見ながら風速一五メートル、波は四、五メートルと高い。洲崎《すのざき》の鼻へ出ると風と同時に波が三角波になって、船長も私たちもキリキリ舞いをさせられた。

誰かが〝ここが野島崎だろう、この沖で軍艦やら商船やら随分遭難したんだよナー〟と緊張のあまり口走るクルーを戒めた。でもどうにも野島崎がかわせない。マゼランには悪いが中止するのも大きな勇気がいる。いままで余り経験のない悪い波だ。「泉（伜の名前）！　無理するな、館山に帰れ、避行しよう」

彼は丙種の免許を持っているので一応船長ということにしたが、その補佐としてモーターボート界の大家・加藤正春をサブ・キャプテンとしてつけた。

〝引き返しましょう〟。彼が静かに応えた。初日は無理をするな、で全員納得して館山の自衛隊のそばに艇をやすめた。

さて、乗組員は十四名でクルーは十一名、ゲストの乗船者は映画監督の桜井秀雄氏と元ＴＢＳの宮本裕氏、彼は、私のアナウンサーの後輩である。監督は三高だが、宮本は青山学院で、ともに旅の読み物を書いてくれと頼んでいる。いずれ出てくると思うが噴き出すような狂歌ができている。

女性は伜の家内・昭子、私の付き人の伸子、劇団の典子。そして伸子の兄・守田洋三（クルー）。小野口機関長は、海軍から海上保安庁を勤め上げた古強者。パーサーは一切の渉外やすべて乗組員の健康まで見なくちゃならない、なかなかの重任なので、いつも楽屋で細かいことに気のつく井上孝雄に頼んだが、残念なことに目下芝居中で、二十九日に北の港に急ぐという。田中亮太はいかにもボンボンで細くヘナヘナしてるが、これがなかなかの智恵者である。竹脇無我が恩着せがましく貸してくれたのが、橋口和生。紀州新宮の産だが佐藤春夫ほどの才はない。でも実にいいヤツ。竹脇についてるより海にいたほうが――という話だけは絶対にしないでくれ――という好青年である。もう一人コロコロ転んだほうが早いような背の低いモグリの名人・今ちゃんこと今村広則である。いい場所があれば、ウニやナマコなども彼の力を借りたいと楽しみだ。

あとはテレビ朝日系のカメラマン・佐々木君に長い休みを取ってもらった。彼にはカメラとビデオと一切の記録をお願いした。しかしなかなかの器用人、結構操舵もうまい、アンマもうまい。

これだけの広さだと5DKか4LLDKだから、何がどこに入っているか探すのは大変である。佐々木さん、井上さんと呼ばなくては出るものも出てこない。

「艇《ふね》が重いなァー」

口ぐせのように伜がぼやく。そのクセ、――おい、ワサビがあるだろう、はやくオロシテこい――

などと虫がいい。

これも面倒なことだが、積み荷の話もしておかねば。野菜、果物は大きな冷蔵箱にぎっしりだ。肉も凍って三十キロぐらい。魚は現地調達だからいいとして、ソーセージ、チーズ、あとは女でないと分からないが調味料が大きなボール箱で三箱、洗濯石鹸、書道用の硯、墨、落款用の印、印肉。ともかく三軒分ぐらいの家の引っ越し量は優にある。もっと面白いのは氷カキの道具、七輪、炭、なくもがなのものばかり。蚊取り線香、ベープとかいう虫取り、フライ・ブリッジで寝る人のために蚊帳、布団、ETC。

「おやじ、見てごらん、いいかい（エンジンを噴かす）、いくらか黒い煙が出るだろう、艇《ふね》が重いんだ――あれだけ積んだ上に油が満載だからナ」

「油がなくて動くか――これだけのものが。黒い煙は気になるが、機関長は何といってるんだ」

エンジンは熱を持ち過ぎるのか、白い蒸気が舞い上がって、それらが水脈《みお》にかすんで、全体にいくらか黒っぽい。機関長は十分おきぐらいに点検している。

随分走った。百三十マイルと印されている。大きな半島が近くなってきた。チャート（海図）を見れば鹿島の臨海都市である。煙突が何本も見え、かつて鴨撃ちに三船敏郎や三橋達也と行った霞ケ浦が近いのだ。映画では「雨情」のロケで一カ月近くもいただろうか、土地の芸者が、

〝おぼえるなら本《はん》磯節がええよ。皆早いのよ、唄が。あれは太平洋の波のようにゆっくり唄ってほしいの、

〽波の背に乗る　秋の月

ってね"

そういえば夕方は気温が下がる。七月末ともあれば盛夏であるはずだが。

このおかしい現象がやがて私たちの前に進路を阻むかのように、姿を変えて襲いかかろうとは。

艇は風に押されて船脚は速い。海の色を見ても黒潮つづきだ。実は寒暖計を入れて温度を見ればすぐに分かるのだが、黒潮は二五度近辺である。ようやく波の背に乗って大洗の港に入っていった。港の土を踏むとすでに俗化の匂いがする。でも、はや方言が海から来た遊子《ゆうし》の気持ちを慰める。

「まんず、まんず、ご苦労ですたな」

ここの昭栄丸という民宿に、去年やはり海から来て泊まったことがある。大きな鰈《かれい》の魚拓に目をみはったが、是非寒くなってから来いと誘われたのが思い出される。民宿は旅館に比べて施設が落ちるが、大概は釣り宿だから魚がうまいことは間違いない。そんなことから、もっぱら民宿を第一にしたのだが、一日遅れたので民宿昭栄丸は満員、大洗マリンランドという宿を紹介されて、そこでひとまず風呂へ入って潮を流した。勿論、艇でも熱い湯も冷たいのも十分出るが、おまけにシャワーは五カ所にもついているが、ザブンとはまる風呂に越したことはない。

私たちはどちらかというと、なめくじの一族だろう。塩に弱い、つまりなめくじの如く溶けるのである。だからクルージングがすんだら必ず風呂へ入らないと体が溶けるのか体中が痒《かゆ》いのだ。

老人(私も入れてほぼ三人)は初めての長旅に疲れた様子もなく、湯にひたりながら、

「いや、すばらしいお誘いでした、海の香りを満喫しています」

船長は医者ではないが全員の健康がいちばん気にかかる。食べ物も一つひとつ心配だが、疲労が過ぎていやしないかと、常に顔を見てHな話などもしてその笑い声に注意する。これが通じないときは余程頭に、いや体にきているのだ。

浴衣姿になって、全員晩めしだ。指示もあり、反省もあり、歌もありで若い連中はしぶしぶ艇へ帰る。帰ったと思っているのは船長だけど、若い諸君の漫遊は自由だ。

宮本老が何か書いている。覗くと、

〝みさきたつ　とうだいもりよナ　この人は
暗きうき世に　ゆめの灯とぼす〟　（裕）

「いーねえ裕ちゃん」
すこし褒めすぎだナというと、
いやいや、

〝芸の海　歌の海　またふみの海など
苦楽の海を　うたうなり〟

裕ちゃん、最後のところが違うな、うたうな
いいいまくらじゃないのかい。

陽気に笑う声もどこか遠くになり、歯ぎしりや寝言など聞こえたが、それも消えて私たちは深い眠りに入った。

碧い海を求めて気仙沼から函館へ——気仙沼・久慈

〽遥か彼方は　相馬の空かョー
相馬恋しや　なつかしや

「このへんはいいとこだよな……あれが相馬の連山か」

「相馬までは、まだ大分ありますよ、オーナーもいい加減だナ」

「高萩に同窓生が書道の先生で行っておってね、講演たのまれて行ったことがあるんだが」

「高萩なら日立のそばですね、それならあのへんです」

「この艇《ふね》もイタリーから送って来て、日立のドックに入れたんだが」

「日立はこんな小船もやってるんですか？」

「小さいものはアンマの機械からヘアドライヤーもやってるよ。あの煙突が見えるところが日立だネ」

「それはそうと、あまり船かげが見えませんね」

「チッとべえ沖走ってる故だア」

「オーナーはもう訛り始めましたね」

「あー郷に入れば郷に従ってるわけだ。あのへんが勿来だネ。これも勉強だ、おい亮太――勿来についてるところをいってみろっち」

「ナコソですか？　どんな字書くのかナ」

「広い海の上だ、何でもいいからいい加減なこといってみろ、君の故郷《くに》の近くだろう」

「昔、えらい武将がいて伜が元服するので……」

「いいねえ、そいでどうした」

「エー、つまり名こそ惜しめ――といったとか」

「ナコソ、つまり来る勿れ――と書くんだよ」

「あっ風が少し冷たくなったナ、夏なのに……いささか寒いので来る勿れですか――」

「能因法師が奥の細道へ行こうと思い勿来の関あたりへ行ったつもりで、家に居て毎日手足を日に焼いたという話があるだろう」

「アイ・アイ・サー」

「都をば霞とともに立ちしかど、秋風ぞ吹く……勿来じゃーないなあ、白河の関だったか」

「オーナーの歴史はたよりないですね」

「さっき昭栄丸の親父さんがくれたあのデッカイのは何だったたい？」

「メジですよ」

「えっ――メジマグロか、大好物だ」

「今、海がよいのでその間にメシ炊いてます、ワサビもすってます。アラー、二七ノット出てますすネ、黒潮が押してますね」

こんな艇の上で、こんな贅沢な食事をしているとは誰も知るまい。この分でゆけば、船旅も楽しくて一抹の不安もない。のどかな海の旅で、旅費など出して貰いたいくらいのもんだ。しかし、分限者《ぶげんしゃ》も金の費《つか》い方を知らんね。艇内のテレビにまで、欲にからんだ慚愧無惨な会長や社長が出てきてひら謝りだ。いくらカネを儲けても、テレビの前のこの姿はなんともあわれな人間の末路だ。


金華山も大回りで沖側から回ったので、全員は大海祇《おおわだつみ》神社を裏から遥拝した。マミちゃんと裕叔父が南無般若波羅蜜多をやり始めた。先日、四国のお遍路に行って来た土産だが、大きな声で、クルーたちは狐につままれた風だ。

今日は鯨も見えない。金華山あたり波静か、小魚が多いのか鳥の群れが方々にそばえている。

「竿、出そうか?」

「百四十マイルですよ。初めての港じゃないから入りにくくはないけど、二時間フィッシングやれば大敷の網旗が暗くて見えないナ——このまま行きましょう」

何と美しい海だろう、これが三陸沖だ。岬の随所に白い灯台が見える。

今は大方無人だが昔は灯台守として家族が住んでいたのだ。古い話になるが、初めて東京から大阪まで三十三フィートのヨットで航海した時、夜間航海に興奮して、灯台の有り難みがつくづく分かったことがある。当時スポンサーだった森永製菓に、あの頃のカネで一個三千円ほど詰めてもらい、三百近い品を日本の灯台の子らに配ったことがある。ビスケット、キャラメル、チョコレート、十何種類が大きな箱に入って見事だった。きっと子供たちが喜ぶだろう――と一人うなずいて、灯台配給船「若草丸」に積んでもらった。当日、えらい閣下からお礼まで言われて面映ゆい嬉しさで、女房と、声こそ出さなかったがコミ上げたことがある。

全国の大灯台はいくつぐらいとお思いか――。大灯台ですぞ。百五十――とんでもない、その頃で、二百八十というのを憶えている。今は無人も増えて四百近いだろう。

灯台の子らよ。
雨の日、風の日、あるいはのどかな日に〝君たちは孤島に遊ぶ〟

と、長い私の下手くそな詩が入っていて恥ずかしい次第だが、もうその時の子供たちも四十を超えた好い小父さん・小母さんだ。あの時は若草丸が回る順に従って親御さんや子供さんたちからお礼の手紙がきたのを思い出す。

〝僕は小父さんを知りませんが、父さんや母さんに聞いたら活動の役者さんだといいます。でもボクたちは、映画は一年に一度くらい学校で見せてくれるだけです……〟

何とも可愛い手紙をくれるのだ。人里離れた岬やポツンと海中に立つ灯台に毎日を送る子らのそれこそ穢れなき童心が見えて私は幾度か喉をつまらせた。

〽こおれる月かげ　空にさえて

ま冬のあら波　よする小島

昔懐かしい灯台守の唱歌も、近代化になってすっかり唄われなくなった。灯台の子も、私も残念だ。東京湾にも有名な灯台がある。出口には観音崎灯台、城ケ島灯台、洲崎灯台、どれも遠見には美しいが、湾内の海は紅茶色の海がうねっている。

海の学者クストー博士は〝海は死につつある——〟と喝破したが、東京湾など生きた海とはいえまい。

その東京湾でとれた上等の海苔で巻くと一段と美味《うま》さが増すので、たらふくメジマグロの刺し身をぱくついた。食いすぎた奴は親鮪のように、どたりとデッキで寝ている。だが目ざす気仙沼は遠い。どうやら日が落ちて間もない時になって、迎えのテンマ船が見え、去年来た懐かしい港へ入った。人の好いジッチも来て大歓迎だ。

「やあ、先《まん》ズ、先ズ、どうかね七十八銀行、こっちゃ六十八銀行だ。相変わらずよ、ごつおが待ってるスが、皆船の掃除か、仕方ない。それがすまなきゃね」

このあたりへ来ると東北の人の好さがうかがえて、何とも旅の楽しさが増すのだ。

この親父と嫁さんが陽気で、民宿とはいうもののバスも十台ほどある見事な旅館である。夜ともなれば、珍しい料理のすべてに大漁旗の可愛いのが刺してあって大ご馳走である。

「六十八銀行——これは何だい？」

「それ――マンボウの刺し身よ」

「ヒエ……」

「ナニいってるだ、ウメーもんだ、食ってみれ」

「これは」

「深海の宝よ」

「いやだナ」

「鮫の心臓だ、うめえぜ、これ食ったら店の女たち、皆の前から隠さなければならねえや」

「ふーむ、そんなに効くか？」

「効く。効く。気仙沼一の長寿の薬だ」

親父に踊らされてみんな食ったが、海の上のメジマグロもあってか腹一杯で、すでに寝てるのもいる。

翌《あく》る朝は、何となく秋の空だが三陸はすがすがしく、天候はまずまずだ。

「わからないなア」

「何がわからないんだ」

「こういう天気がこのへんの夏の気候なのか――突然、パッと変わるような気がして、ねえ親父さん、建《たつる》がいってたなあ、地中海に出るとさ（弟の建は三カ月、ヨットで地中海の島々を回る）、小さな雲が浮かんでいてあっという間に、それが嵐に変わるんだって……」

「それはメルテミという季節風で、一瞬にして嵐だそうだが、それは地中海の話だ、ここは気仙沼だ」

「どうも、気になるな」

「おい、泉――さっき気仙沼の出がけにボール箱に入ったものもらったろう、あれ開けてみよう」

何と、それは気仙沼の特産松茸だった。この大島で年間二、三億円出るダァーと、親父自慢の名産であった。小さいが好い香りがして、なるほど秋の気配だ。今夜は焼いたりお吸い物にして頂こう。そういえば美味いウニもしこたまもらった。


実は八戸《はちのへ》港にも入るよう懇望されていたんだが、とうとう久慈港に入った。ここも見事な港だった。盛んに拡張しているのが宮城社長で、この人が東北人特有の善人で、旅の私たちはオンブにダッコでお世話になった。

久慈は三船十段という柔道の大家の出生地で、記念館などあり、また珍しい琥珀《こはく》の産地で、皆も愛妻や恋人やらに買い求めていた。これが値切っているのか仲々話がまとまらない。すると急に、

「美味いボタ餅を食べに行きましょう」

と、宮城さんの部下の方がさそうので、私たちは港を出て田舎道を山の端に向かった。ポツンポツンと家はあるが、ほんとに本州最北の田舎道だ。

「こんな遠いところへ何故ボタ餅食いに行くんですか」

「ハイ、朝から可愛いメラシが大勢行って用意していますから――」

「そんな山ン中に？」

「ベッピンばっかしおりますんで」

「そりゃ大したとこだ――」

さて、三、四十分走ってやっと着いたところは、何と！　田舎風の建物があり、水車がありで、何となく作りかけの小屋みたいなところであったが、なるほど、女性ばかりが白エプロンで大童《おおわらわ》で働いている。

都会の俗悪にそまらない、いうなれば、別天地だ。おぼっこい娘と小母さんの生地のままの姿にまず惚れぼれし、やがてこの土地で搗《つ》いた玄米や粟が入った餅だが、ただそれだけのものだ。これも飾らぬところがいい。

田舎は何処か美しい。勿論山も川も天然の匠《たくみ》に驚嘆するが、それにもまして素朴な人情の美しさだろう。

やがて帰ることになったので、木板を持ってこさせ、
命名す、この地ベッピン村なり
としたためて帰った。

しゃがんで目でさよならをいう純朴な乙女の膝小僧の奥が見え、その白いハダに旅の男はあわれにも戸惑った。

久慈港を出た。すると遠く大きな港が見える。あれが隣の八戸港だ。ベーリング海やアリューシャンや、つまり北の魚は、たくさんの独航船によってここに集まるといっていい。このへんにしてはバ

カでかい港である。私どもは港をさけて沖を走った。何とも長い長い下北の海岸線を見ながら、いよいよ北海道へ渡るのだ。

昔、この半島は、食う物もなく、ただ吹きさらしのクソ寒い荒れ地で、明治維新後、賊軍として流された会津の武士は大量に命を落とし、生きている者は血のにじむ毎日を送ったのだ。しかし、そんな中から柴五郎大将というような名将が生まれ、そのツケ根、野辺地《のへぢ》の町に名映画監督・川島雄三氏が生まれたのだ。一年のうち大半寒いというところは、人を利口にするらしい。何もすることもなければ、ナイルの氾濫と同じように、人はその閑《ひま》を天文学や数学に打ち込んだように、その寒い冬が下北半島のわずかなメリットであったのかもしれない。

左舷のはるかかなたに尻屋崎が見えた。ここが本州の最後の切れ目だ。私たちは岬の沖五マイルを航路にした。

岬を回ると、一陣の風とともに艇《ふね》は急に霧にまかれた。何とますます濃くなるばかりだ。私が作った函館哀歌、

〽潮波高し　沖の灯は
いか釣る舟の　漁火か
霧が湧くわく　もう見えぬ
父《とと》よ　霧笛が聞こえぬか

津軽の海に　谺《こだま》する
爺《じじ》よ　霧笛が聞こえぬか

あまり売れなかった歌だが、私は真実を書いたと、いささか自信をもって、恐ろしさをかみしめた。この大間崎の岬に誘導する艇が函館から来てくれる約束だが、この霧では見えない。大間崎から函館山まで十二マイルだ。ボートを見つけようとミルクの風呂につかったみたいな気持ちで、ホーンを鳴らして進んだが、目指す北海道は見えない。

函館は懐かしき港――函館

濃霧はまるでミルクの風呂だ。

僅かにレーダーだけが頼りだ。それも雨雲が映るので、混乱してアテになるようでならない。そのうち向こうから三艘《ばい》のモーターボートが突如霧を割って見え、手を振ってくれる。嬉しい限りだ。それを合図に取り舵をとって三艘の船は霧の中に消えた。負けてならじと、こちらもスピードを上げて後を追うと、何と――霧の中から大きな緑色の貨物船がスピードもゆるめず警笛も鳴らさずに私たちをギョッとさせて太平洋の方に消えた。衝突したらこっちはコッパミジンだ。

やがて右に近く函館山が見え、いよいよ北海道だ。ものすごい出迎えに啞然とした。

消防艇が五色の水を上げ、ヨットたちは各々ホーンを鳴らして歓迎してくれる。

はるけくも来つるもの哉《かな》、黒山の人たちが送迎デッキに鈴なりの中に私はいち早く益田喜頓さんの姿を見つけた。奥さんと御一緒だ。彼は病後というが元気そうなのが何より。

「オーイ、トンちゃん！」

声を限り叫んだ。聞こえた彼は嬉しさをかくさず目頭をふいている。私もこの小艇の長旅の故も加わって涙があふれた。

語る言葉は何もない。ただ抱きあった喜頓さんが意外と痩せているのがたまらなく悲しかった。

「じゃ、これで病院へ帰るから」

といって別れたが、すまんことをした。奥さんにエスコートされて彼は去った。私は嬉しく、淋しく妙な気持ちであった。思えば頓ちゃんも、故郷へ引き揚げても本は出すしテレビに出るワで結構忙しい人だった。

この函館というところは妙にハイカラな街で異国風なところがある。横浜、長崎の三港で一番古いのが函館だと自慢するが、私はかつて住んだ満州のハルビンに来た思いだ。

石川啄木を育てたのもここだし、高田屋嘉兵衛の銅像も、司馬さんの「菜の花の沖」の小説を思い出して懐かしい。もっとも、あの小説あたりが私の今度の日本一周の原動力になっていないともいえない。

私はどちらかというと長崎よりこの函館に詩情を感じるのだ。ロシア語の似合う場所だ。昔、こんな話をドサンコから聞いた。冬のシバレるような寒い夜、イミグラントのロシア人が、手風琴を弾いて〝パーン・パン、ロシアパン〟と売りにくる、その声が何ともうらさびしく辻から辻に流れて、いかにも冬の北海道の風物詩だという。青い屋根のトラピスチヌ（女子修道院）といい、ハリストス教会、日本人たちは沢山の鐘が鳴るので、ガンガン寺といったが、ロシア旧教は満州ハルビンを想い起こさせていかにも懐かしい。

私は明日、再びこの津軽海峡を越えて秋田の方に行くのだが、この海峡の下で世界で一番大きな隧道をつくった映画「海峡」に出演した。この海の下百五十メートルのところを津軽海峡線が走っているのだ。穴の周りをセメントでギッシリかため、その真ん中を掘るのである。その出口あたりを明日は右に見て一気に、大げさに言えばロシアめがけて走るのである。あのハナの龍飛《たっぴ》の潮の強いところは、さけてゆくことに決めた。

函館は私の好きな宿〝池の端〟で美味いイカそうめんが待ってるが、サバと同じアニサキスという寄生虫がいるので二度の切腹はごめんこうむりたいので、イクラを所望した。ここのイクラの醤油漬けは天下一品だ。

その池の端に近いところに艇《ふね》を泊めたが、なんとなく洞爺丸の惨事が思い出される。あれも台風の悲しい置きみやげだが、できるだけ船の事故のことはいわないようにしている。歌でも〝真白き富士の根〟は好きだが唄わないようにした。先に帝劇で、「蘆火野《あしびの》」という船山馨先生の小説を演《や》ったがこれが函館の話で明治維新の悲劇である。つまりエゾに共和国をつくろうという壮大な話だが、あの時、北海道共和国が出来ておれば、またまたいろんな悲劇は後を絶たなかったろう。気宇壮大で結構面白い芝居だったが、いうなればこれも維新の悲劇である。この街に古い五島軒という西洋料理屋ができる話だが、この家で作家・船山馨氏は厖大な小説を書かれたとか。

私は艇を下りて五島軒に行っておいしいコーヒーを御馳走になったが、三代目は至って気さくない方だ。

池の端の温泉につかりながら、ふと今度の企画が実は大冒険であることにしみじみと思いを馳せた。さりげなくゲストを求めたが命をかけた一大事だ。

さりとて、もう帰ることも出来ない。高田屋嘉兵衛もこんな気持ちになったかな――と思ったりしたが、彼は何とエトロフ・クナシリまで行った人だから肝の太さが私とは違う――と温泉につかりながらひとり苦笑《にがわら》いしたことである。

ここまで来たのならいっそ江差まで足をのばした方が北海道の歴史が見えて面白かったんだが、我が艇は船長がスケジュールを狂わさない。

江差の旅館にアキ子さんという可愛いお嬢さんが待っているだろうに――。開陽丸が引き揚げられ、博物館にもなっている。お嬢さんはともかくこの資料だけでもみんなに見せておきたい。幕府の榎本武揚率いるこの船は、ここまで来て暴風雨で港のそばで沈んだのだが、何と驚く程の弾丸を積んでいた。乗員も全員無事だったそうだ。その頃はニシン景気で江差あたりは御殿が建ったのだ。

その夜は迎えに来て下さったモーターボートの皆さんを呼んで夕食をともにしたが、このクラブの御大《おんたい》はなかなか豪快な人で、あんな霧や波など気にしておらんです――といいながら、俺たちも大間崎で迷って巡視船が〃その船、どこへゆく、そっちへ行ったら青森湾へ入っちゃうぞ〃と注意されましたから――とカラカラと笑った。

しかし、龍飛に一気に渡るのはこわい。

さっきも話した「海峡」という映画でこの龍飛のハナの旅館に泊まったことがあるが、なんと昼夜風速三〇メートル以上の風が吹きどおしの所で、つまり冬は日本海の風が太平洋へ吹きづめという、人の住めないような所だった。それでも工事現場の人や土地の子たちは、学校へ行くのも隣のうちへ行くのも小さなトンネルが出来ていて、そこを通るのだ。吹き飛ばされるといえば、現に、一寸だから――とタカをくくって歩いた映画のスタッフが何人もスッ飛ばされたのだ。夏は大丈夫というが、どうも天候がすぐれないので一気に西へ逃げ切ってそれから本州に近づこうという寸法だ。

恐山《おそれざん》といい、どうも余り気味のいいものではない〃あの山は金鉱のすごいのがあるそうですね〃という話はその晩ウンと聞かされたが、掘る話は誰もしネェかった。

この前に函館に来た時は、函館山に登った。昼間は、眼下の城が、良いか悪いかは知らぬが、何とも美しい幾何学的な感じのする五角形で見惚れたものだ。山を下りて五稜郭の中を散歩したが、キリギリスの鳴く広っぱあたり、櫓《やぐら》でも残っていればもう少し趣があったに違いない。

私は夜も登った。夜になると城跡は何も見えず、いたずらに妖しいネオンばかりが目立って哀しい。

〽垣に残るは
ただネオン
ああ荒城の夜半の月

であった。

沖一帯はイカ釣り舟の灯で昼をあざむくようだ。やがて霧笛が鳴り始めたら霧だが、函館側と青森の龍飛側とで音が違う。漁師はその音を聞き分けて青森の舟は龍飛へ、函館の漁師はその音をたよって、母ちゃんのところへ帰るのだが、なんとも物悲しい風物音とでもいうのだろうか。ブーブーブはいつの間に私の耳から消えて眠ってしまった。

ここに乗員ゲスト・宮本裕氏の詩を紹介しておきたい。

U・F・O（ふね）が飛ぶ
海が　空が　俺を触発する
皆んなも　俺を触発する

見はるかす地球は　ソドムと　ゴモラの町々
神は怒り　天高く火の柱をまきあげている
その黙示をかれらは　気づこうともしない

その罪と悪の業火は　わが近くまで吹きよせり
おどろおどろしく艇を揺らすも
アブラハムとその十人は自若たり

ふと思う　メイキッス号はＵＦＯか
濁世《じよくせ》の岸を　眺めては嗤《わら》う

魂洗い　浮世の塵をおとせよと
君は指させり海の青さを

忘れがたき味――戸賀

八月一日、八月なのに寒い雨が降っている。

霧も濃く、視界は二百メートルぐらいか――。

どうやら全員艇《ふね》にも馴れて、その日その日の変わった生活にも上手に順応出来て落ち着きはしたが、落ち着かぬのは気象のほうで、夏か秋か両方がゴチャゴチャの困った天候だ。

たった二日だが、そんなことも計算に入れて雨の中を、北海道を去ることにした。

宿で弁当を作ってもらい乗船したが、雨ばかりでなく霧がますますきびしい。

ついでに北海道を一周したらどうだ——と、それはこの次のプランだといって、残念だが玄関口の函館だけでさよならを納得してもらった。

函館ＭＢクラブの三浦氏に岬までパイロットをしてもらう。雨や霧の中を馴れてるとはいえ、彼は速い。


艇のゲストが変わった。桜井監督と宮本裕氏は下りた。代わって二人乗ってきた。一名は前の二世号を買った旦那だ。視界が悪いのでウオッチを増やしたが、いくら目が増えても見えないものはどうしようもない。それでも突然、ぬーと近くを大型の船がすれすれに通ってゆく。事故は厭だ。

どっと流れこむ対馬海流の波に逆らうように、親潮つまり千島本流がからみあい、不可解な潮目をつくって艇をゆさぶる。

遠い沖、龍飛《たつび》あたりか、波はあるがあまり悪い海ではない。しかし決めたことだから、我が艇は西への道をとった。そしてやおら左へ舵を切り、本州の北に沿って荒海をつきぬけた。この辺りは天気さえよければ夏の陸奥で絶景だろうが、陸地から五マイルは離れて、おまけに雨では何も見えない。有名な十三湖、七里長浜に、おそらく見惚れたに違いない。

艇《ふね》は二三、四ノットは出ている。次の寄港地・秋田の男鹿《おが》半島あたりで雨も止み、晴れてほしいもの。黄金《こがね》崎も雨にたたかれたが、西の方の水平線はそういえばいくらか明るい。この雨の中でふと、宮沢賢治の詩心を思い出した。そういえば弘前の高校へ行った同窓生も沢山いて、住んでみろ、あんないいとこはないぜ、と自慢していた。私は盛岡へは「屋根の上のヴァイオリン弾き」で行ったが、この長い海岸線は初めてだ。雨の黄金崎を過ぎると能代《のしろ》が近い。この辺は知っている。

能代といえば、学友の政治家で有名な石田博英君に案内されたことがある。今は病床だが彼のお供でこの辺を歩いた。最後は十和田湖まで行ったが、十和田湖は明治の文豪・大町桂月の終《つい》のお家があり有名だ。それにしても、何とも無情の雨だ。

ようやく男鹿半島が見えてきた。海が悪いので陸の方からせって岬を回ることにした。やがて戸賀港灯台を見つけたが、何といかにも鄙びた良港である。この港も昔の北前船の要衝だったに違いない。どうやら民宿らしいものが二軒程あるという。能代へでも泊めれば大きな街なのだが、ここは見渡してもさしたる建物もない。

「シゲさん、これから珍しいものを御馳走するよ」

と、砂浜に腰を下ろした博英氏はいう。

「つまり海岸でやる潮《うしお》料理だよ」

「どういうの?」

「つまりウシオ汁の元祖だな」

もう二十年も前になろうか。

石田博英氏は秋田が故郷だ。いささか鼻が高い。

「名物にうまいものなし――じゃないかな」

「まあ、見ていなさい」

男鹿半島の小さな漁村だが、代議士さまとお役者で大童《おおわらわ》だ。

「まんず、まあーお元気でー」

「いやいや」

浜の連中が時々挨拶する。旦那は御機嫌だ、もっともここは彼の選挙区だ。

「これがワセダの友達で俺の親友の森繁久彌君だ！」

何しろ砂浜の宴会だ、設備が大変だ。山で採ってきた木の芽や、山わさびなど。そして野菜。片方では海で捕ってきた魚や貝など、おかみさんの顔など、とくと見るヒマもない。大桶には海の潮水を汲んで入れ、なんと！　その中へ焼いた石をほうりこむのである。

「博《ばく》さん――なかなかの壮観だね」

魚や貝を入れても桶の中は石三つ程で大沸騰だ。

「この石は男鹿半島にしかないんだ、他の石ならすぐ割れてしまうんだ」

これにはびっくりした。

「ボッボッやってくだせい」

潮水に調味料を入れ、味はウス味だ。

この潮の原形というか潮炊きは大した美味で、ついつい酒がすすむ。山菜や山わさびがうまく、とうとう食いすぎ飲みすぎで浜でしばらく横になったくらいだ。天気が良ければこれも全員に御馳走出来たろう。残念だ。

この港は不思議な格好で、ダンゴを二つくっつけたような良港である。私たちは奥の港へ入ったから、まるで静かだ。ここでも小さな歓迎ぜめである。なんとも可愛い海洋少年団が数人、手旗のお迎えだ。「ようこそ・モリシゲさん」。昨日おぼえたような旗がすむと握手をする。今度は「ウオー」。張り裂けるような声で村の青年が二人、あのテングみたいな面をかぶり、紙製の出刃包丁を持って私たちの周りを駆け回る。ナマハゲの歓迎に乗員は拍手を惜しまなかった。

私たちも記念の品を渡して一応歓迎式は終わった。

ここで、私たちが渡す拙筆の額の内容も書いておかねばなるまい。

海の若者に捧ぐ

君たちのそばに
大いなる朝焼けが訪れ
赤い夕陽がやさしく沈む
海
その碧い海原こそ
よその国に負けない荘厳な
自然のたまものだろう

そこに生まれ　そこに育つ君達は
その恵まれた宝を満喫して
少年から青年へと成長してゆく
羨しいよ
波を子守の唄と聞きながら
海に抱かれて大人になる

忘るなかれ
この夢のような大わだつみを

平成三年夏　森繁久彌

このひなびた小さな港は美しいところだったが、暗い風呂場では、私の大嫌いなクモが出てくるし、急な大勢のお客で電気をつけすぎたか停電になり、なんとも言いずり回るような醜態を演じた。

ヒューズがないので宿の方も大困りだったらしいが、ブレーカーはまだ付いてない。その暗い最中に便所に行った連中がいるが、有り難いオツリがはね返ってきてこれまた大騒ぎだった。私は夕食を早々にすませ、虫も大挙せめて来たので艇《ふね》へ帰ってゆっくり寝た。

シベリアから吹いてくるのか、夜中いささか強い風の音に目を覚ましたが、北国の海は夏でも冷える。

寝ながらハタと感じたことは、太平洋と日本海は海の色が違うということだ。どういえばよいか、なんとなくグルーミーなのが日本海で、考えてみると空の色にも結構影響があるのだろう。ロシアからの雲は暗く悲しい。

だからこそ韃靼《だったん》の海を渡る蝶一羽も詩になるのだ。ロシアの絵画展で見たあちらの絵はおよそ暗い雲で、その間から心待ちする太陽の光があわれにも哀しい。どの絵にもすべて共通していえるのは、光を求める絵が多い。ヌーディズムも元はロシア人の発想か──。

いよいよ明日は新潟だ。

急に美味いものが食いたくなった。

「鍋茶屋」もいい、「いきなり家《や》」も行ってみたいが、船乗りにはその閑《ひま》はない。

佐渡日記──新潟・小木

羽越街道といえば、越後と出羽をつなぐ道だと単純に思っていたが、このたび初めて、それは正しくは佐渡を通る道のことをいいます、と教えられた。つまり、羽越街道とは新潟あたりで左に折れ、海上を通り佐渡を抜けて再び本州に戻るのをいう、というのである。つまりそれほどに佐渡は重要の地であったことが分かるのだ。

艇《ふね》は久方ぶりに波の低い海を急ぎ、全員もほっとしたのか、どの顔もゆるんでいる。

戸賀港を出てしばらくの加茂海岸沖。秋田沖での日本海中部地震の際、遠足に来ていた合川《あいかわ》南小学校の生徒が襲って来た津波にさらわれて、十三名も小さな命をうばわれた。ちょうどそのころ、男鹿半島の潮瀬崎に直接海に落ちる有名な滝を見た。

飛島《とびしま》を右に見て艇は快走する。粟島《あわしま》沖も静かな海で、そうなるとイタズラが始まった。いつの間にかフライブリッジ（上甲板）から、一人減り二人減り誰もいなくなる。ただカメラだけはぜひ操舵する者の得意満面の勇士の様を撮りたい——と陰からねらうが、舵輪を持っている新人舵手は何も知らない。突如、下の操舵室でオートマティックに切り替え、艇を大きく回す。あれ！　というのは舵手で、〝おかしいな、何かギヤでもはずれたかな、ありゃりゃ、これは笑いごとじゃない、いかん誰か！〟。必死である、それをくまなく撮して〝ドッキリ・カメラでした〟ということになる。見晴るかす大海原、少々艇が回ったってどうということはないのが、タチの悪いジョーダンである。

阿賀沖の油井が見えて来た。海の中から突き出た油の掘削機のヤグラに驚いたが、ほんのチョッピリ国産の石油やガスが採れる油田である。そこをくぐれば信濃川に入り、新潟である。流石《さすが》ここは大都会である。マグロのようになって寝ている連中に〝着港だ！〟と鐘を鳴らす。今日一日で休養になったのだろう、皆顔色がいい。

私たちは、これからお世話になる佐渡汽船の岸壁にバースをもらい、艇を舫《もや》った。

ここもすごい歓迎である。私の大好きな太っ腹の会長がなんとも頼もしい。

港の拡声器から聞きなれぬ歌が大声でわめいている。会長は至極ご満悦で！

「どうです、いい歌でしょう」

「ハア?」

「できて送ってきたばかりです、感謝します。これは一つうんと売りますから……」

過日、佐渡で酔っぱらって書きなぐった私の歌が作曲され、唄われているのだ。

「いやあ、テレくさいもんですな」

「いや、全員がいいというんです、佐渡にもこんないい歌があると自慢できます」

古川会長は満面笑みをたたえた。私は下を向くばかりだった。

佐渡日記

〽おけさ舞う　佐渡の乙女よ
裳裾に白き　足どりは
尖閣湾に　沈む陽の
あかりを染めて　あゝ何処へ行く

船は往き　船は来る来る
港は小木《おぎ》か　赤泊《あかどまり》
両津の町の　にぎわいに
心もひかれて　あゝ島の宿

小木も両津も大昔から金《きん》を運んだり、えらいさんたちお役人の乗り降りする有名な港であった。ために禁止前は港の女郎屋の数は圧倒的で、おまけに金景気でまことにゴージャスな風情であったという——実はそんな思いも入れてこの唄は聴いていただきたい。

つまり、明日がその佐渡だ。遥かにかすんで見える待望の島だ。

佐渡汽船の六階建ての大ビルの上を全部占領して、私たちは旅の潮を流させてもらった。余りの心地よさに私はついつい大声で、

〽ハア、佐渡へ　佐渡へと草木もなびく……
　佐渡は四十九里　波の上

と歌ってたら、佐渡汽船の人が顔を出し、

「湯加減はどうですか」

「ああ有り難い、結構です」

「森繁さん、あれはウソですよ」

「何がです？」

「佐渡は四十九里もありません、十八里ほどですか」

そんないい加減なところがいかにも昔風だ。

新潟でもいろいろ顔を出さねばならないところがあるのだが、こんな時なのでご容赦願って、ここで降りる三人のゲストにお別れして、入れ替りに金沢の作家・千葉龍氏、これからゆく能登の七尾のJCの田尻正志氏、木下博安氏、それに艇の中も撮りたいというNHKのカメラマンのスタッフ一行――。三十何マイルだから大したことはない。おまけに、佐渡汽船の古川会長にパイロットとして同乗してもらうので気が楽だ。ジェットホイルほど速くはないが――。ところが、これがちっとも気が楽でない――つまり、悪い海になってきた。佐渡が近づくにつれ海は荒れ、おまけに網や浮遊物が多くて折角のお客も酔ったりして、なかなかの難航である。

日本海にはマグロが千本ぐらい入ってる――と聞かされたが、なかなか竿の準備もできそうもない。諦めたが、ようやく南端の小木港に入ってゲストはほっとした。

いやはや驚いた。

小木の町長始め、総出の歓迎である。踊り衣装もきりりと、港の広場で全員おけさのご披露でてんやわんやだ。このため習ったという可愛い女学生のオケサ三味線や太鼓でいやが上にも盛り上がり、私たちも第一正装で威儀を正してご挨拶したが、すぐに一緒になって踊ったのだ。

立派な採金場ができていて、そこで全員せっせと土を洗い金を採った。実は、ここにディズニーをしのぐ昔の金取りの人形が精巧に動いていていて、長いほら穴にびっくりしたことがあったので、ぜひ皆に見せたいと思ったが、過密スケジュールでまことに残念、中止して早寝ということになった。

明日は待ちに待ったいいお天気だろう。夕焼けがきれいだ。尖閣湾の夕日に、全員がたくましくなった顔を染めて海路の安全を祈った。

たらい舟が十ほども出て、皆さん別嬪《べっぴん》ばかりだ。加えて、またも私の歌が佐渡汽船からガンガン鳴り、出港も入港と同じ以上に大変な人出だ。

佐渡は不思議なところ——といって、昔、私の友人が佐渡の映画を撮ろうと話したのを思い出した。あすこへの流罪の人は、上は天皇から公卿、日蓮上人もいれば、下は下で極悪非道の輩《やから》も流罪で来たのである。さて月日とともにその子らが、あるいはまたまた、その子らがどんなに入りくんで島で生きてきたか、私もその話に興味があった。

悪事という悪事をし尽くした一人の青年がふらりとフェリーボートに乗ってやってくる。彼の担いでいるリュックサックにはギッシリとダイナマイトが入っていて、彼はどうせ死ぬなら昔の金鉱にもぐってこのダイナマイトで山をぶちぬき、金がボロボロ出てくるのを楽しみの最後にしようと考える。

一方、島には少し頭のトロい子守っ娘《こ》がいて、顔立ちなど高家の出かと思わせる美しさで、頭のトロいわりには余人も近づけぬ風情の持ち主だ。

彼女は算数などカラっきし駄目だが、ただ一つ特異な才能は、作り話に長《た》けていて、毎日違う自分の過去のウソ話を上手にするので、子供たちが彼女を取り囲んで離さない。

〝やがて私を迎えにくるの——。すばらしいお船が海の向こうからやってくるの〟

というところがいつも彼女の話の最後だ。聞き入る子供たちは皆、涙を流して耳をそばだてて聞き入る。

つまり簡単にいうと、最もケガレのないロマンチストと、悪の限りをやり尽くしたリアリズムの男の上に咲く恋愛物語である。

私は佐渡を訪《おとな》うたび、この古い話が思い出され、なんとかまとめたく思っていたが、とうとうそのまま年を取ってしまった。

車で金剛山や弾崎《はじきざき》や、姫崎、尖閣湾の夕日など見ると、この両極端の二人が織りなす、美しい生きとしの人間がつきつめた人間愛を、この佐渡の山や海で描いてみたいとしきりに思うのであった。

今日も美しい夜だ。

灯台の間をぬって、佐渡に横とう天の川が見える。

芭蕉ばかりでなく、何人も見たであろうこの美しい天空の星の群れよ。大きな材木など漂流していなければ、夜の海を走っていきたい。そういえば海の星座——夜光虫にも久しく逢っていない。これも幻想的な海のページェントだ。

〝全員に告ぐ。夜間艇にいる時、もしもトイレにゆくことがあったら、船の電灯を消して真っ暗で入ってごらん。すんだ時にトイレの栓を抜くと、まるで自分のウンコが真珠の玉に囲まれて、さようならをいうだろう〟

これは船乗りが皆経験することだが——。

佐渡に古びた能舞台がある。

古いが凛とした立派な能の舞台がウッソウたる林の中に何故あるのか——。実は、三十四カ所にある。金山の興隆とともに猿楽師を招いて盛んにしたと伝えられるが、およそこの島というところは文化の貯蔵庫のようなところがあり、古いものが厳然と今日に息づいている。

薪能も十月でおしまいになるのだが、私は佐渡にチラチラ雪の降り出したころ、雪明かりで見る雪能などどんなもんだろうと思う。

小木の港に北前船が一艘陳列されている。文化はやはり島にのみか。佐渡にはプロはいません、百姓や漁師をやり、夜になると集まって芸事に夢中になる。佐渡は古典芸能の宝庫だといわれているが、トライアスロンも佐渡では盛んだ。

佐渡——海の上の小さな島だと思われるが、伊豆大島の十倍か淡路島の一倍半、東京二十三区の一・五倍というのも初めて知ったことだ。

群青の海をゆく——七尾

久しぶりにいい天気だし、今日のコースは短い八十マイル、昼頃佐渡の小木《おぎ》を出た。たらい舟はともかく水上スキーが加わり大勢のお見送りである。そしてもう一艘、NHKが借りて同行するという。

道中も短いし私もOKを出したが、小さなモータークルーザーでもスピードは結構なものだ。

実は、この私の艇《ふね》に乗っている者では不便というか、自分の走っている姿を自分たちが見られないし写真にも撮れない。テキは前後左右自由に私たちの周りを回って撮ってくれる。余り働きすぎたのか、向こうのクルーからノドが渇いたといってきた。

それッ——とばかり西瓜を三個ほどビニールに包んでブイをつけて流して渡した。

「OK　有り難う」はサイレンで分かった。

この海の下にボツボツ鰤《ぶり》が対馬暖流に乗ってノッコンで来るのだ。冬雷が鳴るころが最盛期で、これからゆく七尾《ななお》の——つまり富山湾に面する有名な氷見《ひみ》のあたりなぞはブリ釣りやブリ網で賑わうところだ。今はまだブリになっていない。わかし、いなだ、わらさ——鰤となる。

「わしら子供の時は貧しかったけん、ブリ一本買って納屋《なや》に吊るし、その塩鰤を切って焼いて弁当に入れてくれた。

おッ母に『またブリかや』などといったもんだが、いまは獲ってるもんの口に入らんほど高価だ。いまや一尾五万、十万といいますから」

せめて鮪《まぐろ》の一〇〇キロぐらいのでも釣り上げようと、アメリカ製の竿を出した。船長はほんのちょっとのあいだ五ノットにエンジンを落とし、すぐまた二五ノットに上げたので結局は駄目であった。北前船などは、ブリやマグロを釣りながら至極のんびりとエゾへ行ったに違いない。

狭い日本だ、何をそう急ぐのだ——の標語もあるが、何をあくせく今日もまた思いわずらう——だが、そういう私がその速い艇の上に乗っているのは、これまたどうしたことか。

すれ違う船もない。やたらと入りくんだ海岸線が遠く見えるだけで友と呼べる舟もいない。

どうやら正面に見えてきた能登半島、この突端の珠洲《すず》岬から七尾湾まで結構ある。観音崎から湾に入れば温泉郷・和倉は近い。

よせばいいのに——という声が聞こえるが、この和倉つまり七尾でもJCにたのまれて七尾を思う下手な詩を書いた。

能登の夢

作詞　森繁久彌
作曲　岩代浩一

能登はやさしや土までも
このやさしさに　つゝまれて
七尾の浦に育ちしは
血潮のたぎる誇りぞと
タブの葉ずれに光る海
何故か涙のこみあげる
あゝ　雲は流れ　雲はゆく
あゝ　波はうたい　波は呼ぶ

和倉の浜に　二人して
砂に字をかき　君とまた
よしなきことを語りしは
遠い　あの日の　思い出か
貝に心を寄せながら
耳にあつれば　波の音
慕いし人の　ありやなし
遥か岬の　舂《うすづ》けり
汐風《かぜ》よ　海原よ　ふる里よ
朋友《とも》よ　大空よ　能登の夢

遠く迎えのボートが見え、また近くにヨットが二ハイ待っているようだ。私たちは誘導されて和倉の加賀屋のハーバーに入った。もうこのへんになると隠れようもない。宿屋のお客も桟橋の上で身動きもならない状態だ。

やっと解放されて加賀屋に入る。加賀屋、この宿が日本一の宿でいたれりつくせりだと旅行案内に書いてある。

実は前に一度来て新館の二十階に泊めてもらったことがある。一泊は五十万ぐらいかかるだろう。エレベーターは、押しても引っ張っても十九階で止まってそれ以上は行かない。ところが二十階の特別室へ泊まる者は別のカードを貰い、これをエレベーターの穴に差すと二十階まで行く、いや何と別天地だ。ゴージャスとはこのことをいうのかと我が身をツネったが、部屋は五つほどあり、目の下にハーバーが、そして遠く能登島が見え、眺望絶佳、風呂がゆったりと大きな舟形の木の風呂で、一人では何とも格好がつかぬ思いであった。聞くところによると、日本のピンの建築家や調度係五十人ほどを、何カ月間か世界の一流ホテルを連れ歩いて、これを設計させたという。

あんまりいい部屋だと眠れぬので、旧館の上等の部屋にしてもらった。

うれしい上に旅の疲れも一緒になって、実は疲れの上に酒をやり過ぎた故もあって、三日間この素晴らしい旅館の世話になった。

あれは実はオーナーのズル休みだとかいろいろ言われたが、気に入ったところに長くいたいと思うのは当然であろう。この間にクルーの方もようやく精気をとりもどした模様だ。つまり、時に応じて私が仮病をつかうのも必要悪だ。

たくさんの出迎えの船の連中も来たので、その夜は和倉の港に繋留、せっかくの大旅館加賀屋の宴会をあきらめて艇上にてメイキッス特別料理ということになった。実は楽しさと久方ぶりにホッとしたのだろう、夜中から腹が痛み、ついに翌日翌々日と、かつて昭和天皇のお泊まりになった部屋で呻《しん》吟《ぎん》したが、宸襟《しんきん》を悩ますいっさいのシモジモを遠ざけてひたすら寝ていた。起きたのが午後の三時半、とうとう植樹式はお休みさせてもらってクルーが代わりに行ってくれた。

全員は鵬《おおとり》学園のコーラスで拙歌「能登の夢」を聴き、良い唄だと感じ入ったようなことをいうが、曲を賞めていたようだ。顔で分かる。突如、美人来訪、これはこの宿の女将さんの妹で、もう一軒のサン加賀屋の方の女将さんだ。初めて知ったが不思議や病気なんてものは美人に弱い、顔見てる間に治るもんだ。

竹脇無我が来る。

彼は、この前の激しい波に翻弄された潮岬を、敢然と乗り切った私たちの勇者だ。ただ手のかかるクルーが一人増えたようなもんだが、歓迎パーティーをやっているのは一人竹脇のみで、あとは寝てる奴ばかりになった。考えて見れば、全員このへんが限界だったのかもしれない。竹脇無我が今ラットを握っている。

無我もヨットを持っていて、船に対する一応の知識はあったので、ハンドル・ジャックも船長は許したのだろう。

三日休暇を取ったので全員元気だ。それにしても能登半島を回るのが大変な距離である。今日の予定は九頭竜《くづりゅう》川河口の福井の東尋坊《とうじんぼう》をすぎ、三国港へ行くのだ。三国といえば京都が近い。このへんには京都から釣りの連中が始終来るので、今日あたり誰か港へ来ているかもしれない。

富山湾あたりは蜃気楼で有名なところだが、残念ながらそのほうの歓迎はなかった。ただ私とすれば、突如として遥か海上に赤いロシアならぬ灰色のロシアが出現するのをどんなにか待ったが——。向こうも景気が悪いのか、それどころでなかったのだろう。

海に出るとすごく現実的になるが、また奇妙にロマンチックな気持ちにさせてくれることもある。

こんな晴れた日は尚更だ。

これは地中海の話だが——。

地中海をヨットでゆくと、時に無人の艇に出合うことがあるそうな。よくよく調べてみると確かに人の居た気配がある。しかし、船は何日も無人でいたに違いない。揚げたセールもロープもちゃんと結んではあるが、ただ食べ物などを見ると、主は一カ月以上前にはこの艇を去っている。艇内を探すと一通の走り書きの遺書を見つけ、人はハッと胸を打たれたという。

〝碧い地中海の海よ
そは　私の母だ
余りに美しい
今日　母のもとに帰る
母さーん　主人〟

彼は、これを書いて海に吸われるように入水していったに違いない。

こうした海で最期を迎えるシーマンは外国には居るんだが、どうも日本じゃ、お骨を撒いてくれーぐらいしか聞かない。先日もイギリスの新聞社の大富豪が船から落ち、死んだ話が出ていたが、あれも碧い海に魅せられて、が正しいかもしれぬ。

この航海中に一度はセントヘレナの火なども見たいと思うが、望んで見られるものでもない。

ようやく艇は、海から突き出るような奇巌の東尋坊を通った。全く不思議な岩だ。それを左舷に見て入れば三国港だ。

何故こんな奇巌が生まれたか、これはその道の大家に聞くよりないが、この東尋坊あたりは、悲しい歴史が波のように寄せては返し船の遭難事故も絶えない。親不知《おやしらず》といい、この東尋坊といい、絶景といわれる処のほとんどは難所かもしれない。幸い今日は波静かで何よりだ。

イカ寄せの思い出――三国

三国にも途中までは順風満帆だったが、後半は雨雲を縫って雲との競走みたいなもんになった。有名な三太郎の川柳に〝夕立や　動かない雲　動く雲〟というのがあるが、ほんとに雲が読み切れない。サッと晴れたかと思うと急に篠突《しのつ》く雨で、久方ぶりにティラーを持った竹脇臨時キャプテンはレーダーを見ながら右へ左へと雨雲のスキ間を縫ってゆく。これも容易なことでない。

三国港は福井の有名な港で、ここそいうなればエゾへ向けての北前船の発着港でもあったろう。多くの出船入り船で賑わったに違いない。

何せ、東京のほうが北海道に近いのに、なぜ遠い大阪で昆布が盛んになったか――というのも、不思議な話だが、それもこれもこの港が大活躍した故だ。つまり、このあたりは北前船の西の根拠地でもあったろうか、エゾ地で仕入れた昆布はここで降ろされた。ここから山を越え琵琶湖、淀川を通って大坂の街に運ばれたと聞いた。ために昆布といえば浪花であったわけだ。

「暖簾」という大阪の昆布屋の芝居で、どうも東京で昆布屋が盛んなるべきなのに、商いには遠い浪花に昆布屋の花が咲く。いろいろな不思議をこの際解き明かしてもらおうとその道の通《つう》に聞いたところ——エゾとの交易は殆ど日本海側に始まったという。つまり——。

敦賀あたりから海路をゆく船もあったが、なんと、わざわざ西宮や神戸あたりから瀬戸内を回り、下関を回って日本海を対馬海流に乗って船を走らせたのが大半だったという。

その昔、涙もかれて売られてきた可憐な女性もあれば、ピクニック気取りで陽気な今日びの娘たちもいる。この日本海の歴史はまったく悲喜交々《ひきこもごも》人生の裏表を語るようだ。


三国港には孫が三人来ている。実は、私の孫といっても二十歳を超えたばかりの大きな子供達だ。そこへ私の歯のお医者さん夫妻と竹脇を入れれば艇《ふね》は満員だ。私たちは三国港の新館に泊まったが、あとの連中は旧館に泊まった。が、ここが古くてなんとなくこみ入っている。聞けば、どうやら戦前は遊廓であったとか。この旧館に泊まった女性たちはどうしたことか一晩中電灯を煌々《こうこう》とつけて寝たのか——起きていたのか——。誰か訪問者でもあったのか——。

思えば、能登の七尾から数えると百四十八マイルある。

「船長！　少し回転を落としてほしいんですが」と機関長は再三申し入れたが、艇は突っ走ったままだった。三国へ着いた時、油は百キロあますばかりだったと、機関長は顔色を変えっぱなしで三国港へ入ったのだ。

いささか専門的になるが、潮の流れが微妙に変わる故にこそ波も不統一だ。

夏は静かだが、秋から冬にかけて、日本海の碧い海も、厳しい烈風の中に荒れ狂うのだ。この三国で生まれた詩人というより文学者の高見順氏にその海を書いた詩がある。

荒磯

おれは荒磯《ありそ》の生れなのだ
おれが生れた冬の朝

黒い日本海ははげしく荒れていたのだ
怒濤に雪が横なぐりに吹きつけていたのだ

おれが死ぬときもきっと
どどんどどんととどろく波音が
おれの誕生のときと同じように
おれの枕もとを訪れてくれるのだ

日本海　秋潮となる頃　淋し　　柏翠
野菊むら　東尋坊に　咲きみだれ　　虚子

船上に長く暮らすと、凡夫の私は妙に陸が歩きたくなる。今日もあの東尋坊のあたり、多分、雨や風で日本海特有の絶景に違いない。

私は何故こんなに海が好きかを書いておこう――。

私が生まれたのはイチゴや競馬で有名な阪神沿線の鳴尾で、つまり甲子園が建つ前の文化村である。佐藤紅緑（愛子さんの御父君）など有名人も多かった。川原に面して可愛い幼稚園などがあり、妙にハイカラな村だった。子供の時は浜まで二キロ近い道を歩いて海へ着くと白砂青松で、その松の根に松露などがあり、長い松林の道は懐かしい。

甲子の年、その遊びなれた川原にニョッキリ、セメントの運搬塔が建ち、川上は塞がれて鮎もハヤも来なくなり、いっきに干上がった川原に甲子園が建ったのである。爾来それらは段々に大きくなり浜のほうにも競技場ができ、様相は一変した。

人も増えたが蝿も増え、一挙に一切が変わり、そのあとイクサで文化村も爆撃とともにケシ飛んだ、芦屋あたりが脚光を浴び始めたのはそのころか。

でも私たちの、海への憧れはますます募った。当時、甲子園や芦屋などにL型ヨットが何杯かあった。これが私たちの唯一のヨットスポーツであった。

そのころの大阪湾はきれいな水で、海で遊ぶ人間には素晴らしいスポーツ・シーであった。しかし恐ろしい目にも遭った。

突如として驟雨《しゅうう》が来て風を交えて落雷のすごさに驚いたことがある。マストの故か艇《ふね》に落ちることはなかったが、船の周りの海原にドンドンとひっきりなしに落ちるので生きた心地もない。それればかりでなく手漕ぎの和船で、イカが来てると自転車屋の親父にさそわれて夜になって出かけた。このオッサンが舟は漕げないし、一寸揺れが激しいと酔うし、それでも魚を釣るのがメシより好きだという。当時のことだ、青竹の太いのを買って来て節を抜き石油を入れて、ボロを詰め、つまり松明《たいまつ》を何本もこしらえ、舟の周りから海面を照らす、イカ寄せである。夜中の十二時頃から風が強くなり、港へ戻るにも中学生になりたての私の力では舟はなかなかいうことを聞いてくれぬ。そのうち相当流されていることに気がついた。

夜明けごろ、僚船に助けられ今津の港まで帰ったが、揺れる船の中、

「ボンボン、もうアカンなあ、一緒に死のうな」

と、自転車屋は泣くのである。激しい風と波の中で私も泣いた。

いまや、荒天の海は、忠誠も情実も通じない、良いも悪いもひと呑みするのである。

東尋坊も小説や映画にたくさん出てくるところだ。北陸文学の素地もこういった気候風土に根ざすところ大であろう。三八豪雪というのがあった。海岸線はともかく、山の中など完全に交通を絶たれすべてのものが孤立したことがある。金沢に支局を持つ新聞社など、この機会に美挙をもって名を上げようと、キャタピラのついたトラックで食料品をワンサと積み、出立した。村々を回り野菜などを義捐《ぎえん》物資として進呈して回ったのである。この時の逸話だが、

「こんな（野菜が）高い時にただでもろうてええのかしら」

「どうぞ、どうぞ、それがこの新聞社の愛の方針です」

「ありがとうさん、ありがとうさん」

と喜んでもらったが、孤立した山の人たちは、

「来年の冬にも来てくれるんやろか?」

といったそうな。つまり、この地帯の人々は豪雪は毎年のことで今年に始まったことではない。うちらはそのために一カ月や二カ月の貯蔵は縁の下にしてます、という。この人たちはちゃんと用意をしていて大雪の困窮に泣くことはないそうな。そうだろう、大雪が毎年来ても泣かぬよう万端の用意があってこその北国だ。たった三日の停電で、電車は止まり野菜は枯渇する東京都とは大違いだ。この話は私ども海をゆく者にも大いに心すべきことでもある。


実は先日、テレビを見ていたら初心者用のハンググライダーの講習をしていた。講師の今井通子さんの旦那、有名な登山家であり、世界の名だたる高山から滑空しておられる旦那さんが、グライダーを背負って熱海の近くの山を生徒たちと登っておられる時、急に、

「今日はやめましょう」

「どうしてですか?」

「風がよくありません」

といってスタスタ帰られるところを見たが、私は心をうたれた。行うことにも、中止することにも、大きな勇気がいる。

蛮勇は冒険ではない。

どうやら風もやんで、満天の星づく夜、日本海の夜は妙に寂しさを誘う。このあたりの文人詩人たち、名文家たちは生まれてこの方、このわびわびとした気候が土台としておおねにあるのだろう。どの文学にも日本海特有の匂いがある。この拙文も、どうにも明るくなりかねるところが日本海の文章になってきたのか――。

蝶の思い出――宮津

大江山いく野の道の遠ければまだふみも見ず天のはし立

やっと丹後の宮津に着いた。天橋立《あまのはしだて》は、私は一度も見たことがない。それこそまだふみも見ず――である。与謝野鉄幹の歌に〝楽しみは大内峠に極りぬ円《まる》き入江と一筋の松〟という当の天橋立を詠《うた》ったものがあり、何か私はエロを感じるのだが。

自分の艇《ふね》を持ってあんたは何を望むか――といわれれば、まだ見ぬ憧れの地を踏むことだろう。私の友達に地図のマニアがいる。どこでも殆ど持っていて、行って来たようなことを口にする。またよく覚えていて、それはドコドコ町の山の上にある、とまでいうのである。

例えばの話、大橋立についていわせると、

〝全長三・六キロ、幅は狭いところで十五メートル、広いところは百五十メートル、千本近い松があり、日本三景の一つ。これが生まれたのは、対馬海流が日本海に土砂を運びこみ、それに対して野田川が砂を押し出す。これは今も膨張している〟ぐらいなことはシャベる男である。

久方ぶりの夏はこのへんから始まった。蟬の声がかしましい。

鷲崎を越えれば湾内に入り、波はおさまり、橋立岸壁に舫《もや》ってほっとしたところへ、京都の撮影所の連中がトウフや鍵善の水羊羹など、いかにも京の香りのするお土産を持参し、暑い京都の夏を思った。三人の孫たちも陸地を踏めば元気になり、方々飛び回っている。私たちも早速釣り道具を出して桟橋から落とすと、すぐにクイがきて小鯛やアジ、キスがかかる。

この先が丹後半島だが、ここを通り出雲まで車で行ったことがある。この奥丹後半島で間人――これはたいざと読むのだが（どうして間人がたいざと読むかの由来話を聞かなかったのが残念だ）、間人へは当時デパートに初めて出たアクアラングを買ってこれを初使いしようと、出雲神社詣でをかねて大阪から突っ走ったのであった。

間人《たいざ》の海は静かであった。うちの伜は高校と中学生である。アクアラングをつけて日本海の潮に入った。このへんはちょうど足が人の腕ほどもある大蛸が産卵で磯に来ているという。

「坊や、スミ吹かれたら早よう上がっといでヨ、あれは人食い蛸やさかいナ」

物見高い近所の連中に囃されて、それでも長男は勇気を起こして入ったが、いくらか深いところでやらなけりゃ、フランス人のこの考案も値打ちが出ぬと、三ヒロあたりのところにボートを出して初めて入った。五回ほどの講習は受けたが、恐ろしさに全身ふるえがきたという。

アクアラングはご承知の方も多かろうが、吐き出す泡より速く上へ上がらぬこと、眼鏡に入った海水の出し方、いろいろあるが、まずまず一寸入って無事に舟へ上がってきてほっとしたが、

「蛸はいたかい?」

「蛸はいないが大きなヤツがいた」

「何だろう」

「撞木鮫《しゆもく》かと思いますがのう」

土地の人らしい。

「こんな磯へ来るんですか?」

「よう来ますが、タコも大きいですが、鮫は五、六メーターありますのう」

「おい! アクアラングはやめろ」

私は即座に中止させたが、見物人の漁師風の人が、

「いっぺん貸してくれんかのう」

というので、十分の注意も聞かぬうちに貸したら、いきなり海へ飛び込んでしまった。私も伜も心配したがまもなく耳から血を流して上がってきた。

そんなこともある間人《たいざ》だが、あれも三十年、いや四十年も昔の話だ。

無我と私は釣りにひかれて、ついにテンダー（小舟）を下ろして、橋立の湾内をあちこち回って五十匹ほどあげた。孫はそばでただキャアキャアいっていたが、それでも魚もお情けでときどきかかった。

このへんはチリメンの産地で有名だ。つまり丹後チリメンである。これが娘たちの手で織られて京都の街へ入り染めつけられ高価な織物になるのである。

舞鶴の軍港に近く、今もどことなくその当時の思い出が残っている。私と一緒に出た宝塚歌劇のスターさんが、

「私なんかも戦後、舞鶴に旅興行に行かされたワ。その当時だから旅館もひどかったし、下級生は下の部屋へ分散して上級生が上の大広間へ寝たんだけどネ」

「古い宿屋か、さしずめアカズの間があってお化け騒動だろう」

「違うのよ、もう一寸エッチなの」

「はーん、宝塚の歌劇の美人ばっかしだからな」

「みなでネ、アンマさんとろうということになったら、全盲の人が一人居るっていうの、送り迎えも手を引かなきゃダメだったので、頃を見はからって玄関へ出て待っていたら、もうそこの玄関わきの床几《しょうぎ》に座って待ってるのヨ、丸型の真っ黒い眼鏡かけて。しようがないから私が手を引いて二階の座敷に連れていったの。

〝誰からお願いするの〟

結局、十五人ほどいた上級生の上のほうから順番でお願いしたんだけど、みんな目が不自由なのをいいことにシャツやジュバンもかなぐりすて、お風呂から上がってきた連中などは、スッパダカで踊ったり唄ったりしてふざけていた。さて帰りも階段を手を引き玄関の暗い中で〝気をつけてね〟と礼を述べて大丈夫かなとしばし気遣いながら見送っていると、突如として姿が消えた。〝アラ！　どうしたのかしら！〟と思っていたら、電信柱の陰から自転車を引っ張り出してすいすい乗って帰ったの」しばらく笑いに興じたが、その舞鶴も軍港はなくなり静かな街になっている。

蝶々が舞ってきた。

天橋立にいちばん似合うのは蝶々じゃなかろうか、紋白蝶のようだが、芭蕉の、

御ひらひら　蝶も金比羅　まゐり哉

を思い出したが、古い小説、横光利一の『旅愁』の中で、地中海をゆく船の上で詠む句をふと思い出した。

蝶二つ　一途に飛ばん　波もがな

激しい恋に悩みつつ主人公はヨーロッパへ渡るのだが、ついでに、

蝶一つ　囁きに来る　日盛りに

これは私の駄作だ。丘の上から見る舞鶴は美しかった。
この辺りから出て行ったか。
海軍報道班員の一人に大木惇夫氏もいて、あの素晴らしい詩をつくられたのか——。

戦友別盃の歌——南支那海の船上にて。

言ふなかれ、君よ、わかれを、
世の常を、また生き死にを、
海ばらのはるけき果てに
今や、はた何をか言はん、
熱き血を捧ぐる者の
大いなる胸を叩けよ、
満月を盃《はい》にくだきて
暫《しば》し、ただ酔ひて勢《きほ》へよ、
わが征《ゆ》くはバタビヤの街《まち》、
君はよくバンドンを突け、

この夕べ相離《さか》るとも
かがやかし南十字を
いつの夜か、また共に見ん、
言ふなかれ、君よ、わかれを、
見よ、空と水うつところ
黙々と雲は行き雲はゆけるを。

いい詩だ。私は博奕《ばくち》岬のほうに向かって、大声で朗誦した。嬉しかったのは下のブリッジから拍手が一つきた。若いクルーは海が好きなんだ。大いに感じるところがあってほしい。

旧友再会――境

大正二年に生まれて、昭和、平成とおよそ八十年の歳月が私の回りにも流れた。それは夢のような日月であり、なまなましい現実でもあった。でも、不思議や私の周りに、近い親戚たちもだんだん絶えると、すべてが忘却の淵に消えるのか――思い出すのも億劫だ。何かこの航海に似ている。船のうしろを蹴立ててすぎる水脈《みお》のように、それらはやがてもとの碧《あお》い海に帰って、茫洋と霞むのである。

霞む過去にいまや何をかいわんやだ。
されど　艇《ふね》よ　御身は私を奈辺《なへん》に誘うや

どうしたことか急に若いとき習ったロングフェローの詩が口をついて出てきた。

私は天に向って　矢を射た
その矢が　いづれの地に飛んでいったかは知らない
或る日ひよんなことで、その矢を見つけた
大きな欅《けやき》の木の枝に
くづれずにあるのを

私は天に向つて歌をうたつた
その歌は青い空の涯に消えていつた
或る日　私はひよんなことに
その歌を聞いた
友の心の中に

何と！　この詩がこの海をゆく旅人にぴったり合うことよ。

遠く山峡に鉄橋が見える。

「あれが余部《あまるべ》の鉄橋です」

「ああ、このあたりが山陰海岸国立公園というんだな」

浦富海岸といい、間もなく鳥取の砂浜がある。

さて、お忘れになった方も多かろうと思うので、余部事件を一寸書き置くが、日本で一番高いのがこの鉄橋で四十一メートルある。四十一メートルといえば十二、三階建ての高さである。強風の時は通行中止になるのだが、その日は四十メートル近くの突風が吹いていた。列車（七両連結）は、乗客を大半駅で降ろし鉄橋にさしかかったが、突風にあおられてあえなく転落した。列車は尻のほうから落ちていったという。客が乗っていたら重くてこんなことにはならなかったかもしれない。が後の祭りだ、可哀想なのは、鉄橋の下の工場で働いていた製缶場の従業員たちが数人、上から落ちてきた列車につぶされ亡くなられたことである。いや大騒ぎになった。

その余部の惨事を生んだ鉄橋も後ろに流れ見えなくなるので、花を投げて皆で合掌した。

艇《ふね》は境港《さかいみなと》公共マリーナへ入った。

群衆の中にひときわ美しいお姫さまが立っている。

ここが司葉子氏の生まれ故郷で、彼女は古い大素封家《そほうか》の娘で、私の長い俳優生活の中でほんとに大まかな、いかにも育ちのよさを見せる稀有の女優だ。が、だから芝居も上手《うま》いとはつながらないが。昔のスターさんは概《おおむ》ね下手で、そのぶん容姿が端麗であったのかも。

「まあ、無我さんもご一緒？」

「彼はハンドル・ジャックで舵を持ったら離しません、なあ」

「ボクはこういう凪《なぎ》は好きじゃないんだ」

彼は、タラップを降りて司葉子さんと握手しに行った。彼女はこれから御夫君とヨーロッパへ旅行に行かれるそうだが、飛行機の出る前の短い時間を割いて駆けつけてくれたのだ、いい女《ひと》だ。一緒にどこか美味《おい》しいメシなど案内してくれるかと思っていたアテは外れたが、何といい宿まで手配してくれている。

港の広場で凛々しい手旗や挨拶をした少年団が好印象だ。

鳥取には北野中学の同窓生・常田修氏がいて、彼はしいたけの研究で有名である。その朋友・常田も元気な姿を見せてくれたが、こいつの家も立派な旧家で、訪ねて行って驚いたことがある。

クラス会で常田が立ち上がり〝たまには鳥取へも遊びに来てくれ、蟹もあれば椎茸もある〟というので次の会は鳥取とすぐに決まった。しいたけと松葉蟹を食う会、という触れ込みだが、私が余計な一言を加えた。

「今度は、いつも世話になっとる本妻外の奥さんも相当なオバンになってるだろうが、たまにゃ嫁はんとして連れてきてやったらどうだ。だから本妻外の――昔でいう権妻《ごんさい》を連れる会だ」

拍手が鳴った。

一寸質問があるというのが東大出の大医者だ。

〝なんだい？〟と聞くと、

「子供も大きくなってるので一緒じゃいかんか？」

「子供？」

もう亡くなったが名医といわれた男だ。

遺言に〝俺の体は母校東大の病院に献体するように――〟と書いてあった。

その日は遂に彼は一人で来たが、三、四人の者は昔は美人であったろうな――というのを連れて来た。

一行、鳥取の駅で出迎えを受け、〝しいたけ会館〟にまずは案内された。着いてびっくり、見事な十階もあろうビルで、早速お風呂に入れられた。滝のある――これも見事な大風呂だ。そのあと軽い食事をして、自動車でしいたけ工場へ連れてゆかれた。

するとどうだ、彼はいきなり教室みたいな部屋に私たちを入れ、自分は白衣を着て、はや先生である。〝こりゃ遠足だナ〟野次が飛んだ。開口一番「人間が生きていくうえでいちばん怖いのが菌だ」。再び野次が飛んで〝マンも怖いでー〟。一同が哄笑していると、彼は「朝起きると東京の三分の二の人口がころりと死んでる――そんなこともある」と私たちをアッといわすような話を巧みにしていって、工場へ案内した。

「もっと中へ入って見せたいが、君らが不潔なので——五回ほど消毒するのがエラいので今回はやめるが、いまここへ出てきたのが菌駒《きんこま》だ。これを椎の木なぞに穴を開け、打ち込むと、不思議や或る日、その切った枝に椎茸が生えてくる。いま君たちが食っとる椎茸は、二千八百ナンバン目かだ。この椎茸も、純粋培養してると菌の力が駄目になるので、世界各国を社員が歩いて新種を探している。最後に、いまから山の上の菌研究所にご案内するが、これは私のつくったもので国がつくったものじゃない。この遅れを、私と一緒に嘆いて戴きたい。国の菌研究所なんて一軒もないのが日本だ」

と結んで、長い演説が終わり、実に見事な研究所を見て腰を抜かしたのである。電子顕微鏡が数台も並んでそれにも驚いたが、木が風で倒れて腐って菌が生えてくる映画を見せられてうなった。やっと夕食になり、形ばかりの蟹にありついた。生椎茸など焼いて食いたいというのがいたが、椎茸は料理に入っている。ナゼか生椎茸は食わせてくれなかった。

実は、今度のヨット旅行も全員ここへ連れてゆき勉強させたいと思ったが、その余裕もなく、次の朝は航程が長いので、早起きと決まって寝た。せっかくの旅行も欲張ってはいけないと砂丘も見ずに、大山《だいせん》の山に見惚れてただけだ。

山陰なれば、小泉八雲にも触れたかったし、岩井の湯かむり温泉も行きたかったたし、荒湯どうふも食べたかった。先ほどお話しした余部の奥のほうにもひなびたいい温泉があると聞いたが、そこへも行けなかった。船長の泉がやたら急ぐので、隠岐《おき》へは寄らずに、隠岐の船とのランデブーもやめてひた走った。

そういえば一度だけ、小ちゃな飛行機で隠岐へ行ったことがあるが——やはりわが船で訪れたい、歴史の詰まったいい島だ。

甘エビを買った。正しくは赤エビというのだそうだが、生きて跳ねるのが揺れる艇では大変であった。去年もいただいた寒鰤のうまさはこのあたりの人たちでないと味わえぬものだろう。世界でこれほど美味い魚がいるだろうか。それも乱獲の故か、最近は目に見えて減ってきたと土地の人はいう。

昔、大阪の料理屋で、

「ヘンな魚よりブリなんか焼いて出んのかいナ」

「そんな……、モノ知らんこというたら笑われまっせ、一流の料亭では青魚は出しまへン」

と女将にピシャリといわれたことがあるがいまはだいぶ変わってきたらしい。

遠くに大島や櫃島《ひつしま》を見て虎ケ崎を回って萩港へ入ってきた。

日露の花——萩

島根県の松江も通りすぎた。

小泉八雲にも少しは触れたかったのに残念だが、船というのはその点、無情だ。

兎とワニの民話も、鳥取でしかと聞かされたが、ワニは南方民族を表し、兎はダッタン人というか

――北の民族を表すのだそうだ。その二組が喧嘩してどうにもならなくなったのを朝鮮人の大国主命《おおくにぬしのみこと》が現れて、まあまあと分けたという――のがこの民話のもとだと聞いたが、このへんは朝鮮半島とはかなり近いので縁も濃いところだ。

萩へ入れば山口県だが、なんとなく南の明るさがある。

山口の長州が、どうしてああ会津と今もまだヒツコクもめているのか――あれは色濃く民草の歴史を見せているのかもしれない。これは考古学者にでも聞かねば分からないことだが。

実は、私の養子先の森繁の家も山口の秋穂《あいお》町である。海産物問屋だというが、おそらく勤皇の若い志士たちがたむろして、時には海産物の船にまぎれ込んでは京、大坂あたりへ出て行って還らぬ人になったに違いない。

山口というところも妙なところで、瀬戸内側と日本海側とは気風も違う。どう違うかは土地の人に聞くと詳しく分かるだろうが、瀬戸内側の方は気性が概ね荒く、軍人、政治家が多く出ている。

さて、ここで航海中だから沈没の話はできるだけ避けたいが、私の山口の知り合いの船乗りで二十年ほど前に東シナ海で大嵐にさんざんもまれて沈没したのがいる。一週間以上生きていて、通りかかった船に救われたという。そんな珍しい幸運の持ち主で、この人は観音さまの大信者で筏《いかだ》につかまりながら、明けても暮れても観音経をあげていたという。喉が渇けば潮水を飲み、持ちこたえたそうだ。もっとも、潮水は血液より塩の濃度が濃いのであまり海水を飲むとよくないという。読経のかたわら小便も飲んだと聞いた。一週間目に意識朦朧《もうろう》としたところを船に拾われて救われたという。山でもそうだが、死ぬのは誰も、自分がいまこうなっていることを知らない時はすぐにまいってしまう。すぐにも眠くなりそのまま死ぬという話だ。ただ、この人のように絶対に観音さまが助けにおいでになると信じている人は山でも海でも強い。たとえば、積んでいる救助無線がＳＯＳを発信していると知っている時は生きているそうだ。人の命ほど気分に左右されるものはない。

萩三十七万石の城下町は美しい。毛利輝元の築城で指月《しづき》城ともいわれている。つづいて松下村塾は吉田松陰のかすかな望みだったが、この偉人が弱冠二十九歳で夭折するとは何とも口惜しい。神は何故明晰な人間をいとも簡単に召したもうや。ここにくどくど松陰の歴史を書く気はないが、もしあの時ペリーの船にか、紛れ込んで密航が成功しておれば、偉大な歴史的人物がアメリカで花咲いてもう一寸違う明治になっていたかも。

さて、私たちが萩で宿泊したところは見事な近代和風建築である。すべてに贅沢な宿屋でもあった。登茂恵《ともえ》旅館というのだが、ゴージャスなわりに食いものはイマイチであった――。宿屋の話はそれくらいにして、この萩へ入るまで日本一高い日御碕《ひのみさき》灯台を越えたが、前方なんと方々に雷雲があり、レーダーの雲を見ながらこれを避けて走った。視界は時に三十メートルになり、またやっと雲を抜け出すと夏の空である。秋吉台を遠く眺める本州の最西端を回ったのは夕方であった。

有り難いことに、萩から博多のお医者さんがゲストとして乗船された。この人が話し好き歴史好きで、いろんな面白い話を聞いた。ついでに体の悪い連中も診《み》てもらったが――。

夏空の下に、遥か済州島が見えるはずだが、気象の具合だろう、今日は見えない。若い船長はえらそうに地球は丸いですからネ……と大見得を切るのだ。事実、地球が丸いことを何度も実感させられた。見えない丸い水平線から見えてくるのが陸地だ。

済州島は韓国領だ。リゾート地としていまは盛んに売り出しているそうだが、昔はここからも強制労働者がワンサと連れてこられたのだ。

私は来年、いや今年か、日本一周の次にロシア訪問をやりたいと思っている。ウラジオストク（東方を支配せよの意）のロシア語もソ連消滅で消えただろう。戦後いちばん恨んだのがソ連だ。ウソつきでいい加減で話にも何もならぬ暴力のヤカラがソ連のバカ兵と叩き込まれた。それじゃ歌もバレエもサーカスも嫌いか――とはいわない。ただ、あの暴力の下をくぐってきた私たちは、同じようなことを日本の兵隊もしたかと思うと涙のやり場がない。私の社宅の前の家で、押し入ったソ連兵にご主人が手向かい、ピストルで無造作に殺されたり、わが家もピストルの音で耳をつんざかれ、どうなることかと親も子も怯えたあの日は決して脳裡から消えない。

尼港《にこう》事件――といっても、もはや知っている人も少ないだろう。尼港即ちニコラエフスクのことだが、大正九年、私が七つの時だ、ロシアのパルチザン（遊撃隊）によって尼港にあった日本守備隊や居留民七百人が殺されたのである。

その尼港はサハリン（昔の樺太）の対岸で、ロシアを流れる大河の黒龍江がウスリー江とともに日本海へ注ぎ出るところだ。こんなところにも日本人たちは働いていた。

この事件を契機として北樺太を占領する権利を得るのだが、早、百年に満たないこの事実も遠いことになった。その樺太も北方四島も、ついでにソ連は持っていったのだ。

当時の樺太は内地では想像もつかない大した景気であったと聞く。〝金がほしけりゃ樺太へ行け〟といわれたほど、つまり天から金が降ってきたという。ただ零下何十度に耐えなければならぬが、じゃ、なぜそんなに儲かったたか、私とて住んだことはないから大きな顔でいえることじゃないが、まず漁業だろう。獲っても獲っても魚がいるんだから宝庫というにふさわしい。魚ばかりじゃない、蟹だってタラバなど樺太の海底を埋めていたか——。そのほか材木や石油や。

「君は、やさしくて、いい娘《こ》だね」

戦後、札幌のキャバレーで惚れた女がいた。名前は忘れたがナンバー1の娘だという——。

「そう、わたしは田舎者ですから」

「お故郷《くに》は何処《どこ》?」

「はずかしいです」

「どうして」

「カラフトです」

人が良いというか、人情にあついというか、だいたい北海道がそうだが、つまり、それに輪をかけて素晴らしいのが樺太である。人間があたたかい。上物《じょうもの》が多い。北海道の人がほんとの上物はカラフトだというのだから従わざるを得ない。上モノ下モノの区別だが、セックスはすむと、男は不思議と嫌悪を生じるが、そのコトが終わったあと、再び次を呼ぶようないい娘が上物とされる。つまり、アフタケアのいいのが上等というわけだ。これは——航海とはまるで関係ない話で失礼申し上げました。

ちょうどそのころ、デッキでは歴史の講義が始まっていた。

実はそれまでこのロシアの沿海州は中国の所有する領土であったのだ。

つまり一八六〇年の北京条約によって、この日本海の一帯は様子を変えたのだ。ロシア革命に干渉するために、軍隊は大陸へ出兵した。これがシベリア出兵である。

シベリア出兵、これは実は負け戦だから人々の記憶にも定かでないが、大正七年から、十一、二年ごろまで続くが、すべて歴史はコマイことだとついつい置き去りにしてしまうようだ。

ここに一輪の美しい花物語がある。

シベリア出兵当時の曠野《こうや》に咲く一輪の古いロシアの花が、当時のシベリア出兵の隊長の思い人となり、その激しい恋慕の情に両方が虜《とりこ》となり、隊長は軍籍を返し王女はフランス行きを諦めたのである。

当時のロシア上流階級は自国のロシア語を卑しいものとしてフランス語を使う習慣があったが、祖国を追われたエミグラントもハルビンという街をパリになぞらえて造ったくらいだ。そのハルビンで恋の逢瀬《おうせ》をその若い二人は楽しんだ。そして、そこに生まれた子どもはなんと青い瞳の男の赤ん坊だった。しかし、陸士の父はなんとか関東軍に入れようと努力するが入れられず、遂に満州国軍の航空隊に入り、やがて終戦、彼らは引き揚げ、浜松の航空自衛隊に入り、やがて彼はブルー・インパルスのアクロバット飛行隊をつくった人として有名である。

その人こそ私の芝居にときどき顔を見せてくれる東銀之助《あずま》氏で、いまは子供の劇団をやっているかたわら、自家用機を駆って後輩の指導をしている青い目の江戸っ子の大佐だ。

長話をしているうちに、艇《ふね》は博多湾口の赤灯台青灯台を通り抜け、周りにはヨット界のメンバーたちが手を振っている。

それにしても、よくぞここまで来たものだ。ここはまぎれもない九州だ。

「長崎回るのかネー」

迎えのボートから声がかかった。

「回りたいが噴火ではなあー」

「今日あたり火砕流が激しかタイ」

「じゃ、豊後《ぶんご》水道を回って太平洋に出よう」

「そいがヨカヨカ、バンザーイ!」

フランスの風――福岡

〽多々良浜辺の戎夷《えみし》そは何《なに》蒙古勢
傲慢無礼もの　倶《とも》に天を戴かず
いでや進みて忠義に　鍛えし我がかいな

ここぞ国のため　日本刀を試し見ん

この歌をクルーたちに歌ってみせて試したが、加藤副船長と小野口機関長だけがわずかに知っていた程度でここにも歴史は薄れて跡形もさだかでない。

これは明治二十五（一八九二）年当時の陸軍軍楽隊の（後の隊長）永井建子（女性にあらずケンシと呼ぶ）が作詞・作曲した小学唱歌である。フランス国歌「ラ・マルセーエーズ」と旋律がよく似ているし、とても明治の歌とは思えないが、当時、徳川方はすべてフランスの陸軍の指導を受け、営庭《えいてい》に入ると、いっさい日本語は禁じられ、訓練も食事もすべてフランス語だったという。だから、明治でもペラペラのフランス語をしゃべるのが兵隊たちであったとは面白い。

筥崎宮《はこざきぐう》は博多の市街からすぐだ。その境内に、この歌を刻んだ石碑が建っている。そしてこの海浜一帯を多々良浜辺という。

海浜には、いまはかなり砂に埋もれてはいるが、博多湾を囲むようにして元軍の上陸を阻止しようとした防塁（石築地）が二十キロも続いている。

弘安四年夏の頃――と歌はうたっているが、あれから七百年、その国《につぽん》はいまも現存し、その海にイタリーの船を浮かべて遊ぶこんなバガボンドもいるのだ。私が書いたのは「元寇」の二番からだが一番も書いて置こう。

〽四百余州を挙《こぞ》る　十万余騎の敵
　国難ここに見る　弘安四年夏の頃
　なんぞ怖れんわれに　鎌倉男子《だんじ》あり
　正義武断の名　一喝して世に示す

七百年も昔、十万の大軍を乗せて元の国から船が来たか――。その数は疑わしいが。敵の大将はフビライ汗である。この名もいつか人々の頭脳から消え去ったが、この日吹いた嵐は神風と呼ばれ、かろうじて神風も近来悪名の代名詞として残ってはいるが、いまの子はオートバイと間違えるのが関の山だ。

最近は、鷹島《たかしま》の海から元軍の遺品が引き上げられていると聞いた。空にはカモメが昔と同じ歌をうたっているのに、人は性懲りもなく海深く宝を求め、王陵をあばいている。

孫が五人も加わった。もちろん、みな成人式を超えたのばかりだが、そこへお弟子さんが四人増え、艇《ふね》は十八名の定員になった。

萩から九十二マイル、短い距離だが、前夜のイビキ公害でみな惨憺たるさまであった。その故か、昼寝で静かな航海だ。

三十数年前、石原慎太郎氏の紹介で巴工業の山口社長の持ち船を葉山の鐙摺《あぶずり》港に見に行ったことがある。

山口氏は英国帰りのいかにもイギリス風の紳士であったが、私は一目でこの艇に惚れてしまった。

〝なんとかしてくれ〟と石原氏に泣きついた。

「天山」という名の艇で、香港の有名な英国系の財利《チヨイリー》造船所で建造されたものだが、さすが持ち主がマナーのうるさい方だけあって、艇は内外ともに実に美しく磨かれ整頓されている。三十三フィートのヨットである。その当時、この艇が湘南を圧倒していた。

私の手に渡るや、それから一週間後に大阪まで行き、続いては瀬戸内海を越えて九州の博多まで遠洋クルージングをしたのだ。

ボツボツ台風が近いので、下関で台風待ちを——と保安庁から止められたが、これも乗組員の貴重な体験ですと振り切って出港を決めた。長男は高校へ入ったばかり、次男は中学生だが、嵐でも怖くないな——と言い聞かせて、九州のヨットマンを一人パイロット兼クルーにして下関から博多へ回った。すでに大きなウネリが入ってきていたが、その晩はきれいな月夜で、私には初めての艇長としての夜航海だ。

コンパスのとおり行かそうとしても、暗い海を行くと家の灯《あか》りが見えるほうに船を持っていきたがる。これは灯りを慕う人間の本能だろうか。「どうしてコンパスを信用せんのだ」と怒鳴っても灯りを求めて艇は取り舵になりがちだ。が、私は背にある月を見ても分かるだろう——と教えた。

話の途中だが、山口さんのお孫さんが佐良直美君だ。

この初期の「天山」改め「メイキッス」が初めて博多港入り口の青灯赤灯を入った時、既に夜の十時ごろだったか、突然大きな船が出て来て、私たちの前へ現れた。

「海上保安庁です。お出迎えに来ました。おめでとうございます。今夜は志賀島《しかの》に入っていただきます。それではこの艇にスローでついて来てください」

真っ暗な中だが、スピーカーは明瞭だ。やっと舫《もや》って、さてさっきの船はどこへ行ったか——。

「保安庁の船は前にいます」

「船長に用がおすみになりましたら私の船へお越し願えませんか——といってこい」

しばらくして、「ぜひうかがいます」と返事がきて、やがてキリッとした三十くらいの船長が慇懃《いんぎん》に現れた。嬉しくなって一杯差し上げた。

「入り口の灯台のところで待っておられたんですか」

「いいえ、大島でお待ちしてました。そちらの艇が沖を回られたので見失い、ずいぶん探しました」

「この艇のテールランプ（尾灯）が小さいのでお困りになったでしょう」

「ハイ、やっと見つけましたら部下が喜んで先へ出ようとしますので、待て待て、東京からこんな小さな船で来られたんだ、せめて最後のテープはご自分で切りたいだろう。航路は間違ってないし、そっと当船は分からぬように後ろをついてゆけ！」

私は初めて若いシーマンに会ったような思いだった。その夜は、この若い保安庁の船長と腰が抜けるほど飲んで友情をちぎりあった。

さて、この博多から門司のほうへ二、三十分も車でゆくと、津屋崎《つやざき》という素敵な半島がある。ここは恋の浦という名称で呼ばれる伝説の岬でもある。私の知人の保氏はこの大きな半島をそっくり買って芸術の森をつくった。人も驚き、この半島の木や生きものも腰を抜かした。大リゾートではない散策の山や谷を人にも会わずに歩ける。社長に「君も友だちだから何か書け！　すぐ彫らせて山に飾るから」といわれ、図々しくも恥ずかしながら詩文を寄せた。が、あとでやめりゃよかったと何度も後悔した。

悠々たるかな　岬の春秋
縹渺《ひょうびょう》たるかな　玄海の返照《へんしょう》
太古　卑弥呼の扁舟《へんしゅう》
何《いず》れの　処にか寄す
嗚呼《ああ》　古《いにしえ》を偲《しの》ぶ紺碧《こんぺき》の入江
恋の浦の伝説　いまなお
遊子の胸に哀《かな》し

祖父と父と孫らは、ことのほか喜んで博多の一夜が更けるのを忘れた。不思議なことに、三代がこうして艇の長旅をするのも珍しいことだろう。

やはり慣れたとはいえ、乗組員は総じて疲れている。が、これだけ艇に乗せておくと、不思議や都の土を恋うるくせにみな早寝した。博多の城山観光ホテルで全員お世話になったが、社長の鶴の一声で至れり尽くせりの待遇であった。

さて、明日はどうするか。

オランダ船の来航をしのんで、佐賀、長崎と回り、かつて「ふじやま丸」で来た道を戻りながら、早崎瀬戸から、できれば、学友・宮崎康平を偲んで島原にも寄り、開聞岳を見て大隅半島を回りながら足摺岬へ出たいと思ったが、雲仙の爆発でままならぬ状態だ。コースを変えて豊後水道を越えることにした。

川柳——串港

海の旅　こんな島にもある　憂き世　（一胡）
荒れる海　凪ぐ海　人の世も同じ　（一胡）

一胡は元NHK会長・坂本朝一氏のことである。

同時代にNHKの門をくぐり、片やは遂に会長に、私は相も変わらぬ出演者。会長と親しく逢うのは川柳の会だけぐらいか。それにしてもなかなかの句である。

私はどちらかといえば寂しいところが好きで、本人もことのほか寂しがり屋だが、どういうわけだか周りに賑やかなことが多いのも不思議な話だ。先日の文化勲章の会だって二千人近くの会だが、それが二度もあるのだから、宴会好きといわれてもいたし方ない。そんな時に、人の群れは疲れるので好きでない、とも書きづらい。

ヨットが好きなのも、誰もいない青い海原《うなばら》相手なのがなんとなく性《しょう》に合っているからか——。大衆と調和してバランスをとっている人種と、どうやらそれをあまり好まぬというより、無視する人間とがいるようだ。

艇《ふね》は、歴史にも有名な姫島の横を通り抜けている。豊後の国東《くにさき》半島を右に見ているのだ。豊前の中津にも知ったやつがいたな、など思っているうちに、国東の有名な両子山《ふたごさん》を回っている。

ついさっき、宮本武蔵の巌流島を左に見たが、船の速いのも考えものだ、ゆっくり見物する暇もない。さりとて、遅きゃ日程を食いすぎるのでクルーがなかなか集めにくい。速くても良からず遅くても閑がないで、見たいものもそこそこにしなければ日本一周完遂もなかなか至難なことだ。

自転車を七尾あたりで忘れてきたらしい。

七尾の田尻氏からダンボール箱が送られてきて、中を見ると、うらぶれた黒い潮をかぶった自転車に、

発つ船に一人残され　たたずむも　迎えあらわれ、ホッとひと息

などシャレた札が下がっていた。

巌流島や関門橋に敬意を表しドンペリが一本抜かれた。夏の空気の下《もと》、冷えたシャンパンは、また格別だ。関門海峡だが、思えば津軽海峡、佐渡海峡とここを通っていよいよ豊後水道だ。日本の海がむずかしいのはこういった海峡や水道の多い故だろう。

日本一長い佐田《さだ》岬が見えてきた。細いツルの嘴《くちばし》のよう、先っちょにきっと港があるだろうと、別府も対岸の佐賀関や津久見も残念だが打ち切って辺鄙《へんぴ》な細い半島へ立ち寄ることに決めた。

このあたり、先年、佐藤文生氏が大臣になる前に一度釣りに招ぜられた。ものすごく速い瀬で、小船はフル・エンジンで必死に急流を上り、船頭が「さあ竿を下ろして」で一斉に竿を出すが、すぐに上げてください——だ。五、六回やったが、佐藤先生は二匹も大きいのが釣れ、この釣りバカにはとんと魚信がなく、無念の関の一本釣りを終わったのを思い出す。わが艇もその瀬に乗った。何の恐るにたらん、一気に乗り越え、この細長い岬の嘴《くちばし》の先の小さな漁港串港に入った。

見れば、ここにもパラパラと家があり、製氷の大倉庫が見えた。このへんの魚は関鯵《せきあじ》といい、鰤《ぶり》といい、鯛といい、一等魚ばかりだ。実は、ここから京阪神の魚河岸に高い値段で取引されている一等魚と聞いた。三時半にこの三崎町に入ったので子どもたちを集めたが、全校二十何人しかいない、岬の突堤にそれでも十名ほどが集まってくれている。

そばに大きなイケスがあり、なんと驚くほど見事な魚が入っている。クルーが一生懸命見ていると、漁師が「欲しきゃ持って行きな」と、三十センチもあろう関鯵の上等なのを三尾もくれた。

日本一美味しい魚を無造作に食っている連中は気も大きいのか、すべておっとりしている。その夜は、この魚に頬が落ちてしみじみ幸せを嚙みしめた。

なんと流れ星がやたらと落ちる。いかにも空気が綺麗なんだろう、水平線の上にいつも見たことのない蠍座《さそりざ》の一番下の星が見える。蚊取り線香をいっぱいつけて流星と一緒にデッキで寝た。朝は少しばかりの大人の声と数人の子ども達の声に起こされた。もっとも蟬しぐれも入るが、都会から見れば——こんな寂しい、しかも哀しいほど美しいところにも、人はへばりついて生きている。一晩泊まると、実は不愉快な都会人にも馴れるのか、サザエをくれたり、サバや小魚をくれたりして、急にできた二組の生活にも離れがたいものができて妙にいとしい。十二時ごろ、舫《もやい》をといて船は激しい潮流のおどる瀬戸を渡り、吉田茂首相の父祖の地・宿毛《すくも》の沖を通り、今日の泊地・土佐清水へ急いだ。

いつも思うのだが、あるいは都会の人間の驕《おご》りかもしれぬが、都会から見れば——こんな寂しいところはない。が、不思議と人が住んでいる。

田舎の海浜や山の端などで人は何を考えて生きているのか、ポツンとひとり置かれて感懐にふけった。

浦の苫屋《とまや》など何を楽しみに今日を終わり明日を迎えているのかと思うほうが——実は間違いで、そこはそれでいろんな複雑な人間関係やしがらみがあるのだ。

豊後の岬の空も晴れている。

この章を締めるにあたり、私は白鳥省吾氏の「あほうどり」の詩を書き添えたい。

あほうどり

人間が人間の人生観で
勝手につけた名
あほうどり

善良で人を怖れぬ故に
この颯爽たる美しい鳥を
人間はそんなにも勝手な
名をつけたのだ

人間はそんなにも
阿呆なのだ。

人間は弱いものを掠殺し
人間同士でも殺し合うのだ。

——明治から昭和にかけて
五十万羽も居た阿呆鳥が
いま僅かに四十羽と推定され
絶滅に瀕して居ると云う——

南鳥島にゴマンといたこの鳥も跡を絶ち人々の心を寒からしめたが、米軍の無差別銃撃もやんで、ボツボツ帰って来たと聞く。何となくよろこばしい報せだ。

中浜萬次郎を生む——土佐清水・宇佐・海部

いかにも美しい南国の海の香をかいで、艇《ふね》は名にし負う足摺岬へ近づいた。この辺一帯は国の海の公園である。磯近くを走りたいが、知らない海ほど恐ろしいものはない、どこに暗礁があるか——。夏陽を一パイにうけて足摺の灯台は白く輝いて見えるが、私たちは恐るおそる遠回りして一番見たかった足摺の灯台を遠景で眺めた。

思えば土佐清水に一旦腰をおろし、天候を見てゆっくりこの難所を回ろうというのはいい案だった。天候よし海よし——である。

この辺は鰹の産地で有名だ、昔から鰹とりの名人がうんといたに違いない。この土佐清水のそばに中浜というところがある。ここの一漁師だった萬次郎は仲間と船を出したが、遂に暴風雨にまきこまれ鳥島へ流され、そこでホッと一息をつくのだが、ボロボロの生活をするうちアメリカの捕鯨船にたすけられ、そのまま米国へつれていかれ、学問を受けて立派な紳士になって帰って来る。そしてやがて咸臨丸で第一回の太平洋横断に通訳として乗り込むのだが、その彼に友情をそそいだホイットフィールド船長と中浜さんの孫たちはいまだにつきあっていると聞く。海の上の美談である。

その生誕の地も訪ねたかったが、古《いにしえ》をとどめるさほどのものもない話だ。

この辺へ入るには意外と恐ろしい。灯台が近くなると急に波が高くなり大きなウネリで、大波に乗るとブロウチング現象を起こして一気に海の底へ持っていかれそうだ。舵を握る連中も難渋をし、やっと長い土手の間を通って目的地・土佐の宇佐港に入った。南国の気配十分、炎天下こそいかにも高知らしく、加えて今日初めてお目にかかるはりまや橋の大干物店の若い——と思うんだがその姿も待っている。いささか恥ずかしい話だが老いの胸が鳴る思いだ。

迎えの群衆の中に粋な浴衣姿で日傘をさし、ひときわ目立つ女性がいた。あれだナ——、いつも戴くお手紙も水茎《みずくき》の跡も美しい方でソレと直ぐにも分かった。変にソワソワして彼女の素足の下駄に見惚れたりしていると、

「オーナー、お客さまに船へ上がって戴けば——」

いいことを言ってくれるクルーもいて、ははんなるほど、夕べからの話の主はこの人かと——実は彼らの目は意外と卑しい。

「初めてお目にかかります、森繁久彌でございます」

両者は名乗りあった。こざっぱりした老舗のお嬢様らしい感じもあってわたしばかりでなく一同をも何となく浮きうきさせた。

「ああ東京へもちょいちょいお出になるんですか」

「ハイ、あの伜の大学が――」

「なるほど、失礼ですが御主人さまのお仕事は？」

「高知新聞でございます」

「ああなるほど」

何がなるほどかよく分からんが、その夜は一寸沖に出した船上でパーティーになり彼女も招いた。

南国の夜風も甘い。美人を交えると昨日までの苦労もへったくれもない。

高知といえばその新聞社の社長だった福田さんと親しく、今は亡くなられたが何とも馬力のある大事業家の印象が強かった。その人も今はいない。高知にはいろんな思い出がある。

ここにまた新しい思いのしおりが出来た。クルーは久しぶりに海の歌をうたって浮かれた。

この稿を書いてる横へ男の孫がペタリと座り、

「何かあったのかい？」

「厭なニュースだよ」

「どうした？」

「死んじゃった」

「誰が？」

「僕らのヨットの先生だよ」

「えッ！」

「たか号に乗っていたんだヨ、牧子（妹）も二人ともみっちり教えてくれた、いい先生だった」

「……じゃ武市俊さんか――」

「そう」

「あの人はヨットの神さまという人なのに」

孫は黙って私のうしろにある仏間を開けてお線香をあげた。

グアム島のレースに参加した艇が二艇、全員死没と報告されたが、今朝の新聞はその一人が見つかった、最初は仲間と生きていたが一人二人と息絶えて死んでいったと伝え、何とも悲しい話だ。本人は鳥を食い小便まで飲んで生き延び、仲間を水葬にしては頑張り、折しも通りかかった外国船に救助され、衰弱し切っていたが帰国出来た。彼の話で仲間の消息も分かりその点は有り難かったが、新たに涙をさそう話だった。いろんな問題があとに残るがそれは専門家に譲るとして、よく生きて帰って来た。やがて顚末の次第は彼の回復を待って詳細は分かろう。ただ言っておきたいことは山ほどある。ただ〝危険だから今後はやめよう〟などと短絡しないことを願う。海は偉大な自然なのだ。

綺麗な奥様が高知へ帰られるというので私たちは全員見送った。夏の夜風にあたったが何故か風すら甘くやさしい。さて、明日はいよいよ室戸岬を回るのだ、段々ゴールが近いが九十里をもってナカバとすべしだ。

テンダー（小舟）を出して釣りを楽しむ。キスがいいというのに小鯛ばかりかかり、悪いとは言わぬが雀寿《ず》しを作るわけにも行かず途中でやめた。あとで聞けば鯛は養殖しているそうだ。籠尾《かごお》源吉・土佐市長も見えてくれ、激励を受ける。泊まった〝やすらぎ荘〟も出来たてのいい宿だった。この市長の最後の一言が効いた。〝人間より鯨の方が情が深い〟。いい話だった。港々にはいろんな話があり、いろんな色があるのだ。

昔は土佐へ行けば美味い尾の身も食べられたが、潮吹く鯨はいても、今は食肉は禁じられている。ホイットフィールド船長の船も捕鯨船だが、油だけとってあとは身も骨も惜し気もなく捨てたという。その国が緑の旗をおったてて捕鯨の連中を追っかけ回す、何とも奇態な話だ。

室戸岬を回る頃爆音が聞こえた。恐らくＮＨＫのヘリだろう、私たちはデッキから手をふった。五、六回低空で近づき機体をふって去って行った。いよいよ岬だが波は相当なものだ。

実はこれから寄るところは、室戸岬の海岸にそって鳴門の方に走ると高知県と徳島県との県境の向こうにある海部《かいふ》町というところである。

昔、天皇の行幸が一ペンあって、いたく絶景に喜ばれ、その記念碑がある。残された日本の美しいところ、と私も何かに書いた。

魚は鳴門の鯛を始め若布《わかめ》に至るまですべて上等である。

私の友達で俳優の山口崇がこの辺の産だが、彼の話によると淡路島の側の大きな島では、つい昨日まで旧暦を使っていたそうだ。

旧暦といえば明治の初期までこの暦である。そんな古いものを何故今頃まで使っているのか——、ともかく漁業の関係者はこれが一番だという。暦の元をなすものが、太陽じゃなく月だから、旧暦で言えば無理はない。ところがまたも政府だが、これが余りにも古いと横槍を入れ、とうとう革新したそうだ。

旧暦の正月と今の正月では一カ月も日が狂っているので、村の子供たちは、生活の習慣の違いにも大いに戸惑ったという。それにもまして鳴門の満干もあり、船の事故も新暦になって増えたという。

新暦で出漁すると風も波も違うし、さりとて正月の魚を買う方もあるので、致し方なく海へは出るが、シケになやまされたという。新旧では海のさまが違う。今はもう慣れたろうが、そんなところの側へ私たちは行くのである。


終戦の次の年だ。銭のない森繁なんて哀れなもので、何とか金を少しでも得て東京の親戚に落ちついた子供たちをおさめたいと——これは普通の親心だが、あの当時は冒険心がたまらなく心をゆり動かすので、実はなけなしの金をポケットにつっこんでフラリと大阪から四国へ行ってしまった。ところが、その話がどうした運かまんまとうまくいって、予想外の銭が舞いこんでくることになり欣喜雀躍酒を飲みすぎて宿屋の三階でブッ倒れたのだ。そして夜中の三時に家鳴りの震動に叩き起こされる——その話は次にゆずろう。

その有名な海部の港が近い。

天気は上々、波もおだやかだ——。

出迎えの船に案内され海部の港に入ったが、後でお話するが、昔、私の命拾いの大きな島を回り、何とも細い水路を曲がり回って船長はひやひやだ。大きなタレ幕に祝歓迎が一同の胸を打った。

若い三浦町長が挨拶、花束などあり一応の式典を終わったが、懐かしい瀬戸内海の私の島の庵治《あじ》港の漁協の多田洵《ひとし》も駆けつけ、「足物語」で一躍有名になった香川の高校の先生・木村斉さんも御夫妻で来てくれた。私が何より逢いたかった元自転車屋の上島さんも八十九歳で元気でやって来た。そしてその陰にうずくまるようにして何とはりまや橋の麗人もいた——。

そうだ、なるほどここは地つづき四国だ。明日はいよいよこの前の紀伊水道を越えて和歌山へ入る。

南海大地震——海部

この航海とはまるで関係がないが、伜夫婦が先日、四国のお遍路さんをやってきて、徳島からこの海部町に来た時、うちの親父がこんなとこで有名なのに驚いたという。

その時、並みいる方々にモーター・クルーザーで日本一周をやりますから、必ずその時ここへも寄って行きますと約束したので、それが縁で寄港地の一つになったと伜はいう。私にしては生涯の恥物語で実は書く気もしない——が、これも記録だからと責めるので、簡単に記しておく。さて、簡単にゆくか？。

私たちが満州から引き揚げてきたのが終戦の次の年で、秋も終わりに近いころだった。男がこんなことでポケーっとしていては敗れた日本をどうするのだ――と上手に書けば、そういうことだが、実は下も下の話で親戚の一人が〝魚を引いてこれたら儲かるのやがナー〟というのが事の始まりである。

人から人へ、またその人から別の人へと、私のまったく知らぬ人から四国の海部町の大網元を紹介されることになった。

私は喜び勇んでじゃない、不安と金欠で、どうともなれの心境で大阪の天保山《てんぽうざん》の桟橋から四国通いの阿波丸に乗った。もっとも、東京の家に残してきた家族はまるで知らない。主人が大阪へ行くといったきり一カ月以上も帰って来ないんだから、今度こそホントに別れてやろう――と思ったに違いない。阿波丸の三等切符と行きの一枚だけの汽車賃で、あとはたばこを一箱買っておしまいだ。運命は己に逆らう――もんだと言い聞かして、臭い三等船客はそれでもスヤスヤ寝た。

やがて船は小松島についた。ここで降りて汽車（軽便）に乗り換え牟岐《むぎ》が終点。終点で降りりゃ私を待っている、どんな顔の人か知らないが、なんとかなる――がほんとうで、汽車を降りて来たらワラ半紙に〝森シゲさん〟と書いて改札で振ってる人がいる。

「私モリシゲですが――」

「あっ、そう。わたし上島です。自転車屋です。えろうましたな、お腹すいてなはらへんか？」

「いやー、えーこと聞いてくださる。実は腹ペコで――」

「まあバスに乗りましょ。海部までかれこれ一時間以上かかりますけんネ。まあ、その間にいろいろお願いもありましてナ。それまでこれでも食べて」

田舎のオカキをくれた。バスは田舎道を走った。

「どういうことです」

「わたしのネ、叔父貴が海部の裏にあたりますかな、甲浦《かんのうら》で大きな漁師やっとりまして」

「ああ、なるほど」

話は近くなってきた。

「わたしが自転車屋だから心配しなはったかもしれんが、このオジキがえらい堅物で沖買い（闇買い）が来ても絶対売りまへんネン――こらあかんと思いなはるやろ。ただ一つ方法がおますがね。これが一寸むずかしいことやが、オジキは戦争に負けても軍人万歳の男ですさかい、あんたが隊長ということにして、私は隊長の当番兵ということにしてもうたら好都合やが――」

「わたし、戦争をひとつも知りませんので？」

「いまから私が教えます。要点だけ書き写しておくなはれ」

バスは揺れながら目的地へ走った。

長い話になったが、私が泊まったのが海部町の南旅館。私は一回きりしか上がったことのない三階だ。その私の泊まった部屋はそのままに残してある。いまじゃ、パンフレットには森繁久彌遭難の地と大きく書かれており、私はいささか以上に気が滅入ったが、なんでもコマーシャルになる世の中だ。遭難と言えば大仰《おおぎょう》だが――。この上島さんの奥さんも桑の木の根に引っかかって亡くなられた。南海の大地震は津波をともなったので大きな災害となった。

上島さんが案内してくれた宿は、目の前に大きな島があり、そのため見晴らしのよくないところだった。

私は宿屋の主人に案内されて新しく建て増しした三階へ上がった。なんと久しく飲んでいない清酒が三本、床の間に飾ってある。それには網元らしい名前があり、いささか緊張したが、どうせこうなりゃと腹をきめた。よし、飲む前に風呂だな。

「風呂は沸いてますか」

「もう沸いてるつもりだすが」

「それからね、上手なアンマさんがいたらお願いしたいが」

「女の年寄りならいます」

「結構です、お願いします」

私は天下泰平である。何時間ぐらいか風呂上がりの風を受けながら、背や足を揉まれていささか眠ったらしい。

「小母さん、すまんね」

「何をおっしゃる。商売やけん気に入ってもらえば揉んでるものは天国ヨ」

「小母さん、あんたはこのへんのこと詳しいだろうな」

「ハイ、土地っ子ですもんな」

「あんた、この酒くれた網元知ってるかな」

「この人はえらい人よ。学校の先生よりも、町長さんよりズーとえらいんよ」

「ふーん」

「網元ならこのへん一帯の分限者《ぶげんしゃ》だよ」

「そんなにえらいか」

「この前、青年団の若い衆たちが講堂一つほしいと、網元さんのところへ頼みに行ったら、大シキを一日貸してくれたっけ。それが豊漁で、青年団は大儲け。立派な講堂が建ったもんネ」

「ほう、大シキか」

「そうよ、何十町もある長網よ」

「その網元さんて、コワい人かね」

「黙ってる人じゃが、優しい人じゃが、一見コワいわネ」

「ふーん」

上島さんに、せっかくの酒だからボツボツいただこうか——と誘いをかけ、一本抜いたが本物の酒は香も違う。屋台で飲んでるカストリとは雲泥の差だ。お銚子二本ほどのつもりが網元から届けられた取り立てのモンゴウイカやエビにあおられ、とうとう六、七合は飲んだらしい。

「戦争のこと、忘れなはんなや」

「ああ、そうそう。武漢三鎮やなかったな」

「大丈夫ですか。ハンカオ、漢字で漢口と書きまっしゃろ」

「大丈夫、大丈夫」

ちいとも大丈夫じゃない。

酒もしたたかなところへ、フスマを開けてぬっと六尺近い黒い大男が入ってこられた。上島さんが網元だと教えてくれたので、いかにも元隊長らしい挨拶をした。親方は言葉数が少ない人で、なかなか打ち解けようとしないので、弱り切って例の闇魚の件をかいつまんで話した。

「よろしゅうござんす。いま網を入れたばかりやで初網を回しましょう」

私は血が逆流するほど喜んだ。この際知ってることはみな申し上げようと、少々ロレツの回らなくなった自分を叱咤して、

「あの……鯖にはアオとクロがあるそうで」

「網上げて見なきゃ分からんが、このへんは青も黒も入りますがナ」

「ハア、ハア。で、船で西宮の港に運んでもらうんですが鮮度が心配で――」

「……わしらは商売人じゃからまかしておいてくだはれ」

「ハイ、ハイ。どうぞよろしく。氷なんか手に入るんですな」

「製氷会社もやっとりますで」

見るに見かねたのが自転車屋はんで、

「オジキは引き受けたいうとりまっさかい、ここは一つまかして、わしらは宴会といきましょう」

何時ごろ親方が帰ったのか覚えてない。ただ便所に二度ゆき、初網というからには五十貫や百貫ではあるまい。酔った頭で計算しても零《ゼロ》が多くてシドロモドロだ。また便所へ行ったのは一貫目を百匁《もんめ》と間違えていたからだ。一貫目は千匁だ、またまたやりなおして帰ったが、今度は零がつきすぎてメチャクチャだ。こんな儲かっていいのか——。

その夜中だ！

突如として家鳴り震動、梁《はり》がはじけて飛んでゆくような音に目を覚ました。立てば足払いをくったように引っくり返るので、何度もオノレの頭を叩いて、

「バカ！　酔ってる時じゃないぞ——」

と言い聞かすんだが、揺れはなかなか収まらない。私は必死になって階段を探した。夜中の三時を回っている。どうしたことか、便所の臭いが一面にたちこめている。

手探りで階段を下り、途中で何度も横ぶれで振り落とされそうになりながら玄関へ出た。まだ夜中だから真っ暗だ。旅館の人はいない。私と一緒に寝ていたらしい上島さんの姿も何もない。するとと闇の中から提灯が飛んできて、

「津波だ！　津波だ！　山へ逃げろ——」

といって走り去った。さあ体中に悪寒が走るし、酒臭いゲップと一緒にヘドも吐いた。

「オーイ、山はどっちだ」

山がどの方角にあるかも分からない。いずれにしても上れば先は山だろう。細い路地に入るとおば

あちゃんが一人ふとんを丸めたりしている。

「おばあちゃん、山へ逃げなきゃ」

「これ持ってゆかなー大事のもんやけん」

「こんな重いもん」

「これ、わしの大事の……」

大きな杉がワサワサと音を立てて揺れる。私はそのとき初めて、遠く地震火が走るのを見た。ここまで来て話がまとまるかに見えたのに、すべては一瞬の夢か、真っ逆さまに地獄に落ちていくのだ。

紀国屋の気持ちで大嵐――串本・新宮

さて、艇《ふね》が迷って道草をしたような話で恐縮だが、あの懐かしい海部の町で阿波おどりも見た。元気になられた八十九歳の上島さんも素晴らしい後妻さんに恵まれ、その子どもたちも大きくなり、仕事も当たって、いい隠居暮らしでほっとした。それにも増して嬉しかったのは、早稲田の後輩で若くやり手の壮年が町長をやっていた三浦浩氏で、たのもしかった。

それに加えて、黒っぽい日傘の中にはりまや橋の麗人がここにまで足を延ばしてくださったことだ。口数の少ない方だから、余計ゆかしく見えて離れがたい名残が残る。

多田君や木村斉夫妻や、皆懐かしい人たちに艇はいよいよさよならを告げて出港した。天気は晴朗であった。

この間に、南海大地震の続きを書いておこう。

私は山の上まで逃げたが人の集まる山頂で、ようやく明けてくる中に人々の話す声を聞いてぞっとした。〝これは九州が陥没したんや〟――とか淡路島が割れたとか――、そんな中に上島さんの声がした。

「やあ、ここだしたかー。いや、えらいこったすワ。私の家あらしまへン」

「えーっ」

「あのバスで通りましたやろ。高い防潮堤の上の西側の家がスッカリ持ってゆかれました」

「津波でかいな」

「へえ、えらい力だっせ。私ども町筋の家は皆もってゆかれて、家も船もみな山へ登ってしまいました。子どもたちのことが気になりましたが、高い山の寺へ逃げてこれはみな助かりましたが――」

「そらよかった」

上島さんの目から突然、涙が出た。

「……ええことあらしまへん。家内が居りまへんネ、母ちゃんが――」

「どないしはったんや」

「いえ、子どもを山の上の寺へあずけてから、そうや！　タンスに大事なおカネが入ってる、一寸帰ってくるさかいみなしっかり待っとりや！　いうて、そのままですワ。私はあんさんの横に寝てましたが、えらい揺れ始めましたんで、慌てて自転車で家へ帰りましたんやけど何もあらしまへん。あの防潮堤は海から二間ほどの高さがありますがのう。あれ越えて大津波が家をみな山へもっていってしまいました。いっぺんには来んそうです。初めヒト尋《ひろ》くらいのが来て、二度目は倍、三度目には三倍の波が来ます。そのとき家はバラバラと崩れてみな山へもっていきますネン。カカの姿が分かりまへんのでいまから捜します」

「そんな気の毒な。僕も行こう」

結局は、奥さんは可哀想に桑の木の根に引っかかって亡くなられていた。私はこの阿修羅のような無残な現場をいまもはっきり覚えている。

網元の方も大敷《おおしき》という大網は切れ、私のウン百万円を生み出す魚たちも命助かって紀淡海峡にスイスイと逃げていったのだ。網元は大損害で黒い顔がネズミ色になっている。

私は私で上島さんの葬式や、そこへもってきて気がつきゃ私も罹災者で、船賃やら汽車賃をくれるというんで毎日並んだ。兵隊服や毛布やそのほか全国から集まった義捐金《ぎえんきん》も少しもらって、もっと嬉しかったのはたばこもウンともらって、スパスパ遠慮なしに吸えたことだ。トンネルが壊れてしばらくは通らんというので、私は飲んだくれたあの三階の部屋をわが家にして腰を落ち着けた。

結局、長い話になったが網元は〝誠に申しわけない〟と頭を下げ、これには困ったが、鰹節三本をくれて、涙ぐんだのは私の方だ。東京へ帰ったら、さすがに女房は怒って今度は許す気配はない。

「このへんがいいところでしょう。別れましょう」

このひとことは全身にこたえた。

あの強い家内も逝《い》って二年になる。

艇は荒れてきた悪い海を走っている。

もう海部も見えない。紀伊水道の和歌山寄りを走っている。あまり海が悪いのでついに艇を休めて、しばらく様子を見ることにした。北風が急に変わった。

「小父さん、ここは何処？」

船を洗っている漁師に聞いた。

「海は悪いで――」

「いや、悪いからここで休んでいるのだ。ここ、なんというとこ？」

「ここか。ここは和歌山の見老津《みろづ》よ。潮岬へは二十キロほどやが、今日の風では行けんで、船は大きいが、そんでも無理じゃのう」

夕方になれば少し収まろう――と思って四時まで待ったが沖の白波は一向に消えそうもない。私たちはそれでも出発を決意した。ライフジャケットをつけたが、いずれにしても生まれて初めて経験する怒濤だ。

台風の影響もあろう、潮岬の名物とはいえもう少し沖を回ればよかったかも――何せ大きなうねりはワイドで来る。見えるのは波ばかり。波高十メートル以上はあろう。波の上へ乗ってもあまり波より早く降りるとブロウチング現象を起こして、そのままズボリと海に突っ込んでしまうのでスピードは出せない。そこへもう一つ厄介なのが四方八方から来る三、四メートルの三角波である。風は一五メートル以上吹いているが、全員波をかぶってビショ濡れの大活躍。

潮岬の灯台を左に見ながら今、転ぶかと生きた心地などない。〝前《バウ》が少し重いナ〟といいながら、やっと串本港へ避行した。

なんとその嵐の中へ一隻和船がやって来て手を振ってくれるが、われわれにはどうすることもできない、新宮から来てくれたのだ。ありがたい話だ。舵を握っているのは先回台風で親友になった組合長の弟・海野《うんの》義尊君である。彼はいかにも熊野灘の漁師で豪胆だ。結局、艇はまたしてもこの紀州で二度目の台風待ちだが、嵐が取り持つ縁でいまや熊野もフランチャイズになった。

一同は命を救われたようにグッタリ疲れてモノもいえない。艇も疲れたろう。叩きに叩かれて緩んだに違いない。いずれにしてもあの荒波を命からがら抜けて来たんだ、シャンパン抜いて乾杯しよう。

「このドンペリ塩辛いな」

「お前さんの顔が塩だらけなんだ」

それでも一杯のシャンパンは全員を元気づけた。生涯を船で送ったようなわが機関長が、

「いや、こんな波は初めてです」

と呟いたところを見ても、なまじのことではなかったのだ。

つづいて次の日、串本港を出て懐かしの新宮へ入ろうと海上保安庁やそのほかに気象を聞くが、昨日以上に海は悪いという。それでも行こうと、今日串本へ陸からやって来た次のゲストがケシかけるのでついに艇を出した。たった十六マイルだ。一寸目つぶってりゃ着く近さだ。

いやいや、これがまたヒドいもんだった。

新宮——ここは詩人・佐藤春夫の生誕の地。〝さんま苦いか塩《しょ》っぱいか〟のサンマの詩は先生がお亡くなりになったとき、録音にとった。それがなんと神社の横の佐藤記念館から毎日流れている。

「アラ、同じ声やノウ」

当たり前だ、本人が入れたんだ。人はときどき変なことをいう。

「まア、森繁さん。写真と同じ顔しとるネ」

どういうことか——その私は日本を回ってここまで来たんだ！

新築なった海野家でわが家みたいに図々しい限りだったが、ちょうど一カ月近い旅の疲れも出て、風呂へ入り足を伸ばして甘えた。外は嵐だ。尾鷲《おわせ》節の、

〽起きて沖見りゃ
沖ァ白波の
殿御やらりょか
あの中へ

である。でも、すごいご馳走にあずかり、物入りをかけたが両方とも嬉しかったんだ。

この前、新宮で台風に遭ったとき書いた拙詩がある。詩聖・佐藤春夫とは比べものにならないが、

これはちょうど二年前のことだ。（どうも熊野では毎回、台風がつきものだが！）

新宮行　（平成元年八月二十七日）

無情にも颱風　紀伊を襲う
我が小艇
翻弄の後
新宮は三輪崎の港に避行す
港の若者たち　こぞって艇を舫う
海に生きる男らの心意気
凡夫の胸をむしる

風雨しきりなり
雲ひた走り波は千々にくだけ
史蹟の山も茫として見えず

遠く耽美の詩聖佐藤春夫の
生誕の地に憩いて

熊野三山に思いを馳す
南無三宝　瀧の上なり　鐘の音
浜木綿《はまゆう》　ようやく秋を告げる中
われも　また
熊野《ゆや》の一節を口ずさむ

なんともできの悪い詩だが、さりとて書きなおす気力もない。土地の人は酒が好きだ。私も負けずおとらず好きで、天をにらんで出港の祈りを酒に寄せた。

詩聖の里をあとに——新宮・浜島・下田・波浮

開いた幕は必ず降りる——とは、私たち幕内の者の口にする言葉だが、夜が来れば朝は必ず来る——待てば海路の日和かな——などいろいろあるが、船の航海というものはなかなか格言通りにはいかない。

いちばん悲しかったのはグアムのヨットレースの事故だ。あのときはショックを受けて、悲惨なニュースは私の肺腑《はいふ》を抉《えぐ》った。

昔から船というか、ボートの惨事はたくさんの歌になったが、「琵琶湖周航の歌」もその一つだ。ボー

ト部の生徒が雄松《おまつ》の女の子に惚れて、最後は娘が入水する実話だが、

〽瑠璃の花園　珊瑚の宮
古い伝えの　竹生島
仏のみ手に　抱かれて
眠れ乙女子　安らけく

もう少し遠い話になるが、明治の終わり、逗子開成中学の生徒たちが七里ケ浜で練習中、おりからの突風で十二人の若い命を鎌倉の海が呑んでしまうのである。余りの悲しさに、逗子に住んでいた鎌倉女学校の先生・三角錫子さんが作った詩だ。「真白き富士の根」で知られる歌の四番がなんとも哀しい。

四

〽みそらにかがやく　朝日のみ光り
暗《やみ》にしずむ　親の心
黄金《こがね》も宝も　何しに集めん
神よ早く　我も召せよ

六

帰らぬ浪路に　友よぶ千鳥の
我もこいし　失《う》せし人よ
尽きせぬ恨《うらみ》に　泣くねは共々
今日もあすも　斯《か》くてとわに

一つ間違えば私たちもこうなるところだったが、全員の団結力や若者の精神の高揚でどうやら抜け出た感だ。妙な話だが私は船が怖くなり、このへんで止《や》めようかと思ったりしたが、〝ボスがそんな気弱じゃ、何が日本一周だ〟と仲間や神の声が叱咤したので心を入れ替えた。そのためにもちょうどいい、那智滝へでも行ってお祓いしてこようと、実は台風休みを幸いに三十分ほどの道を出かけた。

こんな見事な滝は初めてだ。この滝を遠景に見て拝むところがある。熊野の山奥からの水は大太鼓の地響きに似て、

不惜身命　とゞまりなきや　瀧の音
　その身打たせる　白膚や哀れ

滝の力で折れそうな五体を、滝のそばの小滝に打たせている人間やあわれである。潮岬といい那智の滝といい、自然の前にわれわれはもっともっと謙虚であらねばならない。

先年、海の友となった海野義尊君の勧めで東京から十人ほど、世話になったのがまた大変な迷惑だが、二月初旬、紀州熊野は新宮の有名なお灯祭の見学である。日本三大祭りの一つだといわれている。私も素裸に荒縄を巻き松明《たいまつ》に火をつけ、坂の上から駆け降りてくるアラッポイ行事をただ麓で見ていたが、

火は流れ　声も流れて　人の波
　つぶての如く　転びまろびつ

である。私がやればノシイカになっていた。

そうこうするうち、台風は朝鮮半島のほうに行ったという。しからばわれわれも出船となる。五日近く台風待ちしたので全員も至極元気だ。

未だ嵐のあとの波は少々あるが、熊野灘を東へ、途中、浜島に寄り給油、伊豆へ着けば通いなれた海だ、夜航海も久方ぶりにいいだろう——ということになり、朝五時半、わがフランチャイズ・新宮の三輪崎《みわざき》港を出立する。何故か涙が出る。

〝また来るぞー〟

海野君の舟が送ってくれる。有り難い。

船脚は快調だ。

病人はなし。これも有り難い。

大王崎（波切《なぎ》りの港）に着けるか、浜島町にするか鳩首を寄せたが、どうもキッチンの連中も疲れているようだ。浜島町ならドックの社長にお願いすればにぎりめしくらいは出る。で、話は決まった。できれば浜島から大王崎を回り、浜松ヨット連盟の加藤会長などと連絡してランデブーを約束していたが、台風の故でお流れになった。惜しいことをした。ついでに、甘えて鳥羽で美味い松阪牛など食ってと決めたが（魚が多かったので、久方ぶりに肉に憧れたが）、台風はいろんなところで食い違いが起こった。

さらば熊野よ。波が収まり、浜島町の井上社長の差し入れを感謝して、午後一時すぎに志摩半島に別れを告げた。

台風あけで西行きの船が多い。久方ぶりの夜が来るので全員いささか緊張。御前崎《おまえざき》の灯台が見えるころ、駿河湾に針路をとり、暮れなずむ伊豆へかかったが、

〝あら！　夜光虫だ〟

珍しい。海いっぱいにまで光り輝いた。珍しさにわれわれは万歳をした。もっとも帰りが近いからでもあったが。

こうなるとなんでも有り難い。

「どうしたんだ。神子元《みこもと》灯台が光らねえな」

「故障してるんじゃないか」

「まさか？」

その神子元島の大灯台も見えた。夜光虫を蹴散らしてお馴染みの下田に入港、投錨。だれかがやれやれというと、どうも空の様子があまりよくないんで、ヤレヤレではなさそうだ。でも油を入れる間、しばらくは休むので下田の街の山のほうを歩いた。今日は大島がくっきりと見え、この大島も旅情を慰めるに十分だ。

かれこれ一カ月。いろんな思い出が脳裡をかすめる。いずれ整理して書かねば、お世話になった方々にすまない。でも、これで無事に着けば恐らく筆がにぶって寝てばかりいることだろう。あすこの若い女将さん——あの人もいい人だった。司葉子さんにもほんとにお世話になった。四国の日傘の主も忘れられない。とくに、潮岬の荒海を乗り切って和歌山に着くまで、あの女《ひと》に守られていたようだ。

紀の国は新宮の里で、佐藤春夫を偲びながら求めた一冊の詩集は、いちばん頭のほうに「海辺の恋」が載っていた。

海辺の恋

こぼれ松葉をかきあつめ
をとめのごとき君なりき、
こぼれ松葉に火をはなち

わらべのごときわれなりき。

わらべとをとめよりそひぬ
ただたまゆらの火をかこみ、
うれしくふたり手をとりぬ
かひなきことをただ夢み、

入り日のなかに立つけぶり
ありやなしやとただほのか、
海べのこひのはかなさは
こぼれ松葉の火なりけむ。

煙のように消えていった紅い日傘の麗人に、この詩を書いて贈ろうと思った矢先、出港になった。どうも下田も港を出ると、いつの間にか意地の悪い海になっている。視界はいい。大島がくっきり見えるんだが、東風が強くておまけに潮はつむじを曲げ、大島に向けると真向かいで、とても岡田港は無理だ。

第一、爪木崎《つめき》が一七、八メートルの風で狂っている。熱海を回るにも爪木がシケではどうしようもない。いっそ面舵《おもかじ》で利島《としま》に寄って大島の波浮《はぶ》へ寄ろうということになった。操縦する者をはじめ、一同疲れてやっと波浮へ入ったのは四時だ。

「どうして、こう天気がついてないのかな」

「今年はどこもかしこもまいってるそうだ」

「でも、明日はいよいよ東京だぜ」

「波浮を出て少しは荒れるだろうが、久方ぶりにふる里だ。今夜はしこたま美味いものを食って、いい酒を飲んで——」

「いい女が乗ってなくて悪いな」

強い明かりをつけると鯵の子がいっぱい寄ってくる。どうしたことか、ここには夜光虫はいない。だれが買ってきたのか七輪も炭もある。小鯵を焼いて二杯酢につけ、それを肴に酒盛りが始まっている。

〽磯の鵜の鳥ゃ　日暮れにゃかえる
波浮の港にゃ　夕やけ小やけ
あすの日和は
ヤレホンニサ　なぎるやら

「いい声だナ」

「いや、波浮へ来たら、ここにはオーナーの石碑があるでしょう。懐かしくて覚えましたよ」

波浮から見た太平洋は、何故か懐かしい気もする。利島、新島、三宅島と島が見える故か。それに空気がきれいだ。いつ船から見てもなかなか見えない蠍座《さそりざ》のいちばん尻尾に近い星、これが水平線に近いところに今夜ははっきり見える。船旅もいよいよ終わりに近い、不思議や妙な哀愁がただよう。このリリシズムは船の旅にだけしかないものだ。

江戸前とは薄暗い空と海――東京

波浮《はぶ》を出て東のほうへ回ると波が高い。まだ私をいじめるか――と天に向かってうそぶいたが、どうしたことか野島崎が見え、館山が近くなって急に凪《な》いできた。

天は私たちのつつがなき帰船を待っていたか――。

ここまでくりゃ通いなれた道だ！

帰って来たぜ。海よ岬よ、懐かしの山脈《やまなみ》よ。行き過ぎる船から手を振って、〝お帰りなさい〟と歓迎を受ける。若いクルーたちは目頭をそっと拭くのもいたが、私は心の底で、〝ご苦労さん〟といって鼻をすすった。

当たり前のことなのに、すべて人間が一枚皮を脱いでキレイになったような気がする。まったく海は何事もなかったように関東一円は凪いでいた。左に観音崎の灯台を見て、私たちは浦賀水道を越え富津の岬を過ぎて、ふと前方を見て――唖然とした。

快晴にもかかわらず前方には、つまり東京の空は曇って鉛の下にいるようだ。全員、呆然とした。

「へえ。あんなキタネエとこに住んでるのか。病気にならねえのが不思議みたいなもんだナ」

私は一升ビンをあけて艇《ふね》にかけ、よくぞ私たちを乗せて守ってくれたと、心から感謝の印を捧げた。

全員も神妙な顔で手を合わせた。急に機関長が、

「オーナー。私のほうにもいただけませんか。エンジンにかけてやりたいんです」

そのとおりだろう。彼は働きづめに働いた親友に会いに下へ降りて行った。二、三人が続いた。

君津の大工場も木更津も、一年も会わなかったように、懐かしい。私は声張り上げて、「太平洋行進曲」を歌った。

〽海の民なら男なら
みんな一度は　憧れた
太平洋の　黒潮……

「どうした！　なんで一緒に歌わないの？」

「知らないんすよ」

「そんなことないだろう」

「オーナーの歌はみな古いんで——」

「クソ！」

懐かしい東京灯標が見えた。

お迎えの艇がいる。二、三杯、ただ両方で胸つまらせ万歳だ。それで分かりあえる海の仲間がいい。聞けばこの三日間ほど毎日迎えに来ていたという友もいた。

約五千キロ、三十二日間、入れ代わり立ち代わり百人近くの海の友が乗ってきた。

私は初めに、こんな素晴らしい船旅を何故みんな来ないんだ——と書いたが、いま、この旅行を終わるにあたって、なるべくあなたはあなたの近くの海だけにしなさいと勧めたい。

今回のクルージングでつくづく思うことは、危険率は、オーバーかもしれぬが、フィフティーフィフティーだ。用心深いベテランをたくさん乗せて、しかもその土地、土地で漁船や専門家に聞いてからでないと、その土地の側には近寄らぬこと。できれば土地の海に詳しい漁師さんでも雇って水先にするのがいちばんだ。海の底は海図でもなかなか見えないもの。でも、そうして小さくなってるだけでは海の民としてもコッパずかしい。大いに勉強して海に乗り出す青い騎士になってほしい。

妙に結論を急《せ》くようだが、

〝為し終えし　小さな行為は　為し終えぬ　大きな計画に勝る〟

といったえらい外国の学者がいるが、私たちはこの言葉で十分満足した。

求めるものは危険ではない。未知との遭遇だろう。いささかの危険を孕《はら》まずして何の面目があろうか。

ある日、私は船上で、

「お前は女が好きだろう」

と、友に高飛車に出られた。

「そういうお前はどうだ」

「そういっちゃ話にならん」

「わたしにいわせると、お前の質問の幼稚さを笑っているんだ——だいたい分かったからいうが、決して嫌じゃない、大好きだ。つまり……」

「女色を好むものは冒険家に多いそうだ」

「つまり、未知への冒険というのは女性を探求することに近いのか。秘密っぽいほど、旅は面白いというだろう、女も同じよ」

「つまり、いつも何をしても満足しないタチの連中だナ」

「女色とか好色家というのは冒険家と同じというのは、少し短絡と思えるが、あるいは……」

艇は久方ぶりに母港に横づけになり、仮テントが張られ、友人、知人、ジャーナリストとほとんど知った顔がたくさんいる。皆、成功を喜んでくれた。

「ご成功おめでとう」

「ヤア、ヤア。何、大したことはありません」

「お元気そうですネ」

「いたって元気です」

「危険なことはなかったんですか」

「ええ。まあ、海の上のことですから、危険といえば毎日が危険ですが、気にしなければどうということありません」

「ハア。何か珍しい事件とか、ま、そういったものに触れるといったような――そんな……」

ここに書いたような話が流れたが――。経験も想像もつかないことをいくら喋っても無理だと思ったので、なんとなくそっけない話しかしなかった。

「でも、安心しましたよ。秋の芝居ができるので……」

これは会社のヤツだ。

いちばん正しいことを口にした。

そのうちに酒を飲んで話はガヤガヤになり、どうでもいい宴会になった。海の友だちだけはただ静かに話を聞いていたが。

うんとハッタリで、死ぬような目に六回ほど遭って――とか、大事故に数回遭った、などが記事としてほしいところであったろう。

終点に着いた。それは考え方によれば一つの金字塔かもしれないが、終点は別な意味で一種の出発点だ。

ガヤガヤと大騒ぎだが、私はそっとその混雑から離れ、一人、艇へ戻り、家内の写真の前で無事に帰港したことを報告し、心から感謝した。

杏子よ。伜の操縦で、孫も無事に苦しいが楽しい旅をしてきました。ときどき助けてもらってありがとう。僕も艇もしばらく休みます。お前も写真だけど相当酔っただろう。それを気にして額が動かないよう両面テープで張っておいたんだが――。

日本一周、口でいうのは簡単だが、ときには気の遠くなる長い海だった。でも、お陰で皆元気だった。ありがたいお前の力だ。

Ⅱ　わが愛しの海

一

メイ・キッス号の船長

日本人とはみじめな程働く奴だということをつくづく思い知るに至った。欧米のことは知らぬが、中国人にしても韓国人にしても、私の知る限りではこれ程の馬鹿勤勉な奴はないということを骨身にこたえて知ったということである。しかも私こそその代表であったのだから、ひとしお身にこたえたのは当然のことである。

毎日忙しい程の仕事があり、金がジャラジャラ入ってくると、己れの身体も精神も家族も日曜日も、果ては昼も夜もへちまもない。眼やにの出たボケた顔を、いびつになる程キンチョウさせてこれを天職と喜ぶ。哀れというより恐ろしいことだ。

ところがさしもの強健な身体も、勤勉と慾の皮とのバランスがくずれてバテる時が来る。が、その時にはもう自分の体であって自分のものではなくなっているのだ。つまり、マスコミ魔につかれるそれだろう。己れの利得が他をまたうるおしているという思い上りに、人生を失ったこの男は滅私の馬鹿となりはてて、義理と人情のしがらみに、その身をバラバラにするまでいや応なしに働かされる何ともおろかしい仕掛けに気づいた時はもう遅い。

私は過日、庭の手入れをしようと思って植木屋を入れた。一日一人が七百円で約三週間、手間賃だけで三万円程支払ったのだが、さてこの植木屋なるものが、働いている様な働いていない様な仕事っぷりで、一日で出来そうなことを、五日もかかったり、何とも働き蜂の私には我慢のならんものであった。

朝の四時頃まで放送の録音があって、そろそろ夜の明ける頃、クタクタになって帰った私が二時間程横になったと思ったら、撮影所からお迎えですとたたき起される。丁度その頃彼等は我が庭に集合して焚火を囲んで一服つけ、いっかな尻をあげようともせず、朝から何の話があるのか、ダラダラと時をむさぼっているのを見るのである。聞けばそれからまだ三十分程おしゃべりがつづいてやっと腰をあげたかと思うと、こんなスローなテンポがまだ日本にあったのかといぶかしくなる程の遅さで土を掘り土を運び石をあげ石を移して、十一時には朝のお茶となるのだ。そういうしきたりとあれば仕方もない。塩せんべいにお茶をそろえて涼しい木蔭にこれを運べば、またもや、おしゃべりとタバコで、時をかせぐ芸術家である。シャベルの泥を落し、ひるめしともなれば一升めしをゆっくりとくらい、三時になるとまたお茶。道具をそろえて五時にはハイさよならとスタスタ御帰館になる。

或る日、私は、率先遂行の範をたれんと志して、「おい、俺も手伝うからもう少し早くやろうや」と遂にかんにんぶくろの緒をきったのだが、植木屋の曰く、「旦那――あんたはまあ見てておくんなさい。はたで見てると俺らの仕事は遊んでる様だが、これをここに植え直し、ここをもう少し土盛りし、と考えてる時も仕事なんでゲス」とシャレたことを言って私をシャットアウトした。

――ところがよくよく考えてみると、七百円のノルマでは全くそんなところだし、庭園芸術家としては、タバコを吸っている時も芸術しているのだからこれも文句の言い様もない。しかも徹底して私と違うところは、儲かるからと言って決して残業などしないところである。必要以上に富と名誉をむさぼり望まないところである。したい様に仕事をし、陽が高かろうが五時になればまた明日である。これは全く欧米風である。

そういえば何という立派な態度であろう。己れの節度を失わず――第一俺みたいに慾ボケでないところと、人のもうけの犠牲にならないところは遥かに私より高邁な精神の持ち主であるかも知れぬと反省した次第だ。

そんなことがあって、或る日――。

石原慎太郎氏から電話がかかった。「是非見に来い、すばらしいヨットがある」。私は女房と長女をつれて葉山まで車を飛ばした。初夏の海がまぶしい程私の眼を射るその小さな港に、何と！　ショウシャにして気品高く、ちょっととっつきにくい程のそぶりで一隻のヨットがいかりをおろしているではないか。

「あれだよシゲさん」

「うむ……」と私はうなった。

「用意が出来てるそうだ。すぐ乗ろう」

全長十メートル、クラスでいうとライオン級と呼ばれるもので、英国人の経営する有名な香港《ホンコン》の財《チ》利《ヨイ》造船所の出来である。中に入ればまたの驚きで、方向探知機から測深計、三十ガロン入りの水槽にそして二台のレンジは船のかたむきにバランスがとれる様に出来ており、小さな流しと蛇口がなかなかシャレている。キャビンはマホガニーで外板は全部チークである。前のキャビンにも二つのベッドがあり、五人が悠々とねられるし、二つのキャビンとも洋服ダンスがついている。水洗便所はアメリカ製。この至れりつくせりのヨットに私はすっかり心をうばわれてしまった。ユニバーサルのヨット用エンジンは船体に殆ど振動がない。江の島近くまでセーリングしながら、コクピット（舵室）で石原氏と顔を見合わせ、何度も会心のうなずきを交わしたのである。そして遂にこれを私のものにする決心をしたのだが、何せこれ程の非生産的な道楽品はないので、やはり私とて小人の躊躇《ちゅうちょ》逡巡《しゅんじゅん》しきりなものがあったが、植木屋の毎日を見ていたお蔭で乗れる乗れぬの多忙は別として、まず目下の私を救ってくれるものはこれしかないと、先方のお値段を了承したのである。

私の心は五月の空のように晴々とした。

船には私の大好きな名前をつけた。「天山」改めMAY・KISS。五月の薫風が帆一杯に接吻する時、私を乗せたこの四畳半は一切のわずらわしさから私を断って、縹渺《ひょうびょう》とした大洋の上を私の意のままに漂い流れ走ることであろう——そう思うと私は初めて人間らしい人間に立ちかえった想いがしたのである。

二十一日

五月二十一日、この日は日がいいと言う先方、つまり先の船主さんの御希望で、あこがれのヨット「天山」が我家への嫁入りの日と決まった。そして、その日を郷土訪問（東京—大阪）帆走旅行出航の日と決めたのである。私はその式場を海の見えるニューグランドの一室とした。

ヨット道楽というのは外国でも金のかかる最高のものと言われる通り、早やもう全家族の帽子だ、ブレザーコートだ、セーリングコートだ、雨合羽《あまがっぱ》だ、船ではく靴だ、はては帽子や胸につけるマークまで次から次と希望や要求が出て、しょっぱなからこれは相当の覚悟がいるわいと思いやられる始末である。

全員はイッチョウラに盛装して「天山」改め「メイ・キッス」の姿が大きな氷にきざまれた部屋に花嫁方山口家と相会した。石原慎太郎氏の御媒妁でディナーパーティーは始まり、山口さんから私にティラー（舵棒）が渡され、全員の拍手と両家の海の唄の合唱で式典は終り、宴ようやくたけなわとなったのである。ところが風もいよいよたけなわとなり、あと数時間の出港にいちまつの不安さえ見え始めた。「御無事の御航海を心から祈ります」。祝福と激励をうけて横浜の燈台の上に月がのぼり始める頃パーティーは終った。

各社の写真班も皆どこかへ消えた。さあ、こうなった以上、いよいよやらねば、もはや引込みはつかない。

闇空を見ながら私たちは最後の積込み品を買って葉山に急いだのである。

二十二日

午前四時、私達家族は葉山のポートに集まった。海陸共同旅行である。

まず海上ヨットの方は、私と長男泉《いずみ》、次男建《たつる》、ポートマスターの鈴木氏兄弟に福谷君と六人のクルー、お客さんは、東京映画の重役滝村和男氏と朝日新聞の写真班秋元氏。徹夜で港に寝泊りをした各社の記者や写真班の連中だけがお見送りである。風はますます強い。四時、最後の相談をする。とりあえず出港して、海上の模様で決定。まず伊東あたりまでなら可能だから六時間の予定で風さえ良ければ決行しようと腹を決めて、いよいよエンジンをかけて「さようなら」を叫んだ。

海の言葉で言うと波は(2)という、つまり二メートルの波、いや恐らく時に三メートルの波もあったろうか、目指す伊東へは風上一杯で舟足はのろい。

初めての船、初めての海旅に、二人の息子は、ただ緊張の連続で、しかもキャビンに入れば船酔がするし、つかまっていなければ四十五度の傾斜で荒れ狂う濤《なみ》に放り出されそうだし、朝の食事も昼の食事も水一滴すら飲もうとしない。ゲストの旦那はキャビンで、支柱を抱いて横になったまま。そのうち、沢山の積込み品が、ガラガラバチャンと船底に落ちてくる。船の中は毛布にラジオにかんづめにコップに地図に、タマネギ、ジャガイモの類が、船のタッキングの度に、カクハンされるのである。やがて十一時頃、軍艦二隻が、私たちの周りを巡回し始め、盛んに手旗信号をやり出した。が、残念ながら、これが一切わからんのである。察するに強風注意報が出ているし、益々悪くなる状態だから早く最寄りの港へ入港せよということらしい。

我が艇における唯一の手旗信号手、勇君の「ワレイトウニニュウコウス」を了解して、やがて艦は下田沖に姿を消して行った。あとには数個所、海がきれいなライトグリーンで着色してあった。どうやらこれも考え様によっては、万一の事故があった場合その個所を明示する為とも思われる。よく飛行機の墜落や船の沈没個所を空や海から一日でわからせる為に海を染めるあの薄緑染料である。これがもし私たちのためだったらと思ったら急になさけない様な変な気持がした。軍艦が二隻もぐるぐる私達のまわりを廻ってくれたことは誠に心丈夫なことで、一喜劇俳優とその家族の為にこれだけはまたアメリカ並のことである。

午後になったが海は益々荒れ狂う。私はまずエキスパート鈴木兄弟に舵を頼んで、頭と身体をたてなおす為に、四十五度に傾斜したトイレに入って四十五度に傾いて用を足し、キャビンに入って寝てしまった。そして約三時間荒天を忘れてぐっすりねむった。いい気持である。この父のフテブテしさに子供たちは気をのまれたらしい。随分これまでに子供たちのいたいけな心を傷つけたこともある父であるが、「さあ俺にまかせて置け」と起きて来た時には、ようやく疲労のはげしくなった二人の息子は、かつてない信頼感をこの父にもったらしい。「パパってのんきだね」とポツンと次男が言って初めて笑った。

船は相変らずはげしいピッチングとローリングである。

さて眼がさめてデッキに出て見て驚いたことには、江の島が更に動かず、流されて小田原沖あたりにいたのである。真南《まみなみ》を受けているのでいわゆるジグザグにタックしながら風上に上るのであるが、山が動かないのでいっかな進んではいないようである。遠い山と近い山、或は近い建物を見、それが動くことによって自分の船足を確認するのだが、遠い山が動いて見えれば船が進んでいるわけだが、それが同じ所にじっとしているのである。更に無線が通じないので、陸上部隊がどの辺を走っているのか、アマチュア技士たちは一生懸命に相手を呼んでいるが、これも心細い次第だ。

やがて「『メイ・キッス』ですか、『メイ・キッス』ですか」と声が入った。「こちらは熱海の錦ケ浦からです」。強風と大きなうねりに木の葉の如くもてあそばれながら、ふと聞く声はどんなにか私たちに力をあたえる。勿論陸上の方も、ほっと胸をなでおろしていることだろう。「子供たちはどうしてます、元気でしょうか」ママが一番聞きたいことだ。「大丈夫、大丈夫」「そうですか。しっかりね、しっかりね」これが精一杯のその時の応答であった。

そう言えば出発の時のパーティーで、「どうして奥さん、可愛い大事な息子さんを二人も一緒にお乗せになるんです、旦那さんだけならともかく」といぶかしく聞いた人が多かった。成程、今私達がSOSだと言っても陸にいるお母さんは二人の子供をどうすることもできないのである。

獅子の子のたとえを実行しようとつれだしてはみたものの、いささかの疲労と船酔とにつかれた子供を見ては無謀の挙になったかと心が痛んだ。

さて、私が今回の壮挙に一番腐心したのは、危険率をいかにして下げようかということであった。船は堅牢だし復元力も十分、それに方向探知機も水深計もあり、エキスパートが三人も乗っているし、漂流をおもんぱかっての食料から水、ガソリン、釣道具、信号の為の鉄砲、打上げ信号弾、手旗、テンダー（ボート）、その為の小エンジン、各人の救命具、救急箱から細部に至るまで完璧以上に積み込んだし、あとで電波管理局からお目玉を喰らったが、ハム（アマチュア無線）を頼んでFMの携帯無線まで、これはまさかの時の乗組員の命にはかえられぬからである。これらの用意は、危険率が二十パーセントなら事前における最善の努力で十パーセントには下げられると確信しての私の心づかいである。世の中で一番あつかいにくいのは、これは海の場合も山の場合も同じであるが、海はこわい、山はあぶないとやたらに恐れて近づかぬたぐいと、その逆のめくらへびの連中である。謀《はか》りごとは密なるをもって良しとすで、その上でこそ未知の世界への冒険が雄々しく決行されなければならないのである。

熱海が見える。今頃あの赤いネオンの下で、くだらない酒をくだらない奴とのんでいる馬鹿がいるのかと、昨日までの自分を棚に上げてうそぶいてはみたが、いっそ熱海の港にでもつけようかとふと弱気にもなるこの波と風である。しかし何としても水深七フィートの船であってみれば、よほどの良港でないと無理なので、不調のままエンジンも助けにして十数キロ風上の伊東にのぼる。

天城山の上に夕陽が美しい。あの天城の下に伊東がある。真鶴《まなづる》岬も陸から見れば何ということはないがなかなかの難所である。

エンジンをかけたがどうしても馬力が出ない。これももう少し出航までに暇をもって、オーバーホールしておけばよかった。賢明に見えてまったく疎漏極まりない。「この分だと二、三日は荒天《しけ》ますます、ますますひどくなるでしょう」と天城連峰を流れる雲を見て、鈴木さんが私にもらす。そう言えば最悪の条件になって来た。突風である。ヨットが一番遭難するあの風である。ラジオの気象通報にしがみついて聞く。こんなに天気予報を熱心に聞いたことなどかつてないことだ。おあつらえ向きの様にニュースは静岡のヨット遭難を伝え、二人の犠牲者のいたましい話を克明につたえるのである。どうやら皆だまりこくってものを言わなくなった。伊東まで五時間の予定が、はや朝の五時から今が夕方の五時であるから十二時間と倍かかっているわけだ。あとで聞いたことだが、下田につくだろうと廻った新聞記者が、もう見える筈の船影がいっこうに見えないので海上保安庁に連絡したところ、丁度自衛艦「ぶな」と「もみ」が下田沖で演習しているからそれを現場へ急行させようということであったらしい。私達の為に軍艦二隻にうんと油をつかわせて申しわけない。高額の税金を払っていて良かったと変なひとり合点をした。初島を右に見て網代《あじろ》をすぎた頃無線が通じた。「遠ク眼鏡デ船影ガ見エマス。私タチハB旅館ノ屋上ニイマス。早ク着イテ下サイ。皆元気ヲ出シテ。オ風呂モ御飯モ用意シテイマス、ドウゾ――」。そう言えば全員朝から何一つ口に入れていない。船尾に立って私は暮れなずむ嵐の海の向うに眼鏡をとった。天城の裾にママと昭子がいるのだ。もう一息だ。慎重に力を合わせよう。眼鏡が曇って見えなくなった。かぶった潮の故か、胸がつまった故か……。

中風でねているお祖母ちゃんが今ごろ枕もとのラジオとテレビを聞いて、どんな顔をしているだろう。錯綜する気持を抑えて、俺は船長だ、船長だ、今が一番大事な時だと口には出すのだが、足下から波と一緒に自信もくだける様である。六時、交信の時間である。「ナニヲシテイルノ、コッチカラミタライツマデモオンナジトコデスネ、ドウゾ――」。左様、可愛い「メイ・キッス」は今最後の力をふりしぼっているのだ。「七時ニ入港――七時ニ入港ノ予定、了解セリヤ、ドウゾ――」「了解シタガモウダマサレマセン。ホントノコトヲ言ワレタシ、ドウゾ――」「信用シトレバイインダ、分ッタカ？　分ッタカ？（ああそうか）ドウゾ――」「ドウゾッテ言ワナキャ切リカエラレナイデショ、忘レナイデ、ドウゾ――」「ワカッタヨ、ウルサイナ、ドウゾ――」。間がぬけて喧嘩にもならぬ、厄介な片線通話である。

待たすとも待つ身になるなの今日一日であった。

湾内は静かである。キラキラと灯のかがやく港に入れば、宿屋の屋上から陸上班の懐中電燈のサインが見える。十年も逢わなかったように私たちは再会を喜びあった。そして私がたった二合の酒でその場にたおれる頃、子供たちは深い寝息をたてて眠りの底に落ちていた。つかれた私の頭のどこかに、

蝶二つ一途に飛ばん波もがな

という句がひょっこり出て来た。どうやら横光利一の『旅愁』の句の様である。

さあ、こいつたちが明日は弱音をはくかな。

二十三日

荒天の為出航中止。

エンジンを始め各所の点検修理と整備。今日から新しいクルーとして初又君という好青年が加わる。彼は商船学校を出てしかも近海の往復に十分の経験をもつ船長である。地図を開き、天気図を書いて、準備に忙しい。

二十四日

今日も荒れ模様、どうやら出航を断念せねばならない。クルーたちの出すデーターをあわせてこれが船長の今日の断である。「本日出航中止、全員鋭気ヲ養イ明日カラノ長途ニ万遺漏ナキヨウ」。この

「断」がこれから仲々むつかしくなるのである。家に電話をしたら、あの日はお祖母ちゃんがほんとに心配して夜もろくろくねむらなかった、ラジオが遭難を誇大に放送するし、新聞や雑誌社からはジャンジャン電話がかかるし、留守部隊はこまりはてて、「デマですよ、お祖母ちゃん、デマばかりですから」とごまかしながら枕もとに報告するのだが、七十をこえたおばあちゃんは「そのデマはなんと言ってるの」と、可愛い孫のことを仲々うろんにしようとはしなかったそうである。

船は完全に整備が調った。いよいよ明日は晴れという。一応五時出発と命令を出した。

船長命令「二十五日午前五時スタンバイ」

二十五日

北東の風が五メートル吹いている。朝曇りしているが午後には晴れるという。五時三十分伊東の港をあとにした。陸上班は宿に待機、下田入港とともに船長の断によって、次の再会場所御前崎《おまえざき》に向うことになった。港で二人の息子がママと姉に握手して「デハ、ママ出航シマス」と言うと娘と母は涙をためて「男ラシクナッタワ」と言った。誰もやめようと言うものはいない。よき奴たちだ。どうやら海というものは昨日の苦労をすぐに忘れさせ、不思議と誘いこむもののようである。つかれた帆が今日は生気をとりもどしたように一杯にふくらんで美しい。皮肉にも風は変って追風になった。四時間で下田に入れるとチーフからの報告である。七時熱川《あたがわ》を見るころ遠く大島の噴煙が見えはじめる。毎朝の早起きが健康にするのか、腹のへることおびただしい。それにも増して、ゆれるものの上での生活が腹筋をつかうのでお腹のすじがピンピンと引っぱって痛む。泉がキャビンで味噌汁を作っている。「たまねぎかい」と聞くと、「いや、わかめです」と言う。今までに経験したことのない不思議な生活だ。チーフの勇君から「凪《な》いでいる時は出来るだけ寝て下さい。それが船で一番大事なことです」と教わる。子等は甲板に雲間をもれる初夏の陽を浴びてすやすやとねむる。〝波を子守の唄と聞き〟である。なにがなしぞくぞくとする様な、父としての幸福感がこみあげてくる。「ハハーン、これが生活だな。植木屋はこれを知っていたんだな」と舵を操る手がうきうきと軽い。カツオをかけてやろうと疑似餌をつけて流すが、彼等もひるねか応答更になしである。爪木崎《つめきざき》の燈台を九時十五分に通過、十時十五分下田に入る。海上保安庁を通じて先日の御配慮を謝し潮の模様をきいたところ、「良いでしょう、風は東から西に変ります。風速六、波一」と絶好のコンディション。水とガソリンと食料をつんで、状況に依っては御前崎で晩めしをとり、夜航海で一気に遠州灘を乗り切る腹を決めた。下田から伊東の宿に電話をして、海の模様が良いからすぐにも出航するが、君達も十国《じっこく》をこえて御前崎に直行してほしいと陸上班に指示して、さあいよいよ外洋——石廊崎《いろうざき》の燈台を廻れば駿河湾、そこは待望の太平洋である。石廊崎の潮流はさすがである。エンジンを廻して帆をたすける。

駿河湾は見はるかす大海原——。今我が眼前に大洋はひらけて己れの船の小ささを知る……といったところ。それにしてもあの嵐は夢の様、視界五十キロで行き交う船はあまた。皆ラジオや新聞で知っているのか、遠い所の船まで近くに寄って来て手を振ってくれる。海の人、それは全く古い友達の様な感じだ。それにしてもなんと静かなことだろう。ヘサキから聞えるウクレレが小さくくずれる波に混って船旅の愁いをかきたてる。あけても暮れても人、人、人、の毎日を送り、そのなりわいは全部人を相手に始まり終っている私の仕事が、自然を相手に生きている男たちとこうも違うかと知った。

何だかこんな海に来ると日頃の自分のずるさがふき出してきて陽にさらされるようで耐えられない。

そして、午後四時、御前崎がかすんで見えはじめる。白い燈台とかもめの群れ、と突然大きなものが海面に背を見せる。いるかである。かもめのいるところ、いわしあり、いわしのいるところそれを追うかつおあり、かつおのいるところそれを追ういるかや鯨がいるのだそうだ。弱肉強食がこの平和な海の下にもあって、実ははげしい姿で血の闘争をつづけているのかと思うと、ふと心にささるものがここにもあった。

御前崎の白い燈台が夕陽にかすむ頃、港に入った。村の少年たちは何処から聞きつけたか岸壁をうずめて、白い船で来たこの喜劇俳優をまちかまえていた。小舟を下ろして渚に立てば、「やあほんとのモリシゲだ」と口々に言う純朴な潮の子ばかり。少年たちと手を組んで親切な漁業組合の世話になり、ガソリンや、夕食の場所を案内して貰う。ところが、かんじんの陸上部隊は更にあらわれない。自動車の事故でもあったのかと気をもんでいたら、やっと通信がとれてほこりだらけになってやってきた。「ひどい道よ、今日の海はなめらかだったでしょう、こっちはまるで荒天《しけ》の道でとんだりはねたり、おまけに黄塵万丈、ああ、ほこりのない海がうらやましい」と賑やかな晩ごはんは両方の話でもち切り、出航予定の時刻をオーバーしそうになる。

九時、夜の港に妻と娘とそして村の人たちの振る手が、帆をあげる我々の船からの照明燈に照らされて、幻想的というか、悲しい別れの一節とでもいうのか——今宵出船かお名残り惜しや、暗い波間にちょうちんもゆれるのである。初めての夜の海、青と赤の航海燈がつけられ、キャビンにランプがともされ、船は暗礁をさけて向い波をきりながら三浬沖合へ出て、いよいよ西へ向う。緊張した中にも子供たちが出航の手伝い等になれる様になって来た。御前崎の燈台が右に流れる頃、私達は東の追手をうけて船足は六ノット、万一を慮ってメンセルはツーポイントをリーフして走る。つまり帆をしぼって走っているのである。船足は落ちついた。もう西へ西へ追手をうけてシュラ、シュシュと走るだけである。遠く沿岸の灯と燈台が、かつて味わったことのない気持に私達をさそいこむ。それは童話の世界の様でもあり少年の時に読んだ冒険小説の様でもある。「さあ、スコッチを一本あけよう」「ハイ、ただいますぐ」といそいそと冷蔵庫をあけて氷を割る二人の息子がたのもしくうれしい。

夜航海は慎重に慎重を重ねなければならない、ヨットの一番むつかしい走法である。私も子供たちもみんなライフ・ジャケットをつける。そしてロープで船にその一端をしばりつける。それはヒール（かたむく）するヨットに一番多い出来ごとで船からこぼれ落ちることである。夜の海に落ちたものはヨットでは十中八九、救い上げることは困難だという。船を止めて明りをつけ、それに向って泳ぎつかせる以外、その場を救う方法がないとされているので、あたたかく身体をつつみ、窮屈でもライフ・ジャケットを身につけていなければならないのである。夜光虫が両舷にくだける。それはころころとこぼれる青光りの真珠の様だ。この下に魚どもはねむり、貝どももその蓋をとじているのだろうか。十時半、十八夜の月が雲を割って出て来た。波の背にのる初夏の月である。まるでここにあるすべてのものは詩でありメルヘンでもある様だ。

小さき舟よ
お前の背におぶさって

夜光虫の舞う原を六つの命がゆく
青の光り
赤の光り
月の光りに酔いながら
この夜のなか
今宵ここにある一切の命あるものと
友達のちぎりを交そう

私はスコッチの栓をぬいた。そしたら、チーフの勇君が、まず海神に酒をささげて下さいと言う。ウィスキーは、チロチロと海面にそそがれた。「海神よまもり給え、この父と子の旅路を」そっと、ささやいて、ついでに愛する「メイ・キッス」にもそそいでやった。やがて杯は高々とあがり、遠州灘の沖を走る小さな一隻の小舟の上に六つの乾杯の声が流れたのである。氷のつめたさに美酒が溶けたとき、船長はこの世で一番幸せ者という顔をしたに違いない。「パパ！　いいですね」ただそれだけしか言えない子供たちではあるが、それでいて、これ程、父は子を感じ子は父を感じた瞬間はなかったようだ。私はギターを弾き、泉はウクレレを、建は唄って、十八夜の月が中天にさしかかるまで、船の上から舟人の唄が遠州灘の海面に流れたことは申すまでもない。さあ交替でねむろう、ねむることが一番大事なのだ、船板一枚その上に――さよう、深海の上にやすらかにねむる子等の顔を幾度この父はのぞきこんで見たことだろう。

二十六日

明るい朝が来ていた。

御前崎から鳥羽まで僅か百キロの航程。あせらずさわがぬ船旅とはいえ、あの飛行機から見る長い遠州灘を未だ三分の二くらいしか来ていない。いいんだ、これで……。何が私をせっかちにするんだろう。意味もない急テンポの俗世界の習慣が頭をもたげるとほんとうに腹だたしい。一本の歯刷子で父と二人の息子は歯を洗った。つまりぶしょうな伜共は、歯刷子を忘れて来たのである。ほろにがい海水でうがいをし、親子はお互いに顔を見合わせて笑った。

気温が高い、はだかになってパクパク飯をくう。船酔などはどこへけしとんだか、一番弱い建が一番よく食うのである。

チーフの鈴木勇君、パイロットの初又君、ウォッチ（見張り）の茂さんの三人はとうとう一睡もしなかった。船の位置を常にたしかめるため、各所のビーコンを方探《ほうたん》でうけて位置を確認しながら走って来たのだ。よくがんばってくれた。しかもつかれも見せず、鳥羽に入って陸上班にあった時、船がよごれていてはいやだと、子供たちと一緒に甲板を洗い、真鍮という真鍮をピカピカにみがくのである。

十時に「我入港ス」と旗をかかげて鳥羽の水族館横に船はしずかに横づけした。御苦労さん、「メイ・キッス」大変だったな、走りつづけた三十時間である。

上陸してほっと一息すると何ともいえぬ誇らしげな気持がこみ上げて来る。ところが、またも陸上班が到着していない。電話を借りに行ったら、警察から先程知らせがあって、「奥さんが賢島《かしこじま》で心配しとられます」という。そういえば鳥羽の賢島にゆきますと言ったが、近いと思った賢島は何と大王崎の方で、これから船で五時間かかる由。鳥羽の湾内に賢島という島でもあるかと思った私の大ミスである。やがて家族が落ちあったのはそれから三時間も待ったあとで、「いくら待っても船が来ないし、無電は通じないし、とうとう警察にたのみました」とママが言い、あとはうれしいのかほっとしたのか言葉も出ずに、子供たちと肩を組んで水族館の魚を釣りに行った。鳥羽の小島のかげで今釣ったいいなだのさしみを肴に、昼めしは賑やかであったが、全員はまもなく甲板をうめてねてしまった。アクアラングをつけて海底深くもぐり、アワビとサザエを御馳走すると言った泉が一番先に高いびきである。かつおは釣れずアワビはとれず、東京から冷蔵庫に入れて来たワサビとしょうががあくびをしていたが、そうそう海の幸の饗応をうけては冥加《みょうが》につきるというものである。

さあ半分来たぞ、あと半分だ——。力をいかにセーブするか、疲れは禁物、常に海は未知にして私達の前にどんな難題をぶつけてくるかも知れない。明日はいよいよ名にしおう熊野灘である。神よ、我々にすばらしい五月の風の接吻をあたえ給え。

二十七日

午前五時に海陸は別れをつげた。陸上班は大阪に行き、電話をまつこと、海上班は熊野灘を乗り切り、着いた港から大阪に連絡するということになった。天気予報が天候のくずれ出すことを報じているので、どうしてもこの熊野灘を一刻も早く乗り切らねばならない。しかしここは遠州灘と違い、リアス式の海岸だから良好な港が所々にある。遠州灘では港という港はなく、天竜川も浜名湖も満潮でない限り入れぬので一番気をつかったが、それにしても人煙稀れなるこの熊野灘はひとすじナダとはいかぬ様だ。安乗《あのり》燈台を八時に通ったが、予期に反して海はボケた様に静かだ。これが熊野灘かなとなめてかかるくらいになめらかな海面である。

泉が「僕少しボケた様だ」と言う。セールのブーム（下の帆ゲタ）で頭をさんざんたたかれた故の様に思っているが、実は緊張の連続が限界に来ているのだ。

あまり沖を走ると黒潮があるので、そそり立つ岩山の肌が見える海岸寄りを走る。まるで無人のこの海岸線にも時々煙が見える。双眼鏡で見ると家が五軒か十軒程ある。電柱など見えないから多分ランプだろう。そのうしろは山また山でかすみの中に消えている。

眼鏡の中におしめの乾してあるのが見えた時、何かうら哀しい気がした。この人たちは何をおもい何を希《ねが》って昨日を、今日を、そして明日を生きてゆくのだろうか……。

大きな声で突然オーイと呼んでみたら、泉が、「パパも少しどうかしてるんじゃないですか」と言った。それにしてもこんなに人のいない所が日本にまだあるのである。

三時、二木島という静かな入江に入り、小さな港町に錨を降した。避難港で有名な由。ここでガソリンを補給して食料を買いこんだ。私も上陸して、ここなら森繁など知るまいと、大手を振って歩いていたら、縁側にならんでいた十人程のお針娘が、「モリシゲやー」とワーッと飛んで来た。有名ということは恐しいことである。陸にあっては私の休息は一切無いと思わねばならない。

長居は無用、寒冷前線が近づくという。いよいよまた嵐の前ぶれである。港を出る時いろいろと注意事項を聞いたら、「ダイボー網がしかけてあるから、沖二浬を走ったがええだろう。『マゼ』が吹いて雨が来るから今夜は勝浦へ入りなされ、夜では入りにくいが、勝浦まで行かねば途中良い港はない」と言う。初又君が、勝浦ならまかしておけ、と胸をたたいて、嵐に向って満帆で走った。そしてたっぷり精をつける為に船上の献立は豪華をきわめた。

波がはげしくなるとしつこいものは絶対だめで、梅干入りのおにぎりが一番であるが、出来ることなら凪《なぎ》の時にうんと栄養をつけておくことが必要である。

三木崎の燈台が見えて来た。これこそまるで山の中の一軒屋である。どの道をどうしてあんな所に行くのだろう。船から手旗をやるが一向に答えがない。眼鏡でよく見ると燈台の横の畑らしい所に人影が二人見える。これこそ悲しみ許りの幾歳月といった感じだ。降りられるものなら降りて行って何か慰問でもしたい思いである。

風がにわかに強くなった様だ。四時、四国沖の寒冷前線通過をラジオできく。そう言えば南方に前線の雲が見えて、上の方に吹きちぎれている。「あの雲が一時間半でこっちへ来ますよ」と初又君が言う。再び逢着する嵐である。しかも夜にかけて。「全員雨の用意」そしてキャビンがまたシェーカーの底みたいに掻き廻されぬ様、割れものは所定の位置へ、落ちるものはしばりつけ、万遺漏なき用意が出来た頃、はたせるかな海上が暗黒色になり、波がしらが騒ぎ始めたと思ったら、その早いこと、急に船が右舷に大きく傾いた。と見るや、雨が劇《はげ》しくたたきつけて来た。「リーフ用意」「落ちるなよ」。ついさっきのあの平穏な海は瞬間にして一変するのだ。船を風上にだましして帆をしぼり、ウォッチ（見張り）を立てて嵐にそなえた頃、船は劇しくヒールして、マストはうなり、波は甲板に大きくかぶって来た。全員顔から胸へどっと波をかぶる。それが腹をつたって足まで来る。ずぶ濡れである。波をかぶるので第一眼があいていられない。横を向けば耳に水が入るし、……それでも茂さんはカッパをつけて、デンと泉と一緒にへさきにがんばっている。船の先は後楽園の遊園地にある、あのスリル満点の乗り物みたいなものである。大波の上から暗い海に船首が突込んで行く、かと見れば、ぐっともちあげられ、うなりを立て、傾くかと思えば潮がキャビンの窓をどっと洗うのである。

泉はゲロゲロと吐きながらも必死になってへさきにしがみついている。

やがて日がくれて来た。瀞《とろ》八丁で有名な新宮《しんぐう》の港の灯が見えるが、この港は浅くて入れぬので、いずれにしても、宇久井の端《はな》を廻らねばならない。七時だ――。あたりは真暗で、恐ろしい様なうなりをたてて四十フィートもあるマストの上に風が鳴る。その荒れ狂う波の間をへさきからともへ、ともからへさきへ人員をたしかめる為に声が飛ぶ。「よいか」「よし」……。

どうやら端《はな》を乗り切れたと思った頃、突如、船首の茂さんのひきつる様な声。「とりかじだ!」「網だ、網だ」。暗がりをすかせば大きな網、船はすれすれに左舷にこれをかわした。

「スローに落せ!」

三秒点滅の勝浦の燈台が待てども待てども来ない。やっと前線が通過したか波がおさまって来た。これからがいわゆる嵐の前の静けさになるのである。そのうちにまず沖のうねりがやって来てやがて本格の暴風雨となるのである。それまでにすべての船は避難するのが常識になっている。

私たちが勝浦の港に入ったのは九時を過ぎていた。島を廻って湾内に入ったら、外海の嵐をよそに海に面した旅館の群れから、〽野球ウするなら、こういうぐあいにしやしゃんせと、いかにものんびりした馬鹿声が聞えて来た。外と内とは大違いということである。

着いて初めて聞かされたことが、「今日は燈台が故障しとったから入りにくかったでしょう」である。何という事だ。我等の船が知る由もない。よくも入れたものだ。パイロット初又君、また、網をかわした勇君、仁王立ちで網を事前に見つけた茂さん、みんなみんな殊勲甲だ。それにしても夜の海は仲々むつかしい。燈台よりも明るい町の灯や漁火が私たちをどんなに迷わすことか――。

熊野灘乗り切り万歳！　言うか言わぬうちに子供たちはねてしまったが、海の男三人は、浜田さんという人の良い港の主と、地図をはさんで、明日の潮ノ岬と白浜までの、難所の注意を一心に聞いていた。準備なくして出航はないのである。面倒くさいからまあ適当にとか、ぶっつけ本番などということは、こと海に関しては絶対にないのである。

顔にしみ込んだ役者十年のドーランがすっかり落ちて塩の結晶と変った。私の身体から刻々と俳優の臭いが失せてゆく。

二十八日

潮の岬にどんと打つ波は
　やさしショラさんの度胸だめし
　　アラヨイショヨイショ

よいしょよいしょどころでなく、串本に入って、「潮はどうだい」と声をかけたら、集まった船頭たちが「今が一番ええが――」と言う。それ急げ、大阪に待機する陸上班に白浜に来いと電話をたのんで、ただちに出航――。泉がいない。どうしたことかと気をもんでいたら自転車に乗って飛んで来た、ウドンとアブラゲ買って来た。お三時はきつねうどんです。結構結構、コックさん御苦労。

引き潮時は大阪湾の潮と黒潮が重なり五ノットもの潮流になるという。それにあってはとても岬は難航になるのだ。

やがて名にし負う燈台が見える頃、何と鈴なりの人たちが、私たちへの別れをその上で惜しんでくれている。しかもW・A・Y（貴下ノ航海ノ安全ヲ祈ル）の万国信号旗がへんぽんと燈台の横にひるがえっているのだ。

「ワレモリシゲ、シラハマニムカウ、イロイロアリガトウ」船上の手旗にこたえる緑の丘の白い帽子たち――その祈りにこたえてか、難なく過ぎる一番の難所であった。

美しい木々にかこまれた南端の山に、紀国屋文左衛門のみかんが金色をつける頃、私はもう一度帰りの船でここを通りたい、と思いながら、ふと植木屋はまた今日も我が庭に悠長な煙草の輪を吹きあげているだろうか、と思い出した。植木屋君、改めて私は君に満腔の感謝をささげる。どうぞのんびりやってくれ。

海があまりに静かなので、ここでちょっと我がクルーの諸兄を褒めておかなければならない。この人達は私より遙かに海にも船にもエキスパートであり大経験者である。が、私は船長である。字の通り船の長《おさ》である。かつてこの人達が自分の考えで自分勝手に船を動かしたことは一度もない、常に船の命令は一本にしてある。〝船頭多くして船山に登る〟のたとえは、この小さい船の上でも厳として守られているのだ。その代り出航前にはあらゆる意見が出しつくされ、最後の〝断〟を船長が下すのである。そして一度事が決められるともう一切の不平も不満もそこにはないのである。最善の努力と協力だけがあるのである。だから「俺はあの時、こうしようと言ったろう」などというまわしい愚痴は船の上では聞きたくもない。つまり「今この時にそれを言って何になる」とはっきり割り切っているのがクルーたちである。陸にはあまりに愚痴が多すぎる、海では常に決断は神聖にして、過去への未練たらしい世迷いごとで眼前の勇気をくじくが如き愚は許されぬ。この集まりだから船の人間は心が美しいのであろう、これを一口に単純と決めこむのはそれこそ都会の雑人バラである。仲間割れは船を沈没させるということ、協力とはこんな姿であるということを、理屈ぬきに初めて子供たちは骨身に徹して知らされたことだろう。

「3＋3＋3＝9だな、3×3×3＝27だろう。心の合った仲よしが三人力を合わせると、小さな力でも、タシ算じゃなくてカケ算になるんだ。9の力が27の力になる。だから三倍になるわけだナ、つまり九人の仕事をも三人でやれることにもなるのだ」

船上の父の訓示を、高校と中学の二人は黙って聞いていた。

白浜沖を過ぎる頃、潮と風とがぶつかっていわゆる三角波が立ち、やりにくい海となって来た。ふと山の上にロケーションが見える、大映の映画という由。

「オーイ、ロケなんかやめて船に来い――」

思い切りどなったが聞えなかったらしい。聞えなくてよかった。聞えたらおそらく大映からは仕事が来なくなったろう。

夕方六時、いったん田辺港に入りそこから水先案内をのせて、白浜の綱不知《つなしらず》という静かな入海に入港した。その夜、女房をともなって二人でKホテルの前からボートを出した、久しぶりの二人である。

「おい、坊主たち随分変ったろう」

「ほんとにいい子になりましたね、たった十日程で」

「いい買物だったな、チト高すぎたが――」

「分に過ぎるとは思いましたけれども、貴方の言われるように、ただの道楽品ではありませんでしたね」

家内はうれしさをかくした。二十四年間、つれそって初めて二人っきりでボートに乗って、これもまた初めてのような会話をした。

二十九日

朝起きて驚いたことに、酒でボッタリ出た腹がペタンコになっている。連日の平均運動が私に美容をもたらした。こんなことなら、そろそろボテの入って来た女房も乗せてやれば良かった。

十一時――Kホテルのモーターボートで沖合までママと昭子たちが見送ってくれる。遠く呼ぶ声は、

「五時ですね、新和歌ノ浦は。私たちもそれに間に合うように出発しますから」

「ああ間違いない、五時には帰るよ」帰るよ、とは変だったが――。会社に通うよりはずっと善良にしてずっと清潔な今日この頃の夫の姿である。成程、海にはバーもなければキャバレーも芸者もいない。夫と妻は再び海と陸に別れた。

風は西、四メートルから五メートル、キャビンで二十度に傾きながらこの日記を書いていたらオナ

べが棚から音をたてて落ちて来た。大きく船が右舷にかたむいたのだ。いい風だ、出るぞ今日は……。

正午沖合に一隻のタンカーを認める。やがて近づくや私の舟を一周して万歳万歳と全員総出の歓迎である。「ワレモリシゲ」建が習いおぼえた手旗信号をかえせば、汽笛をならしての応答だ。気がつくと遠くへ去った筈のタンカーがまた引きかえして来る。何ごとかと思ったら今度はラウド・スピーカーで「森繁さーん、わしらはあんたの大ファンですが、四国の小松から貴方の船を探して来ました。どうにもあきらめられません。御迷惑でしょうがサインして貰えませんか」と言う。洋上のサイン、ここにも私のひいきがいた。早速船をとめたら向うがボートを降してやって来た。

「先生どうぞ本船へ。一生でこんなことはもうまたとありませんけん、お願いします」

「じゃ一緒に写真でもとりましょう」

と本船に行ったら、船長始めみんなは、心から喜んでくれた。記念撮影が終って、五つになる船長の娘に胸のマークをちぎって与えたら、

「何をお礼にしていいか海のもんじゃけんヨウ分りません。これは金比羅《こんぴら》さんのお守りです」と財布から出してくれた。金比羅さんの壁掛やら文鎮やら、手に手にみんながくれたこのあたたかい贈物に私はのどがつまってしまった。第十一明神丸の船長舟木さんよ——私は、つつがないあなたの航海を心から祈ります。

さて、私はこの航海でこんなことを悟った。荒々しい仕事をする時には、荒々しい態度は禁物だということである。長《おさ》はその荒々しさとはおよそ反対に、あたたかい慈愛と細かい心づかいをしてやらなければ絶対成功しないことを悟ったのである。

私のいままでの生涯に――この様に朝から夜、夜から朝へと、子供たちと生活をした記憶は残念乍らなかった。しかもこの様に一つのことに集中し協力したこの船旅の様な思い出は――。いたわりあい、励ましあい、勇気をふるいたて――お互いに美しい姿を見せあった父と子である。私も子供たちを見なおした。恐らく彼等も父を見なおしたことだろう。人生の航路もおおよそこれに似たものだ。伜たちよ！　どうかしっかり胸にたたんでおいてくれ――。

三十日

昨夕、大阪から花束やシャンペンをもって和歌ノ浦に友だちがやって来た。「西ノ宮入港は――シゲさんびっくりするぜ、明日の日曜日正午入港と決めたから、出迎えや準備の都合で、今日は、大阪か神戸に一泊してほしい」という話、「それじゃ、私をそだてた六甲山を見ながら、香櫨園の浜を通りたいから、淡路島の岩屋にいかりを下そう」と話はまとまった。

陸上班はここで解散して、私たちは最後の船旅を家族全員と共にすることになった。水先に竹馬の友のヨットマン二人が乗り、船は十五人を乗せて、いよいよ紀州、友ケ島の水道を通って大阪湾に入るのだ。

鳴門と同じ渦巻く大潮流の瀬戸であるが、潮と追手を受け、パラシュートの様に、あでやかなスピンネーカーは風をはらんで飛ぶ様な早さである。洲本《すもと》を左に見ながら岩屋へ急ぐ頃、風は十二、三メートルも吹いて来た。その頃、神戸海上保安庁の快速艇がわざわざ見に来てくれて、

「皆さん無事ですか？　潮が悪いから岩屋へ入ったらどうです」と有難い忠告だ。

初めて十時間も乗ったママも娘も疲れどころか船内でお茶やお菓子やビールやと接待に大わらわ。息子たちは、ふんぞりかえってさもヨットマンの様に誇らしげに船のことなどを教えるのである。岩屋の夜は、つきぬ話にあけくれて、「親父も息子も良くやったな」と、友の高く上げる杯に、不覚にも涙を流してしまったが――私を感傷にそそったのは、あの須磨や明石や神戸や六甲の見なれた灯であったかも知れぬ。

懐しい故郷の香り「我は海の子白波の……」歌声はチヌの海にいつまでもこだました。明日は快晴だろう。摩耶山や鉢伏山の上にキラキラと星が美しい。

三十一日

はるけくも来つるものかな
大わだつみ
我がふるさとに
波静かなり

船首に花束とシャンペンを結び――万国信号旗をマスト一杯に――。満艦飾の「メイ・キッス」は正午、六十パイのヨットに迎えられて、私を育てた思い出ふかい西宮の突堤を廻った。六甲の山の上に白い雲がとんだと思ったら、花火が初夏の空にこだました。アドバルーンが上り「祝故郷入港森繁船長」の文字が見える。そして岸壁を埋めた千人ほどの人たちの歓声が海を流れて来た。

大変な歓迎である。

海のごとやさしく
海のごと大らかに
海のごとまた
雄大な我ままでもありたい。

クルーたちと高々と、あげた乾杯――。

しかし船人たちは昨日と同じ顔をしている。少しばかりの喜びを、その赤銅色の顔にのぞかせてはいたが――。それにかえて私は、ハラハラとあふれる涙をどうすることも出来なかった。

六百四十キロ。木の葉のような舟に乗ってよくもやって来た。

海よ！

船よ！

俺達も万歳！

ついでに植木屋も万歳！

かもとりじいさん

(かもとりかもとなるのこと)

十一月一日が初猟というので、今春、三橋達也君からすすめられるままに始めた鉄砲をいよいよ試す時が来たというわけで、彼をふくめて同勢五人、一日早朝四時半に琵琶湖は彦根に近い「赤の井」に集まって、魞《えり》市《い》という船宿から舟を出した。ようやく雨のはげしくなった葦の葉陰に舟を入れ、炭俵をのばしたようなかこいを舟のへりにめぐらしてその陰にかくれ、おとりを二十羽程その前に泳がすのである。おとりといっても木で出来ていて、ひもの端にれんががしばりつけてあるものをほうりこむのである。これが水にゆれていると、いかにも鴨が降りていると、鴨は勿論私でさえそう思う程にそっくりなものである。

さて、猟人は何時来るかわからぬ鴨をこの小さな坐る所さえない舟の上で待つのである。寒さはつのり、襟足から入る雨にレインコートも役目を失う有様。雨はやむとも見せず、足の裏から徐々に冷えこんで来て何とも切ない気持のまま、ただ呆然と炭俵の前に立っているのである。鴨はと見れば天空高く群なして飛び、一向だまされて降りて来る気配もない。

私「おい船頭さん」

船頭「へーい」

私「鴨は来るのかね」
船頭「さあ、どうだかね、今年の鴨は——、降りんことはないと思うがなあ」
私「……？」
船頭「まあ気長にやんなせえ」
私「アッ！　と言ったらパッ！　という風に鴨は来んものかね」
狩の達人たちは青暗くぬれしょぼった顔をひんまげて私の方を見て笑った。
猟友「鴨が来たら、アッ！　と言えばパッ！　という具合にうてば良いんです」
私「ははーん、つまりそれまでは精神修養ですな」
猟友「いや、肉体の修養も含まれとります」
時計を見れば七時、世人がよもやく眼覚めた頃である。雨足はますますひどくなり、鴨の影すら空に見さだめかねる降りである。首から入った雨がへそを伝わり、尻にまわって股間をつたうのを我慢している程やりきれないものはない。靴の中は水がたまりボチャボチャ、五寸火鉢のホタルの火も、帽子の縁から流れ落ちる雨水でジューッと消え、煙草も酒も飯も一切の欲望を喪失して、枯すすきの中に枯すすきの如く立っているのである。失意の情に黙すること唖者の如く、考える葦にかこまれた私も考える男と化してしまった。
医者「坐骨神経痛ですが、ビックリ腰といって貴方がたの年配によくあるんです」
私はそれから四日目、黒潮洗う大島は三原山のふもとの宿に、立つことも出来ず医者を迎えて寝ていた。

大阪の新歌舞伎座に、文字通り体あたりの一カ月の公演を終えたのだが、これがそもそもの無理で十一時間ぶっつづけの昼夜公演。食事の暇もない程くたくたになって芝居を終り、化粧をおとすと放送局の車に運ばれて夜中の二時三時とラジオの録音。お客は大入りで、役者馬鹿は己れの限界を忘れて張り切ったために、遂に千秋楽近く歯が骨膜炎で腫れ、アキレス腱がどうかなって、コブの出来た顔にビッコをひきひき舞台をつとめた次第である。

どっと出た疲れを温泉にでも行って癒せばよかったものを、東京に待つテレビと放送のため急遽帰京、これを済してその足でまた飛行機に乗り下阪、深夜の東都を通って琵琶湖に来たのである。こうなると、不思議なことにだんだん妙な意地が出て、どこまでもつかこの身体と、自虐の精神がいやがる私を駆り立てるようである。

一羽数千円にもついた鴨を数羽提げて帰って来た時は、もう全身の神経も肉体も「あんたの言うことはもうこれ以上は厭！」と言っているらしかったが、家族と無音の空白を取り戻す為の約束は反古にするわけには行かない。秋の海に、得意のメイ・キッス号を駆って、家族全員で大島へ四日間の船旅——島旅とシャレたわけである。

快晴。秋の朝は清々しく、いくらか冷え冷えとした北風を帆いっぱいにうけて、七時葉山の港を出た。静かな追風は船内の朝食を楽しませてくれた。その辺まではよかったが、三崎を左に見てそろそろ船が相模湾の真中にさしかかる頃から、北がはげしく吹いて来た。船が追風をうけているのでローリングがはげしく三十度程もゆれる。その頃から変に腰痛を感じ始め、大島が見える十二時頃は、もの凄い波と一緒に腰の方も、もの凄い痛みに耐えかねて来た。やっと大島の岡田の燈台をかわして入港した時は、帆綱も引けぬヘッピリ腰で、そのまま宿の一室にドタリとひっくり返ってしまったのである。注射もこのビックリ腰とやらにはあまり効かぬらしい。深夜寝返りの痛さで時々目が覚めて、雨風の音を外に聞きながら一人ポツンと島の宿に目をあいていると、年をとった人間の淋しさがしみじみとしのびよって来る。

積雪楼台増壮観近春
　鳥雀有和声

と墨痕鮮やかな字で魯郷という人の軸が床の間にかかっている。じっと見ていると、

関節疼痛増哀感近老
　麻雀声姦耳

と読めて来る。

はげしい雨の一夜があけた。

海上は、波はおさまったが、まだおさまらぬのは、腰から足にかけての痛み。窓をあければ港は見えぬが、海の彼方伊豆の山なみが下田あたりにつきて、群青遙か神子元《みこもと》の燈台が見える。一切を断つものは海である。同じ東京都とは言え陸続きでないこの大島は、私を気楽に寝かしてくれた。深夜に電話がないだけでもどんなにか楽園である。一足遅れて晩秋に入る島の木々はいとおしいばかりの美しさだ。

「おい手を貸せ」

「ハイ、便所ですか？」

たくましくなりやがった次男が軽々と二十貫の私を抱きあげる。

「痛い痛い！　いたいぞ！」

「失礼！」

「静かにやれ！　静かに――」

「昭子ちゃん、ドア開けて、かもとり爺さんのおしっこだ！」

「ハッハッハ……」

と父親の痛さをよそに大笑する陽気な家族である。

「パパ、しばらくここで（島で）体を休めたらどう？　そう働かなくともいいと思うんだ」

「うん、そうしたいね」

父はおしっこをしながら、うしろの息子にというより自分にそう言った様だ。帰りの廊下を歩きながら、島の好きな私にはもって来いの宿だな、「一週間ほど、そうしようか」と腹を決めて、どうやら清々しい気持で部屋に戻り、どたんと布団の上に横たわった。

と、チリチリと電話がかかって来た。受話器をとった家内が、何とも言えぬ気の毒そうな顔をして、

「撮影所からです、明日中に御帰り下さいって……。この大島まで――ご丁寧なことね、どうします？」

しばらく家族に沈黙が来た。するとポツンと長女が、「パパって可哀想ね――」と洩らした。

それから間もなく、〝かもとり爺さん〟は東京港へ急ぐ大島通いの船の一室に、打たれた鴨の様に

哀しい眼をして横たわっていたことは申すまでもない。

島と壺

友達の持っている白磁の小さな壺が六十万円也。

私のほしい周囲一キロ程の無人島が六十万円也。

およそ関係のないこの二つの、象とノミ程違う大小のものが同額であるとは——。


瀬戸内海の上を飛行機で飛ぶたびに、私の心は躍るのである。「ああ、あの島もいいな、いやまてよ、少し大きすぎるかな、あすこのポッンとあるやつの方がちょうどよさそうだ」などと私は、まるで少年の日のメルヘンに酔うのである。

子供のころから海の近くに育った私は、暇さえあると、浜に出て松籟の下で碧《あお》い大きな海に魅せられ、限りない空想の羽根をのばしているうちに、いつか夕陽に焼ける空と海とが、私を見知らぬ国の見知らぬ海に、さそいこんで行く幻想にかられたことがしばしばである。

そのころの私は——自分はもちろん、だれも今のような役者になるとは、つゆ考えてはいなかった——これはそのころの話である。婆やがときどき、

「坊ちゃん、あんたは何になりたいぞな」(笑いたもうな、私にも漱石のような婆やがいた)

「船長だよ」

「へえー、船長さん、お船に乗りなさるかの」

「うん、白い船の船長だ！」

「それで、どこへ行きなさるの」

「無人島があってね、しかもそこには宝がかくしてあるんだ、ところがそこへ行くまでには恐しい難所がいくつもあるんだ、僕は嵐の夜にね……」

私のつくり話に婆やは、目を丸くしていたが、私を寝かせているはずの彼女の方が先にコックリコックリをはじめ、幼にして話術の大家は天井に、地図やら、嵐の海や、波を切って、かもめとともに滑る何枚も帆を張った帆前船をえがいて、婆やのいびきをどんなにか邪魔に思ったことである。

母の読んでくれる「ロビンソン・クルーソー」や「宝島」が、七つ八つごろの少年の魂に焼きついていたのだろう。

「そこをもういっぺん読んで……」

と、気に入ったところは何べんも読ませるので、さすがの母もへこたれたらしいが、どうかした拍子に婆やが、老眼鏡をかけて代読にあたることがあり――つっかえつっかえ節をつけて読まれると、碧い海も紅い空も、美しい帆もさっぱり風をはらまず、宝島が遠いところへ逃げて行くので海洋少年は「へたくそ！」とかんしゃくを起こしたことである。

それでも、婆やの郷土《くに》が四国であり、船で帰り、船で出て来る話には異様に興奮して、

「帆はあるの？　なんだないのか！　エンジンは――、スクリューは何枚――、くるくる回る舵のそばにコンパスがあるだろう」

一生懸命聞いても、婆やの答えはきまって三等の御飯がまずい話と、ボーイさんがチップをやった人にだけ好いおかずを持って来る話と、ゆれてゲロゲロはいた話にうんざりして、四国と宝島は方角が違うとさえ思ったほどだ。

その私が、そう……あれから何十年たったろう。はや眼鏡をかけねば、地図の小さな字の読めない年になりながらも、まだしつこく、その夢を見ているのに気がつくと、どうにもちょっと恥かしい次第だが、これだけは、だれにもわからない――大人の中に、まだ子供の心が住んでいる四十男の秘密だ。

瀬戸の内海の美しさ、ひょうびょうたる海の真中に、二つ五つと点在するかれんな島々、白い波を囲りに見せて、木もあり、砂浜もあり……。人の住んでいない無人島を見ると、やもたてもたまらなく欲しくなるのである。

この気持は、また何としたことだろう。島にひそむ孤独が私を魅するのか――、この繁忙の世界から逃避しようとする心根か――。

いずれにせよ、私は「私の島」と名づくものを持ちたい――、このあこがれは、今日このごろでも私をまんじりともさせないことがある。

「そうだ、犬も猫も猿も鹿も、狸も狐も、リスも、鈴虫も放し飼いにしてやろう。おもちゃのような燈台をつくり、小さな港や、白い船や、電気を起す風車や……、太陽熱の利用や、シリコンの電池や――そして嵐の晩には……」

まことに精神年齢十二歳である。

子供らが小さかったころは、父さんのこんな話を眼を丸くして聞いてくれたが、このごろはまた始まったかと親父の夢を馬鹿にして「御隠居の気持ですね」などとクソ生意気なことを言って私を悲しませる。

そういえば、ついこの間まで長男の泉など、

「じゃ、パパが島の山の上に住むなら、僕は島の渚に小屋を建てて魚屋をやるよ」

「ふーむ、いいな」

「僕は泉だから、魚泉《うおせん》というんだ、毎朝イキの良い奴をアクアラングで潜って捕って来るから、高く買ってネ」

などと、この父さんを有頂天にさせてくれたのに。

だが考えてみれば、青年になると或いはこんなことも、もうジジムサイ話に聞えるのかも知れない。成長するということはなんともさびしいことだ。犬でもそうだが子犬の時のままでいてくれたらと思う気持とよく似ている。

それにしても現代はこんな夢すら子供たちから取りあげてゆくのかと、うらみっぽい気持にもなるのである。しかし、何時か年をとって俺のようになったら親父が残していった――たった一つの不動産「島」に来てそこの小屋の壁にきざんだ親父の辞世の詩を、どんなにかケイケンな気持で読むに違いない。

小さな島よ

私のくにつち
私のふるさと
私のハカバ
父はこの島の——木とも、土とも、石ころとも、手を打てば渚によって来る魚たちとも鳥や虫たちとまで永い、親しいつきあいだった
子等よ
孫等よ
お前が人に疲れ、世に疲れたら、ここに来い
そして
俺の友達たちとあそんでみろ
初めて生きることの嘘のない楽しさと有難さがよみがえってくるだろう
淋しくなったら
父さーん
祖父《じい》さーんと呼んでみろ
碧い海の底か、蒼い空の向うか
或は赤土の松の根っこから
俺の声が
「おーい、よく来たな」と

きっとお前たちに、返事をするだろう

去年の夏、どうにも島が見たくて、瀬戸に住む私の友達に案内をしてもらい、今治の来島《くるしま》海峡あたりを周遊したことがある。実にきれいな海だ。浜焼きの鯛の美味《うま》さやかまぼこも絶品だ。

そして、その夜、友の家で私は島の夢物語で杯をあげていた時、彼が私に白い四角な、それは古い朝鮮のものという白磁の焼物を見せてくれた。どうにも私には興味のない物だったが、これはいくらくらいするもんかね、とどうでもいい無粋なことを聞いたところ、私はガク然とした。

「へえー、こんな壺が六十万円也ね、あの島と同じじゃないかね」

と開いた口がふさがらなかったが——物を知らぬ私は、あの島の土くれで、こんな壺を焼けば日本人全部に分けてやれるくらいも焼けるだろう——と今さらながら価格の神秘に酒の覚める思いであった。

「物欲も人それぞれに異なるとはいえ、物の価値とか値段ほど人を食った馬鹿馬鹿しいものはないなあ」

と言ったら、

「そうだよ、この役者と、あの役者との出演料なんかも俺たちには全く解せないね」

と応酬してきた。

「どうだい君、いい姿だろう、この壺！」

と彼は壺から三尺離れて私に言ったが、私は彼に、一キロ離れて同じように、

「どうだい、いい姿だろう、この島！」

と何時か言ってやりたい。

あるいは物欲とは、単にこんな視角のへだたりに過ぎないものかも知れないが――、島の上に住めても壺の上には住めないのだ。


婆やも通った四国通いの船の上で、くれなずむ瀬戸の島々を見ながら、私はそんなことを思った。

わが愛しの海と船

からりと晴れた冬の一日。

真っ赤に燃える夕陽が、箱根の山脈《やまなみ》を黒く浮き上がらせながら、早足でその向こうに落ちてゆく。日あしが日一日と長くなるというが、冬日は寒気の中で精一杯にもえて冷えてゆく鉄塊のようだ。

東名高速を網代《あじろ》へ向けて走っている。

久しぶりに見る美しい景観を、獄中から出たような気持ちで見る。長い舞台生活では、その劇中で「サンライズ・サンセット」を唄っていても実際に味わうことはない。すべてオレンジ色のゼラチンを通したライトの中でのゴミ臭い世界だ。

赤い空気の中を、厚木あたりからだろうか、大きな烏《からす》のような飛行機が一機東へ向かって飛んでいく。その上に二きれの雲が、ＵＦＯのような格好でまわりをピンクに染めながら動こうとしない。その向こうに帽子をかぶった富士が顔を見せている。

ちょうど、車のラジオが、

〽富士の白雪ゃ、ノーエ
と古い民謡をサービスしてくれる。ＮＨＫもこれを屋上から見てレコードをかけているのかな、と錯覚する。

こんな美しい夕焼けの展望をみんながどんなに楽しんでいるかと、沿道の高台の家に目をやるが、窓をあけて見惚れている人はだれ一人いない。

そんなに忙しいのか、と問いたい気持ちだが、つい昨日まで私も同じ穴のモグラだったのだ。都会とは、自然への絶縁状をたたきつけたところか。振り返れば、東京はセメントとタイルの断層としか見えない。日本を愛するものは、田舎にいる人だけに限られたような気にさえなる。

葉の落ちつくした疎林の中の夕焼け、そしてその乾燥した土のなかから、間もなく春の息吹が――。林に風がなり、角《つの》ぐむ堅い芽がほころび、やがて雨にぬれる。動物のようにいち早く季節を感じとるのは、田舎に住む人だけだろう。

海に出た。

小田原を過ぎるころには天も地も暗くなり、看板の灯が、なぜかいやしい光を明滅させて、どうやらこのあたりも都会の魔手に染まっているようだ。

ただ暗い磯に白い波模様がくだけ、車窓ににぶい響きをともなって潮香が私を呼ぶ。

私の好きな海だ――。

沖合、初島あたりだろう。たった一つ漁火がゆれている。冬の漁《すなど》りのきびしさがうかがえる。この近間《ちかま》の旅にも、海の灯が旅愁をそそるに十分だ。

前方、車の赤いテールランプが真っ黒な岬の裾を回っては消えてゆく。ここらあたりで、ようやく私の軀《からだ》にも解放感が満ちみちてくる。

ふと後ろをふり返ると、湘南海岸の灯が清澄な空気の中でクリスマスツリーのような光を輝かせ、その中を、時折、太い光芒《こうぼう》で回ってくる江の島の灯台が何とも懐かしい。十秒一閃光だ。

伊豆山を越えたところで、熱海の灯が見え始めた。その端のあたりに、遠く舟の姿をかたどったイルミネーションが見えてくる。

これが私の艇《ヨット》「ふじやま丸」だ。

去年、ここに身売りされ、長い私との歴史に訣別して、見物衆のゴキゲンをとっているのだ。

＊

ヨットを始めたのは、中学生のころ。

私が育ったのは、甲子園のそばで、その当時は、あんなみにくいスタジアムなどない美しい川のほとりだ。

流れにそった松林を二キロもゆくと、白砂の浜辺があり、碧《あお》い海が待っていた。

戦争ごっこや、はかない少年の恋にあけ暮れたこの川を、枝川といい、宝塚から流れて来た武庫川の支流だった。

この枝川の松林の中に、文化村が大正の初期に建てられ、病弱だった私は、親父の建てた枚方《ひらかた》の家に生まれて間もなく、阪神沿線のこの村に移された。

松林の中の幼稚園に、この小さな村の子供たちは通った。

首つりの多い松林だったが、その松林にハイカラなクリスマスの飾りをこらして、「聖しこの夜」を幼児の私たちは歌ったのだ。

芦屋あたりの富豪と違って、会社の重役、新聞記者、裁判官たちが多く、いわば当時のインテリたちが垣根をはずして住んでいた、そんな小村だ。それでも子供たちは、名産のイチゴ畑を荒らして百姓たちに目の敵《かたき》にされた。

鳴尾村西畑という。

住宅の周りにはたくさんの空き地があり、当時の大学生たちが子供たちに野球を教え、沿線一の野球の盛んなところになり、後年、帝大の梶原やら横商の塩見などという名ピッチャーが生まれたのだ。野球ばかりでない。当時、日本に二つしかなかったその一つ、鳴尾のゴルフ場があった。小父さんたちはハイカラぶってゴルフをし、子供はその球をむいてゴム紐をとり、それで飛行機を飛ばした。

そのゴルフ場に近接して、これも最も古い鳴尾競馬場があり、競馬のない時は、アメリカくんだりから曲乗り飛行機がきて、今にも毀《こわ》れそうな針金細工の複葉機が少年の目を驚かせた。

いつも生きのいい魚を売りにくる鳴尾村の魚屋のオッサンが大金をつんでスミス氏の飛行機に乗せてもらい、冬の一日、掘り起こしたイモ畑に真っ逆さまに墜落して、飛行士ともどもあえなく死んだ。

今にして思えば、大正八、九年ごろだが、ずいぶん進んだ曲芸を見せたものだ。

競馬場のスタンドで見ている目の前を低空飛行して、その翼の上に立って見せたり、下を走る自動車からロープで飛行機に乗り移ったり、六十年も前に、今のスタントマンぐらいのことはやってのけたのだ。

やがて、鮎や鮠《はや》を追った枝川の水がせき止められ、何をするのかと思っているうちに、高いコンクリートの鉄骨が河原の真ん中に立った。そして、明けてもくれても、ガラガラとセメントをこぼし、リベットの音で首つりも落ち着いてできない騒々しい日々がつづいた。そして、甲子の歳、野球場が出来上がった。甲子園球場である。

美しかった海辺にも、だんだんと地引き網の声が遠のき、自然の破壊が始まった。

西畑では佐藤愛子さんのお父さん、佐藤紅緑さんが住んでおられた三層楼が有名であった。かいま見る紅緑夫人、宝塚出身の三笠マリ子さんは、水もしたたる美しさだった。私は愛ちゃんの兄貴の弥《わたる》というのと大の親友で、毎日つるんで遊んでいたが、私が弱虫なのに彼は悪童の雄で喧嘩ばかりしていた。どうして二人が仲が良かったのか、いまだに不思議だ。私はエリート面《づら》をして北野中学に通ったが、彼は尼崎中学に行き、ずいぶんグレていた。おたがい、東京と大阪とに離れ、疎遠になって何年か――風の便りに戦死したと聞いた時は、あの松林が目の前に浮かんだことだ。後年、サトウ・ハチローという長兄の詩人と親しくなったのは、この弥の思い出を語るがゆえであったが、そのつどハチローさんは声をあげて泣いた。

甲子園の海辺でフンドシをやめて絹の黒い海水着を初めて着たのも、思えば私どもで、美津濃が写真を撮りにきたくらいだ。やがてボート屋が店を出し、そこにL型のヨットを二隻もってきた。これを一時間八十銭で借りて、ヨットを最初に始めたのも、自慢じゃないが関西では私たちだった。そのころ、芦屋の浜と、ここだけに貸しヨットがあり、中学生の中で、これが最新スポーツ、と花形だったのだ。

ヨットの話はさておいて、どういうものか子供のころから海が好きで、ある時、庭で舟をこしらえた。これを弥たちとえっちらおっちら浜までかつぎ出し、パンや水や犬をのせ、三人で春まだ浅い冷たい海に乗り出したことがあった。多分、ロビンソン・クルーソーの読みすぎであったに違いない。

舟は沖合五十メートルもゆかぬうちに、タタキ大工の首尾よろしく、バラバラにこわれて、一同、海にほうり出された。冷えきって、犬ともどもほうほうの体《てい》で浜にたどりつき、焚火《たきび》をして服を乾かすのに往生した思い出がある。

私の少年時代の親しい人名録に、近所の自転車屋のオッさんがある。よくそこへ泊めてもらったことがあるが、夫妻そろって私を妙に可愛がりすぎるので、母が悪いことをおぼえると困るといって、自転車屋での外泊を禁じたことがある。このオッさん、近所のカフェーに行っては、あやしげなエプロン嬢の膝に私をのせて喜んだり、夫婦の間に私を寝かせ、春のオトギバナシを面白がって教えるのだ。この自転車屋が釣りの気違いで、私と二人、風があろうが、冬の海だろうが、和船で海へ乗り出したものだ。ところが、残念なことに彼は艪《ろ》が漕げない。どんな時も私の細腕一本がたよりだ。中学一年のころだったか、竹筒何本かに石油を入れ、ボロをつめて集魚灯を作り、イカ釣りに出たことがある。だんだん風が強くなり、漕いでも漕いでも港に帰れず、大阪湾を横切って堺の近くまで流され、あやうく死にそうになったが、自転車屋は私をふところに抱いて朝まで「坊《ぼん》よ、死ぬときは一緒ゾ」を、夜がしらむまでくり返していた。

そんなことがあっても海が好きで、船が好きで、いつの日か、俺に金がころげこんだら、豪華なヨットを買ってやろう——が妄想となってとりついた。

＊

月日は流れて何十年。

石原慎太郎氏が、葉山にいいヨットの売りものがあると私を誘った。

そのころは、まだまだクルーザー・ヨットは幻の船で、数少ない瀟洒《しょうしゃ》な艇を見ても高嶺の花、好事家たちも机上で楽しんでいた時代だ。

私はとびついた。何とかしてくれ、と石原氏に仲介の労を頼みこんだのだ。

持ち主は、イギリスに長くいた某会社の社長さんで山口さんという。その孫が後年、佐良直美という歌手になるのだが、そのころは幼稚園の鼻タレだったから記憶にない。

葉山あぶずり港が、この艇「天山」の母港で、私はテンダー（はしけ）に乗せられ、初めて船上の人となった日の興奮をまだ忘れていない。ピカピカに磨きあげられた金具、マホガニーの船室、どこもかしこも手入れの行き届いた香港製のイギリス艇。

ほしいとなったら、何としてもほしいのだ。ついに譲り受ける話が決まり、私は横浜ニューグランドホテルで先方とパーティーを開いた。

その席で、山口社長や息子さんたちは、ブレザーで正装した私たち親子を見て、にこやかに親睦の情を表されたが、腹の中では、

「こいつらに、ヨットが操縦できるのか？」

と、ひとしく危ぶまれていたのではなかろうか。

そして、親子は大胆にも次の日、大阪へ向け初航海を試みるのだが、これについては既版の本にくわしいので割愛するとして、爾来《じらい》、海につかれた親子は何度も何度も死ぬほどの目にあうのである。

さて、私が書きたいのは、なぜそんなに海や船が好きかということだが……。

これは理屈のつけようもないことで、なぜ山が好きとか、なぜバーや女が好きなのかと聞かれるのと同じこと。

強いて理由づけをするとすれば、以下のようなことにもなるが、これとて、ふりかえってみれば、そうだったんじゃないかな、ということだ。

海も山も、実は孤独なあそびと考える。一見、団体競技的なところがあるようだが、内にひそむ精神の遊技は、自然へのたった一人の挑戦であり、いうなれば自然との友だちづき合い、いささか傲慢な握手の願望だろう。

ところが、自然なんて、そう簡単に人間に調和なんかしてくれぬし、握手なんかしてくれない。

マンモスにたかったノミみたいなもので、むしろ先方にとってはわずらわしかろう。

大体が鷹揚なものだから勝手にあそばせてはくれるが、眼の前や鼻先をしつっこくウロウロすれば、巨体をあげて大身ぶるいし、相手をハタキ落とすシロモノである。

私たちは対人稼業というか、毎日が人間を相手の商売だ。一カ月十万人のお客とのめぐり合いは、どんなにか嬉しいが、それはそれなりに疲れはてるもので、ひっきょう、反動としてポツンと一人になりたい欲望が生まれるものだ。ところが、これがなかなかの難事である。

道を歩いていても、列車の中でも、宿屋でも、飛行機でも決して一人ではいられない。周囲の目と一緒にいるのだ。名もない人――というか、顔の売れていない人にどれほどあこがれるか、覆面をかぶって外に出たいくらいだ。

かつて、網走の刑務所で話をした時にも、

「あんた方はまだいいぜ。俺は全国指名手配だよ。この顔にモリシゲとイレズミしてるんだから、どのくらい自由のない身か。三船敏郎なんか世界中指名手配で可哀想みたいなもんだ」

と、いったことがあるが、山へ登っても、

「今日はァ！　モリシゲさん、大丈夫ですか」

なんていわれるだけでもゾッとする思いだ。そこへゆけば、海はまだいい。向こうからくる奴がいないだけでも、どんなにかいい。

フルチンになってデッキで陽を浴びていても、

「ちょっと、見て！　いやらしい。モリシゲが素っぱだかよ」

もない。

天文学もかじれるし、気象学も面白いし、風を受けての力学も頭のつかいようだ。小さな船の中には哲学もあれば心理学もあり、小宇宙は自分のためにある。そして未知の冒険が何となくワクワクさせるし、原始性欲のような奇態なたかぶりもある。

そんな海にあこがれて、「ふじやま丸」を建造したが、しょせんヒーヒーいって働いている人間の、実は、これは持ちものじゃなかった。七十五呎《フィート》、八十トン、風呂もあれば冷暖房もあり、二十ものベッドもある外洋艇だが、世界一周の夢はむなしく破れて、今は丘の上で子供の国の夢の一つになり終えた。

茫洋《ぼうよう》としてかすむ冬の伊豆の山と海を前にして、それじゃお前は、この海にサヨナラがいえるのか、と問われると、私はただ黙ってしまうばかりだが――。

そういえば、第一回の大阪航海の終着港、西宮の港で、私たちのヨットの到着を松かげで見て胸を燃やしていた、と聞く堀江謙一君は、つい先日、夫婦で新しい南北の船旅に出帆して行ったのだ。

シーマン・シップ――海の友情

暮れなずむ東京湾に、私は小舟を出す。

これは私の唯一の健康法で、毎日の劇場の疲れをいやす最上の道楽なのだ。いいわけがましくなるが、今や酒も一切の遊びも断って、ひたすら舞台をつとめているが、やはり劇場という限られた世界で四時間全力投球していると、ストレスというか、解放感がなく、おまけに人疲れする。これが一人で海へ出ると、急に生きかえったように身体に新風が吹き込んで、一切の苦渋や疲労が飛び去ってしまうのだ。

舟が東京港を出て、湾内をつっ走り、やがて富津《ふっつ》の第二海堡《かいほう》あたりに来ると、海の色がだんだん青に変る。観音崎の灯台が白く光り、走水《はしりみず》港が待っている。夏場だと南風が吹くので、それまで湾内は紅茶色だ。

走水港は私の大好きな港で、小さな堤防の中はのどかで静かだ。晴れた日は、遠く房総半島が見渡せ、近くは出船入船の巨船がひっきりなしに走る。秋も近まれば、港の中で釣糸をたれると小魚がわけもなく釣れる。外海に出れば、両岸にさし迫った海峡に文字通り潮が走る。走水とはうまい名前だ。どこで釣糸をたれてもいい。ゴモク釣りの本場で先日も十一種類の魚が釣れた。サバ、アジ、メジナ、カサゴ、コチ、キス、カレイ、アナゴ、マイワシ、マダイ……、この楽しさったらない。

附近の岬や島には、戦争の爪あとのように、くず折れた堡塁があり、子供たちの格好の遊び場である。ただ、恐ろしいのは磯という磯はかつての関東大震災で隆起して出来上った岩場で、いつの日かまた陥没でもせぬかと心配だ。このあたり富士火山帯のつながるところだろう。

人は海に魅せられた者と山に魅せられた者と大体大別されるだろうが、海にかこまれたこの大和島根は、どういうわけか海族より山族の方が多い。セカンドハウスも概ね山に建てる人が多く、そうした人々は山の閑静をのぞむかのようである。

これはどうやら匂いからくるものとも思われる。磯の香は私を魅了するが、林間を流れる木の香や草原の草いきれを生活の中に持ちたいと願う気持も充分了解される。

海の権威クストー博士は「世界の海は死に始めている」という。肺腑をえぐるような恐ろしい言葉だ。海は人間の故郷であり、第一の宝であり、道であらねばならない。

私が初めて小さなヨットを手に入れたのは二十五年前だ。その頃、そんな艇で東京から大阪へ船旅《セーリング》をする人間は皆無といってよかったが、私は高校と中学の息子を二人乗せてクルー三人と初航海をした。新聞、雑誌は毀誉褒貶《きよほうへん》、ほめたりけなしたりで大騒ぎだったが、親と子と一緒に一枚の舟板の上に運命を乗せた。

この経験は、私は勿論だが、子供たちにもまことに貴重なものだった。凪《な》いだ日もあれば嵐もあり、小舟に運命をたくした親にとっては、子供と一番密な関係をもつことのできた旅だった。

大海を知らない彼らは、荒れ狂う怒濤《どとう》に気をのまれ、しばし、呆然とすることもあったが、私の命令のもとに一所懸命であった。荒海に日が落ち、ようやく灯台をたよりに紀州の勝浦港に入港した時は、生きていたことを喜ぶのか、子供たちの頬に涙が流れるのを見た。そしてひと言。

「パパは偉いネ」

といった時、

「お前たちも良くやった。舟の上では足し算はダメだよ。みんなが三の力としたら、三人乗っている時は九の力しか出ないだろう。嵐の時は十五の力が必要だとしたらどうする」

「?……」

「足し算じゃ駄目、掛け算をするんだ。一人が三倍の力を出すんだ。三三が九、そして三九＝二十七まで力が出せるんだ。恐怖におじけて一人が舟底で寝ていたら、どの位の力が減るか分るだろう。お前たちの人生航路だって同じだ。人の三倍やって、それで駄目なら自分に納得がつくもんだ」

あの頃は、高いマストのヨットが珍らしかったのだろう、大海原で私どもの艇に向って来る大きな貨物船があった。ようやくお互が確認出来る頃、向うの船足が止り、やがてその船のマイクから、

「森繁さーん、バンザーイ、昨日のラジオで知りました。今日はあなたの船を探して方々走り廻り

ました。今、こちらから短艇を下して迎えにゆきますから、本船へ来て下さい。サインをお願いします」

島影一つ見えない大海での二隻の船のランデブーである。

こんな大海原でサインを求める者に逢うとは。私は何だか胸が一杯になって、その船へ招かれて行った。船長とその奥さん、それに子供二人と船員が三人。大阪港へ入港する筈だったが、この紀州の鼻まで私を探し求めて来たという。

私の方も子供二人をつれて訪問し、ブリッジでカメラにおさまった。その時、私の艇に随行した朝日新聞の秋元さんも、今はもう他界されたが、この模様をくわしくフィルムに納めてくれた。

船の話を始めたらキリがないが、こんな思い出にもちょっと触れておきたい。

或る港で、久し振りに風呂に入りたいので港の前の旅館へ交渉に行った。なんとか座敷へ上ることができたが、どうも様子が変なのである。

「タオルをくれないか、みんなに」

「タオルは三十円いただきます」

「へえー、お客用のタオルでも？」

「ちょっと下へ行って相談してきます」

私どもヨット乗りは一見ルンペン風のイデタチが多い。裾のバサバサに切れたズボン、尻の方に横さきの穴、汗くさいシャツ、これでは一見、普通の旅館では門前払いだ。それが八人もドタドタ旅館に上りこんで来たのでは、向うも尋常ではあるまい。

どうにか一夜の宿は乞うて朝が来たが、誰一人見送る者もなく、私どもはその港を去った。

それから数ケ月、一通の手紙がきた。それはあの宿の女将《おかみ》からである。文面は、先夜はまことに失礼をした、まさかホンモノの森繁さんではないと思って粗末なあつかいをした、との詫《わ》び状であった。実は数日前、やはり有名人をかたって泊り逃げされたことがあり、またかと疑心暗鬼で、警察に報らせるかどうかで迷いに迷い、とうとう顔も出さず失礼を申し上げたが、と率直な本音が書いてあった。そして最後に、お帰りには是非もう一度寄っていただきたい、港をあげて歓待する、とも書いてあった。

海には海の掟《おきて》があり、シーマン・シップというか海の友情もあり、いうなれば海は陸より仲のいいところだともいえる。かつての日本海海戦の戦争実記を見ると、敵艦を沈めるとすぐに短艇を出して、海に投げ出された敵兵を集めにゆく話や、敵のなくなった艦長を我が艦で丁重に祀り、軍艦に乗せて送りかえす話などがあるが、今ではそんな仁義も伝説的になった。

古いイギリス海軍やフランス海軍のシキタリが受けつがれていたのだろう。それに比べて、今や海にも暴走族の気配がある。海軍精神は怪群精神となり、濃霧の中を汽笛も鳴らさず暴走してくるのだ。

海難事故も絶えない。不思議なことに、無線も通じていない、僚船も附近にいない、大洋の真っただ中で自船が沈み、かろうじて海に漂流している時は、人間はすぐに命をなくすという。東支那海で事故に遭い、一週間後たった一人救われた人がいるが、この人は或る宗教の信者で、必ずアミダサマが救いにくると信じ切っており、朝も晩も海の中で祈りつづけているところを助けられたそうだ。生きるための不思議というか、宗教も馬鹿にならないものだ。

東京から博多を目指す私たちの小さなヨットが、下関を出て、台風の近づく博多港に急いだことがある。海上保安庁から出来ることなら出港を見合わせてほしいとの勧告があったのを押しての出港だった。

玄界灘に夜が来て、台風の余波であろう大きなうねりが私たちの小さな艇をもてあそんだ。初めての航路なので、私は慎重に大島という島の外側を通った。それでも月は満天に輝いて、玄界灘は美しい。夜の八時に大島を廻ったが、あと三時間で博多港に入港の予定だった。遙か遠くに陸の灯が見える。

私は長男に舵を持たせ、四十二度を厳守させて暗い海につっこんでいった。こんな暗い方へ走って大丈夫ですかという者もいたが、伜はコンパスをにらんでアビーム（真横）の風に乗っていた。やがて二時間ぐらいたった時、「前方に灯台をみつけました」と報告が聞こえた。航路は間違っていなかったのだ。

いよいよ、東京・博多間の長旅がゴールの赤い灯台をぬける頃、ふとうしろを見ると船影が闇の中に見えた。私たちは灯台を越える時に、盃を高くあげて乾杯した。するとそのうしろの船から、

「森繁さん！　おめでとう。こちら海上保安庁です。今から志賀島《しかのしま》の停泊地にご案内します。本船のうしろについて下さい」

というではないか。もう着いたとはいえ、私たちはホッとして救われたような思いがした。

その夜、私の艇の小さなキャビンに海上保安庁の若い船長さんも迎えて、私たちは大航海終演の小宴をはった。その時のこの若い船長のスピーチがひとしく私どもの潮焼けした心身に涼風のように沁

みこんだ。

「私どもは大島を出たところで貴艇を見つけました。私はコースが間違いないので、全員にそっとあとをつけて行けと命じました。博多の灯台を入られたところで声をかけさせていただきました。折角の東京からの遠い道をあなた方だけの力で入港させたかったのです」

海の男、あの赤銅色の中に哀しいまでに美しいシーマン・シップを見たのだった。

大喧嘩

世の中は
何のヘチマと思えども
ブラリとしては
暮らされもせず

古い狂歌だ。多分中学のころ教わったものらしい。昔も腹の立つ世の中だったのだろう、さして今とは変わりがないところを見ると、幸福のみなぎっている世の中とも思えぬ。私なども無用に近いものをブラリと下げて、今日の暮らしの中で、いかにもさもしく、ウロウロしている男だ。

さはさりながら、私とて昔ははちきれるような壮年期があったのだ。

二十五年も前になろうか、億にも近い金を借りて七十五フィートの大きな帆船を作った。それもこれも近づくオリンピックに世界から集まるヨットマンたちを迎えようと、泣くなく身銭を切って建造したものだ。

これをオリンピックのヨットレースをする江の島のホーム・バースに置いて、各国の選手を毎夜、この艇に招《よ》んで、たらふく飲ませ肉を食わせてやろうと、神戸の肉屋に発注も終わり、ウイスキーは名だたる醸造元と結んで歓迎の準備もオサオサ怠りなかった。

というのは、いつも世界のレースでは、金持ちたちが集まり、毎晩宴会で飲めや歌えの楽しい会が、海の男たちの交歓として花が咲く話を聞いた。じゃ、日本でもお返しの気持ちで、この国産の帆船でやれば、いくらかＰＲにもなり、あとはこの船を日本の青少年に開放して、海洋思想の普及につとめさせればと、単純な考えから東西に走りまわったのである。

竣工も間近な一日、私は倅から一度国税庁へ顔を出してくれといわれた。つまりこの艇に税金をかける話がこじれているというのである。

私は頭の血が引いた。

何と、この艇に四〇パーセントの奢侈《しゃし》税をかけるというのだ。ヒトの善意を踏みつけにするか――といきまいたが、倅がここは一つ穏便にと、くどくど言うので、生まれて初めて大蔵省の中にある国税庁へ、倅のあとからついて入った。

何とも豪勢な長官の部屋へ案内された。

「私どもは、法律にのっとってお話し申し上げますので誤解なきよう。建造費はおよそいかほどかかりました？」

「約八千五百万円くらいでしょうか」

「ヨットはダイヤモンドと同じように、奢侈税がかかりますことはご存じで？」

「ヨットと申されましたが、私どもが造っておりますのは帆船ですが、そちらのヨットとおっしゃる船のご見解は？」

「おい、部長か課長か、どちらでもいいから説明して……」

長官は代表的な官僚の風を失わない。

「えー、ここに謄写版刷りで恐縮ですがちょっと書いてあります。この三角の帆を張ったのを私どもはヨットと定義しています」

「三角の帆がヨットですか、じゃ紀州あたりのアラフラ海に行く真珠採りの船は皆三角帆ですが、あれもヨットでいいのでしょうか」

「××君、ちゃんと説明しなさい」

何となく、おだやかでない気配の中に、出がらしみたいなお茶が出てきた。

私は頑として口をつけず、

「それで、そちらのヨットの解釈は？」

「君、調べたんだろう、どんどん言いたまえ」

「あの、この船の下に、キールというのですか、ここに重りのついているものを、ヨットと……」

「鯨のキャッチャーボートは皆、重りがついていますが」

「…………」

やおら長官が、

「いずれにしても、私どもは、先ほども申しました通り、法律の馬車に乗ってこう申し上げているのですから――」

カチンと来た。さあ、私の口は冴えてきた。

「じゃ、私の方は四〇パーセントの高税は払えませんので、オリンピックの当日、この艇を江の島湾頭で爆破しますから。もちろん、これはそちらさまに関係ありません。ただ何故爆破したか、私のファンはじめ関係者が聞きたがりますので、新聞にこのいきさつを書いて発表します。長官はじめ部長、課長のお名前も出しますが、ご容赦下さい」

「なお、元経済警察や興信所の腕ききを集めて、あなたさまはじめ部長、課長から末端の皆さままで、一応もれなく克明に調べさせていただきます。料亭の供応、帰りのお土産、紅茶はいいと聞きましたが、コーヒーは供応になるそうですが、その他麻雀づきあいから、こちらも法律の馬車に乗って調べさせていただきます。どうかご了察を……」

長官はいささか顔色が青ざめた。

「私は満洲から引き揚げて来ました一介の野人、ゼロでもともと、でもやることだけはキチンとやらせていただきます」

私は席を立った。

日本に、もう一つスポーツがのびないところは、こんなところにも原因があるのではなかろうか。

それともう一つは、法令や条令の考え方が何と古い明治のままで、私たちをしばっているのも困ったことだ。早い話がモノレールが出来た時、鉄道条例に引っかかって大弱りした話も悪令存続のためだ。

ちなみに鉄道条例の最初に「二本の軌道の上を走るものを鉄道とす」というのがあるそうな。一本ではどうしようもない。

水中翼船やホーバークラフトという半分飛行機みたいなのが出来た時も、船舶法か航空法によるかで、悶着があったのかもしれない。いまだに太政官布告が生きているような話には驚かされるが、どなたが怠慢なのか、建築なども法律通りやれば、重くて五十階の高層建築は地震をまたず崩れるという。

さて、その私の愛艇ふじやま丸も、今は廃船となって、熱海のホテルの庭に生ける骸《むくろ》をさらしている。

〝死〟の波濤の中で――ヨット遭難記

昭和三十七年、メイ・キッス号にあきたらなくなった私は、いよいよ病膏肓《やまいこうこう》に入り、世界一周の出来る大型外洋帆船の建造にとりかかった。

設計をベテランの渡辺修二氏に頼み、全長七十二呎《フィート》、約九十噸《トン》のケッチ Ketch 型。二本マストで、二百五十馬力のエンジンと二十馬力の補助エンジン（発電用）を備え、船内は冷暖房、計器はビーコン、ロラン（ともに位置測定用）、レーダーと出来る限りの装備をこらして、名実ともに日本一のヨットを計画したのである。

鉄船にしたため、建造を追浜《おっぱま》の造船所にたのんだ。ここはかつて潜水艦を造っていたところで、未だに残る腕のいい老技術者によって、流れるような船型を完成した。

その間、一年余。

マストは名ヨットメーカーの加藤ボートの親父に頼んで、生まれて初めてだという長さ二十六メートルと十八メートルの、六階建てもあろうというバカ長いものを作らせた。

カナダ産スプルース（もみ）を八枚に割ってはり合わせたもので、一本何百万についた。しかもこれを、横須賀に浮ぶ船まで僅か二十分の道のりだが、途中トンネルがいくつかあるので、「日通」は二十五万円の運び料を要求したのには驚いた。

この間、何度途中で中止しようと考えたかしれない。その最大のトラブルは金である。借金に借金を重ね、家も土地も抵当に入れ、拍車をかけて働いても追いつかない。加えてその弱味につけこむパクリ屋、悪徳の男たちに数千万をだまされるのである。

しかし、裸になった私だったが、昭和三十九年五月、私の誕生日に進水し、その船を晴海埠頭に繋《けい》留《りゅう》して一般に公開した。

三笠宮さま御夫妻や、元文部大臣松田竹千代さんや斯界の名士がみえて、東宝管絃楽団は、五月の潮風の中で、キズだらけの私を鼓舞したのである。

マスコミの報道は、海や船への関心を高めるに十分であったが、その反面、うぬぼれ役者め、やがてどこかで沈没するだろう――の声もささやかれた。

実は、この建造を決行するに、もう一つの目的があった。それはこの年の秋、日本で初めて開かれるオリンピックに、俗にいえば、ハッタリをかまそうと考えたからである。

ヨットレースは、江の島に新設されたハーバーを基地にして、国際色ゆたかにくりひろげるのだが、日本のヨットマンは、世界のあちこちで、むこうの金持に優遇されている、日本に行ったらよろしくたのむ――の一言が皆気になっていることは事実だった。そんな連中に肩身のせまい思いをさせるのも残念だから、江の島のハーバーの一角に、このふじやま丸を繋留して、これを選手たちの憩いの場としたいと考えたことである。

その為に、洋酒のスポンサーに頼んで、十分以上の寄贈も約束した。そして心ひそかに機嫌のよかったのは、これはすべて日本製で出来ている――と吹聴することであった。その為にも、あえて富士山《ふじさん》丸とせず、ゲイシャ、フジヤマのふじやま丸とした。

船はそれから艤装に入り、八月夏の陽を一杯にあびて、私の育ったチヌの海（大阪湾）への航海に出帆したのである。

待ちうける西宮港では花火があがり、市長が出迎え、ふじやま丸は威風堂々、六甲の山々を背に、ヘンポンとひるがえる満艦飾にご機嫌であった。

私は、ちょうど、梅田コマ劇場に芝居を打っていたが、その祝福に酔いしれて、友人や劇団員を案内し、まもなくこの公演の終るのを待って、帰途は海上の人となる心づもりであったのだ。

然るに何ぞや。そのあと旬日を出でずして、一年半の苦労のタネが水泡と帰そうとは――。

オリンピック委員会からは江の島にバース（泊地）をあけた――と報せがあり、酒も神戸肉も契約を済ませ、何百人が食ってもいいだけを準備した矢先だ。

娘のように可愛い船は、颱風の前にあえなく潰え去るとは――誰が予測し得よう。
この模様は、その頃、「文藝春秋」に書いた「〝死〟の波濤の中で」と題する以下の文章を読んでいただくと、大体のご想像がつこう。
人のいう天罰はあったのだ。

諸兄に告ぐ
――闘訓――

死を共に覚悟し
生を又、共に喜ぶを得たり
偉大なる自然の理《ことわり》を知り得て
これを幸いとすべし
兄等、全力をふるいて
二十号颱風と闘いしに
何の疑いやあらん
この期に及びて、他人への
一切の誹謗あるべからず
責ありとせば、これすべからく

小子の受くるものなり
諸兄、今日の惨禍を明日に活《い》かし
人生最大の教訓とされたし
更に願わくば
限りなき「海」と「船」への
愛着をここに於て断つ勿れ
ふじやま丸乗組員《クルー》諸君有難う
美しくも又強かりし
ふじやま丸　万歳

一九六四年九月二十八日
船主　森繁久彌

飛行機の墜落現場とさして変らぬ惨状を呈している、我が「ふじやま丸」の甲板でこの「諸君に告ぐ」を書き、爽《さわや》かな微風の中に貼りつけた時、はじめて上ずり続けていた私の気持は、潮の引くように静かに冷えて行った。が、それは、決して私が落ち着きを取り戻したのではなく、今まで混濁して見えなかった愛惜や執着や無念の想いが、漸く澄んだ水の底に異様な形で重なり合い、その虚《むな》しい姿を見せはじめたからであろう。

「生きていたのだ、生きていたのだ」

すべての想いは、やがてこの一つの想いとなって、涙は頬を伝い続けるのだった。

　私たちが、ふじやま丸を繋留している西宮港が颱風の圏内に入ることを知ったのは、その十五時間程前だった。それるか、それないか、又それたとしてもその余波は——と船長、機関長、ボースン、伜《せがれ》たちクルー六人が、八方手をつくして情報を得、状況の判断に懸命だった頃、私は大阪の梅田コマ劇場に一カ月の公演を打っていて、あと三日で千秋楽を迎える繁忙の真最中であった。

　エキスパートを自負している乗組員《クルー》に一切を委せ、ただ電話で刻々の状況と処置の連絡を受けていたのだが、二十四日の夜は、九州から四国へ上陸する二十号颱風のすさまじさを楽屋のテレビで見ているうちに、次第に不安に駆られ、終演後、翌日がマチネーのないのを幸い、西宮港に飛んで行くことにした。

　在阪していた家内も、

「これからは太平洋で嵐にあうこともあるんですから、

何事も経験です。御一緒します」

と言う。

私もその時は、さしたる重大事とも思えず、つれ添って三十年、幾度も共に死線を超えて来たんだから「それも良かろう」と、同伴することにしたが、劇場側や幕内の関係者がそのまま見過す筈がない。

「船に行かれて、すぐホテルへ戻られますね」

「勿論、そのつもりです」

「船も大事でしょうが、明日の公演も大事ですから」

「わかってます」

「御一緒しましょうか」

「いやいや、船ではかえって皆さんは足手まといになりますから」

何とかふりきって夫婦は、阪神国道を走った。

低気圧下特有の何とも嫌な気配はあったが、風はまったく無く、細い雨筋が車の窓に流れる程度であった。西宮港に着いても、颱風前のあわただしい様子も別段なく、ヨットクラブの内外も静穏で、約三百パイのボート、ヨットは整然と陸に上げられ、正に完全な颱風準備がしかれてあった。

「どうだい」

私は屯《たむろ》していたクラブの若い衆に声をかけた。

「来ますけど大したことはおまへんやろ、大分弱りまっしゃろ」

「何時頃の見通しだ」

「明日の昼やな、今のスピードでは」

至極のんびりした気持で、私たちはあかあかと船内に灯の入っているふじやま丸にボートで送られた。

心なしか緊張の色の見える船長やボースンに案内されて、船主《オーナー》の私は船内の颱風準備を一つ一つ点検して廻った。まずまず万全と言える態勢である。

船は舳《へさき》から三本のクレモナで遠くの防波堤にもやいを取られ、その一本は直径三十ミリで何十トンをもたすに十分というロープである。そして艫《とも》からは八十五キロの（ダンホース型）錨《いかり》が二本と、非常用の百二十五キロポパイの錨が必要以上とも思われる確実さを示していた。

備えあらば憂いなし。気圧計は刻々下っていたが、サロンでテレビを見ながら待機しているクルーを残して、のんきさ夫婦はベッドにもぐった。私は次第にましてきた揺れを、むしろ心地よい子守唄にすぐ眠りに入ったらしい。芝居の疲れも千秋楽近くで重なっていたのだろう。

突然、ベッドから叩き落されるまでは、何も知らずに熟睡していたものとみえる。それでもまだ船の中だという意識はなかった。次の波で棚のものなどが落下し、

「パパ起きて！」

という家内の悲痛な声を聞いたとき、私の眼は漸く完全に開いた。家内は反対側のベッドにしがみついている。

「そのままじっとしていろ！」

私は甲板へ飛んだ。

「その格好で出て来ちゃだめだ！」

伜にハッチで怒鳴られて、はじめて外は物すごい荒天になっていることを知った。左右の壁で頭をうちながらキャビンにとってかえし夫婦はタイツや下着やズボンをできるだけ着込み、その上に黄色い上下の荒天用ゴム合羽《がっぱ》を着けた。海上漂流の際に最も発見しやすい色（黄色、或いはダイダイ色）の合羽である。

私が先に甲板に出た。まさに颱風である。すぐ近くのヨットクラブも港の奥の方の波止場も、暁暗としぶきの中に霞んでさだかでない。防波堤を越えて来る大波で舟は木の葉のように揺れ、とても立って歩けたものではない。風速四十メートル、マストもリギン（マストを引いているステンレスのロープ）も異様な唸り声をたて、海面は揺りかえす波にまき上げられたへ泥で墨を流したように真黒である。

「ロープがもつかどうか、ちょっと疑問になって来ました」

ボースンが言う。

「ともかく、スレ止め（クレモナは強いが、スレると弱いのでそこにボロを巻きつける）だけしっかりさせておけ」

私は落ち着きを取りもどそうと、先ずそれに懸命になったが、かつて如何なる舞台でも上《あが》ったことのない私なのに、足ががくがくして来た。私は家内に怒鳴った。

「おい、コーヒーを皆にいれろ」

どうしてあんな嵐の中で私にコーヒーがいれられます、せっぱつまった時にも無茶なことを言う人だと、腹も立たずに笑い出しましたわ、とあとで家内がつくづく洩らした。

この辺が嵐のヤマかと思っていたら、風波はいよいよ強くなり出した。私はふと、嵐を迎えようという時、昔の帆船では船長が乗組員にその士気を昂《たか》めるためラム酒を飲ませた話を思い出し、その故事にならおうと甲板に積んであるラムの樽に走り寄ろうとしたが、それはもうまともに歩けるものではなかった。

その時、前方のウォッチが、

「切れた！」

と叫んだ。その途端、船は大きく左舷に傾き、危く放り出されそうになった。三十ミリの大ロープは新品であったが防波堤と船との間の海に沈んで行った。

慌ててそれをたぐり寄せたボースンが、私の傍で怒鳴るように言った。

「切れてない。端末はこの通りです。堤防が決潰したんだ。これが無いともうこっちの二十ミリはもちません。まもなく切れます。そうなればあとは錨しか頼れませんが、アンカーが浮かなきゃもつでしょう――」

「もし引きずるようなら、エンジンをかけて、船を風に立てよう」

「畜生！　吹いて来やがったな、六十メートル以上ですね」

もうまともに顔など向けていられたものではない。雨がまるで釘だ。拳闘の選手みたいに誰の顔も雨に叩かれてむくんでいる。あまりの痛さに伜は水中眼鏡をかけている。甲板はつかまりながら這って歩くのがやっとだ。

「切れた！」

遂にもやいは全部切れた。船は大きく揺れて丈なす波にあおられながら舳を風に向けてゴーンと錨でとまった。三本の錨はそれでも完全に船を食い止めたが、船上での諸作業はもはや殆ど困難になって来た。全員の表情の中に焦躁が見え始めたのが、飛び散るしぶきの間からも窺えるようになり、船長の、

「あと三十分、三十分頑張れば風が変る！」

という絶叫だけが風波の猛る音の中に、鋭く走っては消えた。

全速力にすると船はどうやら前に進んでアンカーロープが緩み少しは前進するかに見えたが、左右に振られる上に舵がきかないので、操舵は窮地に追いこまれている。後楽園にあるドリームランドのタコの足みたいなものに乗っているように揺れて舳のクルーが、

「面舵だ、取舵だ」

と怒鳴っているが、嵐の咆哮《ほうこう》の中で舵手にはなかなか聞えない。ましてや錨がきかないから舳からは焦立って、

「何をしてる！　面舵だ！」

と罵声が飛ぶ。

私はもうその場をどう収拾して良いか途方に暮れ、気が抜けたようになっていた。

そのうち、雨と飛沫のどす黒い波の逆巻く向うにやっと陸が見えて来た。と思った時、突如、魔法の絨緞《じゅうたん》みたいなものが空中に舞うのが見えた。漁師小屋の屋根だ。続いて二抱えもあろうと思われる松の樹が根こそぎ引き抜かれ、何本も奇妙に軽々と飛ぶのを見た。そのあたり三百隻もあったヨット、モーターボートが波の上を、ゴム毬《まり》のように弾んでは舞い散って行く。

「船長、あの砂浜に座礁させせろ！」

「もうしばらくです。大丈夫ですよ、オーナー。頑張りましょう」

と私をなぐさめた時、

「錨が引けてるぞ！」

と声が飛んで来た。よく見れば船は徐々に風下に引きずられている。

「エンジン一杯に上げろ」

「フル回転です。駄目だ！　駄目だ！　ぶつかるぞ！」

引けはじめたら早い——風下にあった一隻のタンカーが、見る見る眼前に迫って来た。

「そばへ寄るな！」

最初は一尺位の間隔でタンカーの舳と、こちらの艫がすれすれでかわした。向うも必死だ。まともにぶつかれば双方ともお陀仏である。二回、三回と運良くすれ違ったが、突然機関長が、

「廻転が落ちた。七〇〇しか廻らん！」

と叫んだ。この時タンカーのロープを私の船のスクリューがまいたのである。あと五十メートルで丈余の波が打ち上げてる波止場にぶつかる。大波が当って、甲板に砕け散る。

波止場には、荷揚げ用の大きなクレーンがコンクリートの台座の上にそびえているのが、いよいよ不気味に迫って来た。もう万事休すだ。

遂に何度目かの接近の際、私の船の舳が例のタンカーの船腹に接触した。ドカーンという重い衝突音と共に、メリメリと先ずふじやま丸の舳の鉄のアームがひん曲った。蒼ざめて伜が飛んで行こうとするのを見て、

「バカ！　近寄るな、全員真中に集まれ！」

私は叫ぶと同時に、救命索を陸に打つ銃をとり出していた。風波の狂奔する甲板で、それでも弾丸《たま》をこめてロケットを仕掛け、陸に向って発射したが不発だ。もっとも、うまくそれが陸にとどいたにしろ、索を受けとってくれる誰もそこにはいなかった。

そしてふじやま丸は遂に波止場に衝突した。最初の衝撃。後のマストが、先刻見えたクレーンに当りベリッとへし折れて頭上に降って来た。次は後尾のレール程もあるアームがクレーンの台座に激突、見事に折れ飛んだ。

この波止場にぶつかっては、もはや船の助かる見通しはない。瞬時であったが、静かに瞑目し乱れた呼吸を整え、目前の死の世界の中へ身を投ずる覚悟を決めた。

「船長、ボースン、泉（伜の名）、全員集まれ。もう限界だ。船体放棄しよう」

「そんな馬鹿な」

「何を言っとる。船長、かまわんから命令してくれ。何時だ」

「七時三十分です」

「今、風が変わったところで、もうどうにもならない。機関長は浸水しているか調べてくれ。船長、今から皆一丸となって、如何にして生命を守るか、その方法とチャンスを的確に把《つか》んで欲しい」

「承知しました」

答える船長の額からは血が流れている。マストの折れた時、何かの落下で頭を切ったらしい。その血と雨滴の流れる顔を歪《ゆが》ませて彼は「船体放棄」を告げた。不幸な船長の声は、私には慟哭《どうこく》とも聴えるのだった。

嵐に向って若いクルーが吠えている。

「馬鹿野郎！　何でこんなにいじめるんだ」

ロープを切ると海中に落ちてパッとふくらむ救命イカダ（ゴムボート）が両舷に一つずつある。左舷を切り落したが、ふくらむと同時に、風に飛ばされ一瞬のうちに見えなくなった。

「しっかりロープを縛りつけて右舷を落せ」

舷《ふなばた》にぶつかっては黒く逆巻く波の中で、黄色い一つの花のように、開いた。

「奥さんから飛び移って！」

「行けママ！」

「パパも一緒に」

私が先にその花の真中めがけて飛び下りた。そして、

「来い！」

と叫ぶ。勇敢にも女房は飛んで来た。

「把《つか》まっとれ、次にカメラマン」

横浜出港以来、私たちと海の旅を共に続けて来た毎日映画のカメラマンが女房の足の上に落ちて来た。私は叫んだ。

「ロープをのばせ、俺が辿《たど》り着いたら、それを伝ってあの波止場事務所に上るんだ、いいか!」

間の悪い時はどうしようもない。ロープがからんで伸びない。ゴムボートは一方を引張られているのと波にあおられるのとで、どうにも無理だ。そのうち波で持ち上げられた船尾に吸い込まれた。まだ回転しているスクリューが目の前に見える。

三人がのけぞって避けようとした時、船上でロープを切ってくれた。その反動と折悪しく襲って来た大波に、ボートはコロリとひっくりかえったのである。

三人は真黒な濁流に呑まれた。

自分の身体が波の中で回転しているのを知っていた。激しくもまれているようでもあり、不思議にゆっくり流されているようでもあった。非常に長い時間のようでもあり、ほんの少しの間のようでもあった。ゴンと足が着いたので夢中で立ち上ったら、そこは波止場の上だ。

すぐ傍に黄色い合羽の背中が見える。とにかくそのバンドを把んで引き上げた。それはものすごく重い女房であった。へ泥と油で真黒な顔に髪の毛がへばりついて、死んでいるのかと瞬間思った。次の波が、引いて行く。私たちの足をすくったが、私は全身の力を腕にこめてバンドを握っていた。

再び二つの人間は波の中で廻転していた。

更にその次の波に呑まれた時、どうしたことか全然違ったことを考えていた。

「今日の芝居は駄目だな。明日、舞台で告別式かな」

そんなことが頭をかすめた。何度目かの波で再び波止場の上に打ち上げられたのだが、何しろ一千トンの船を横づけにする岸壁の上を四、五メートルの波が走るのだからどうしようもない。しかし引く波の時に少しでも同じ所につっぱって頑張ると、次の寄せる波の力で、少し前進することができる。遅々とした前進を幾度か繰り返した後、私に向ってさしのべられている手が見えた。カメラマンの手だ。やっと中指が触れた。それを折り曲げるようにして組みつき、離そうとする引き潮の力に抗しようとしたが、いま一方の手に把んでいる家内の身体を攫《さら》って行こうとする波の力に対しては、もう限界が来ていた。

「今、左手を離せば、こいつは死ぬ。それならカメラマンに把まっている右手を離して一緒に行くべきか」

ひときわ大きな波が私たちを何物かにぶっつけた。埠頭事務所のそばまで来ていたのだ。その時、両親の波に呑まれようとするのを、今にも沈みそうな船の上で見ていた伜が、耐え切れずに助けようと飛び込んだ。

ようやくの思いで波止場事務所の二階に這い上った夫婦は、なすすべもなく悪夢にも似た光景をただ眺めるばかりであった。いまにも波間に没し去ろうとする伜の姿と、乗組員五人をその甲板に乗せたままマストを折った無残なふじやま丸の苦闘する姿を——。

混濁した波の中に見えつ隠れつする黄色いものがいる。

「泉！　しっかり、生きるのよ、しっかり！」

その我が子に向ってとどかぬ絶叫を繰り返していた母は、その姿が見失われるや、泥だらけの顔で静かに祈りはじめた。

父の私は見えぬ姿に、

「力だ！　力だ！」

と叫び続けたのだけを覚えている。

するとと突然、家内がフラフラと立上り階段を下りて、又、波の中に行きかけた。

「馬鹿、どこへ行くんだ！」

「泉が死ぬのよ、行っちゃうのよ！」

何の理屈も計算もなく、母は子に怒濤の上を駆け寄ろうというのである。母親の愛とは何だろう。今にして思えば「お前が死ぬなら私も死ぬ」という単純な判断しかなかったのだと思うが、それは死の前の尊い母の決心でもあったか。私は嵐の中で泣いたことを記憶している。

まだ泉がよちよち歩きの頃、夫婦が公園へ遊びに連れて行き、ちょっとしたよそ見のすきに、コロコロと転んでチャポンと池に落ちたことがあったが、その時、家内は父親としての私の行為を何と冷たい人となじったことがある。彼女が、その時全く飛燕の早業で、池の中の我が子を救い上げたのに反し、父親の私はただ茫然とその成行きを見ていたからである。

弁解がましく聴えるかもしれないが、私はこう思うのである。女親には状況判断の余裕がない。ただがむしゃらに己れの死をも顧みず飛び込んで行く言わば無謀の愛があるに反し、男親は一歩引き下って最も適切な処置の判断に心をめぐらせる習性があるのではないか。愛に変りはないが、父親のこの科学性と母親の盲目的な愛と、この両者あいまって、はじめて子供を健かに育て伸ばす親の愛と言い得るのではなかろうか。

先刻、船の右側で姿を消した伜が左側に見えた。黄色い合羽だ。生きて泳いでいるのか、死んで浮いているのか。彼は波と風で窒息するので、息を吸っては潜り、体力の消耗を防いでいたそうだが、その時の私たちにはどうしても死んでいるようにしか見えなかった。

実際、伜もその時、死を完全に覚悟したという。彼が述懐するには、波の中で、一日この嵐にさからって生き抜くのは所詮不可能だ、こんなに辛いのなら無抵抗になって楽に死んでしまおう――という思いが幾度も脳中をよぎったという。が、すぐに何処かから「馬鹿野郎、死んだら許さんぞ」と怒鳴る声が聞えて来て、しびれる四肢を又動かしたそうである。

伜が又、それに加えてこんなことを言った。溺れるものはわらをも把む――この諺の真意がわかった、と。

つまり、わらとはチャンスである。そのチャンスを何とか見失うまいと懸命になった僕は、裏返しになって流れていたボートを見つけた時、これに縋《すが》ろうと焦ったが、ボートを引き起こそうとすればする程、体力の消耗が激しく感じられたから、蹴飛ばしてすぐ離れた。そして次に発見したのは外より水の中の嵐は弱い、ということだった。息を吸うにしても風と波で窒息しそうなので、これで死ぬんだなとぼんやり考えているうちに、そうだ、ひと息吸ってもぐれ！　と誰かが教えてくれたような気がする。

もぐって暗い中にいると、気持が急に落ち着くのか、少しはその場をまとめる余裕が出て来て、その時、「わらとはチャンスだな」とマン然と悟ったと言う。

そして更に、波に浮き沈みしながら、「お祖母ちゃん、助けて下さい」と死んだ私の母に何度も頼んだことや、信じてもいなかった神様に、「こんなことをお願いしてすみませんが、今度だけは頼むから助けて下さい」と念じたという話をした。今でこそ笑って書けるがその時は泣いて聞いた。

沈没前にＳＯＳを発信していたかどうかで、漂流する船員たちの生命力が違う――つまり瞬間沈没でＳＯＳ発信のいとまのなかった場合には、この漂流を誰も知らないという絶望感で乗組員は死を早めるそうだが、発信済みの沈没の場合は、その希望に支えられて救出される例が多いと言う。これらはいずれも、人間の精神力が、確実に物理的エネルギーに変り得ることを示している例だろう。


嵐の中にも夜は明けた。救出隊の若い衆の姿が、依然吹き止まない風と雨の彼方から現われた頃、私は伜の冷え切った身体を抱き締めることができた。

緊張が抜けると死ぬと思ったので、思い切り横っ面を引っぱたくと、意外に元気な声で、

「パパ、大丈夫だよ」

伜はこわばった顔ながら笑った。

泥と血にまみれて抱きあう父子の上に、最後の嵐はなだれるように落ちかかって来た。が、手をとりあった私たちはお互いの身体に爪を立てるように強く抱き合って、己れの生きていることを確認し

あった。

それは父と子との間で初めての経験だった。

無事全員脱出した乗組員と共に、私たちは事務所の欄干に並んで、私たちのふじやま丸の最期を見とどけることにした。

無人の船は、ゴーンゴーンと悲しい音を痛そうにたてて波止場に幾度となく叩きつけられ、やがてやって来た最後の高潮に乗って、波止場の上に乗り上げて横になった。可哀そうで可哀そうでたまらなかったが、それでも沈んで見えなくなるよりどんなにかうれしかった。メチャクチャの彼女だったが、みんなでじっと見ていてやった。はじめて泣ける時が来たのだろう。泥に汚れた全員が羞恥を忘れて、オーオーと吠えるように泣いた。

それから三十分も経ったろうか。ふり仰ぐと嘘のような蒼空が見えはじめ、あつい雲を割って、いま太陽も微笑みかけて来た。

船は悲しい戦いを終え、もうことりとも音を立てない骸《むくろ》となって、白い波止場に横たわっていた。初秋の微風とやわらかい陽ざしのなかに、こよなく静かな、美しい海があった。

それから数時間後、水びたしになったハーバー事務所の諏訪宅に全員は救われた。

私はそこで初めて、この颱風の爪あとが予想以上に大きいことを知った。ヨットもモーターボートも町の方に飛んでゆき、漁師の家も流されて砂浜になり、西宮港の堤防はあとかたもない。この事務所も階下は水びたし、西宮市も私のふじやま丸の下をくぐった大波で全市が床下の浸水であった。ようやく水の引くのをまって風呂を沸かしてもらい、真黒な全身を洗い、キズの手当てをして一応の人心地がついたが、あらためて無惨に横たわる愛艇を眺めながら、命びろいした喜びのかげに、どうにも出来ぬ口惜しさを噛みしめたのである。

突然、女房がこんなことをいう。

「あら、あたし大事なものを忘れて来たワ」

「何だい？」

「あるかしら？」

「どこへ？」

「船の中よ」

「何もかも、みんなあきらめるんだ」

「……ハンドバッグ、あるかな」

「えッ！」

「あの中に、大事なものが一杯入ってるんだけど」

当時の金で一億に近い大金をかけたものを失ったというのに、いい加減にしろといいたかったが、男女の欲のあまりにも鮮明な相違に一同は笑った。

その夜、キズだらけの私は、再び夜の公演で舞台に立った。どうにか芝居もやってのけた。役は川上音二郎だった。

音二郎は、もう一度幕をあけた。

「御挨拶をお許し下さい。本日、テレビその他で既に御存知と思いますが、道楽の過ぎた私に神は罰をあたえました。でも、終戦につづいて再びこうした大きな経験を味わいましたことは、負け惜しみではなく有難いと思っています。加えて、今夜も芝居が出来ましたことは、生きていた証《あかし》でございます。この失敗をキモに銘じ、後日の実《みのり》にいたします。皆さま、御声援ありがとうございました」

割れるような拍手が耳の奥で昨夜聞いた波と風の音になって私をおそった。

あれから、こりずに第二のふじやま丸を改造し、これが又、沖縄の小さな港で十七号颱風で打ちのめされ、半壊のまま瀬戸内海の造船所に運ばれ、今は三世として造船所のお客を接待していることを付記しておこう。

シーマン・シップ——海の世界のサラリーマン化？

東京湾には、すっかりハゼが少なくなった。

羽田のハゼの産卵場所を埋め立てた故だとか、底引きが一網打尽にするとかいろいろ言われているが、あんなにイレ食いしたハゼがさっぱりとは解しかねる。

一月、カレイが乗っこんで灯台のあたり二十枚ぐらいあげる。まあ、そのあたりは漁船がところ狭しと集まって釣りの銀座だ。私も自艇を駆って仲間入りしたら、途端に——

「そこのメイキッス（私の船の名）、アンカーをあげて、こちらの船に接舷しなさい」と来た。

海上保安庁の小さな船だ。倅は仕方なく錨を揚げて、漁船の衆目の中、接舷した。カレイ釣りもへったくれもない。免許証やら船籍証明書を出さされ、向こうの言い分は、お前の船のアンカーロープが浮標から浮標を見とおす線から、つまり本船航路に入っている——と大目玉である。いつの間にか、海上保安庁も年の若いのに変わり、どことなく昔のお巡りさん根性みたいなものだけ身につけてきたようだ。こっちが悪いのだから文句のつけようもないが、あまりいい気持ちのものではない。

「東京都民栄誉章をいただいた善良な森繁です」と、言いかけて——やめた。

私は元来、海上保安庁の協力者で、昔は保安庁から表彰された男だが、三十年ほど前、三十三フィートのヨットを手に入れ、親子で東京から博多まで長期の帆走航海を敢行した折、初めて夜間の灯台にいたく敬意を表したのである。

その想いがつのって帰航してから日本全国の灯台の子らにお菓子やいろいろセットしたものと、子供たちへの激励文をよせて、約三百個贈ったことがある。海上保安庁から若草丸が来て、長官から喜びの言葉と感謝状を贈られたが——いや、そんな話を近ごろの若い係官など知る由もない。書いてる方も恥ずかしい。

それでも、私は海上保安庁という職についている皆さんに深い表敬の念をいだいている。荒れ狂う北洋にＳＯＳが入れば行かなければならない。心ない磯釣りが岩礁に取り残されたのも救助せねばならず、かくいう私とて何時いかなる遭難が待ちかまえているかも知れぬ。あだやおろそかな海上保安庁でない。

長途の航海の折、室戸岬を回って高知港へ急ぐ時、低気圧を気にしていた通り、海は荒れ始めていた。岬という所はおおむね潮が強く、風が逆に吹いていると、一番いやな三角波が立ち船は難航する。あたりに船は一隻も見当たらない。

「戻りますか?」

船長は私に聞いた。

「私たちに、戻り道はない。予定通り高知に入ってくれ」

私はいささかマゼランの気持ちだった。元海上保安庁のチャキチャキの船長は「ハイ」の一声で艇は突き進んだ。

間もなく、大きな船が一隻近づいて来た。海上保安庁である。旗が上がり〈貴船に要求はないか〉が見えた。私たちは、親にも会ったような気持ちで感激しながら高知港に誘導されたが、あのころの船にはシーマンシップがみなぎっていた。

どうやらそこにも、今やサラリーマン化が押しよせているのか。

「ふじやま丸」の思い出

桜の散り舞う春の日曜日。

一冊の雑誌を読むともなしにヒザに置いて、よく老人がやるように、うつろな目を庭に向け、なに考えるでもなし時の流れに身をまかしていた。

昔はこんなことはなかった。

追いかけられているように、一分もじっとしている男でなく、わざわざ用をつくってどこかへ出かけてゆく。頭はともかく手足を動かしていないと、世の中に置いてゆかれるような焦燥が、私を落ち着きのない男に仕立て上げていた。

水ぬるむ春になると、ヨットマンはウキウキして、長い冬の間に整備した艇をいよいよ船下ろしする。春風駘蕩《たいとう》、満帆に潮の香をはらませて、セーリングに人生を見つけるのだが、実は、春は海があまりよくない。春一番に見るような突風《ブロー》がノ、タ、リ、ノ、タ、リを破って荒れ狂い、思わぬ事故を招くからだ。変わりやすいのは秋の空でなくて、春の海である。

前にも書いたように、私は仕事もゲップが出るほど徹底してやるが、自分を遊ばすことにも決して手を抜かないし、あまりケチらない主義だ。三、四年前までは、春がくるたびに、その年の夏に行う招待クルージングの構想にふけったものだ。

いかにも贅沢《ぜいたく》な話と、眉をひそめる方もあろうが、年中観客にサービスをしている男が、一年に一回、自分の身を思いきり自由に喜ばすわずかな時間なのだ。

その艇は、いまは陸に上がって見せ物になっている前述の「ふじやま丸」である。

招待する顔ぶれは、美術関係者、音楽家、演劇・映画関係者、医師、ジャーナリスト、カメラマン、文学者、コック、あるいは板前――。ないのは政治家ぐらいだ。

インビテーション・カードは、羊皮に金文字。「私たち夫婦は、あなたを我が艇で航海にお誘いする光栄を――」とハイカラぶって翻訳調で書き、(実は自動車をみがくセミ皮だが)一冊の本に近い印刷物には招待の理由、予定航路、地図、携帯品のリスト、シャツやヨットシューズなど、こちらから差し上げるものの品目、注意事項を記載する。最後に、「あなたのお命は万一の場合、当方で保証しません」の書類に本人と奥さんの捺印をもらう。とはいっても、ちゃんと一人ひとりに保険をかけておくのだが——。書類には酒類をはじめ夕ベモノの好き嫌い、はてはイビキやオナラのクセから趣味まで書き入れてもらう。航海をこよなく素敵にするためだ。

ゲストにはこれといった仕事はない。各人に思い思いに船を楽しんでもらうため、他人にはいっさい干渉しないという約束を守ってもらうぐらいのことだ。出港一週間前に、わが家で結団式の酒宴を催す。その時になって、はじめて顔を合わす人も多いので、酒の回ったころあいをみて、めいめいの呼び名を自分で申し出てもらい、旅の間は本名はいっさい呼ばない、という約束を結んでもらう。乗組員は、ホンモノの船長、機関長、甲板長《ボースン》と三人のクルー。艇内に普通電話がついているので、無線係は乗らない。それに招待客と私たち夫婦、船や海に強いスチュワードとスチュワーデスが二人、計十八人である。

*

出港はおおむね夜の八時ごろ、長旅は夜航海から始まる。ゲストは家族としばしのお別れになるので、前日に私の経営する三浦半島の佐島マリーナに家族ともども宿泊していただく。その夜は、私の主催する出港前夜祭で、私の大ボラを聞き、一同、酔いかつ歌う段取りだ。

翌日は、最後の積み込みと艇の再点検で忙しい。それが終わるとデッキで、行く者、送る者の別れの夕食。星が輝き出すころあい、家族をモーターボートで下船させて、いざ出発だ。

「出港!」。私の一声で船長は抜錨を合図し、船を波と風の世界に誘《いざな》うのである。

「お父さん、しっかりね」――。佐島沖、亀城《かめき》の灯台あたりまで歓送の家族たちのボートがついてくる。やがて長笛一声、艇は送る者の灯をあとに、長い水脈《みお》を残して浮世から離脱する。

船上の酒盛りは、いつ果てるともなく続く。だれも、これからどこへ行き、どこの港へ入るのか、そんなヤボなことは聞かない。

いっぱいに風をはらむ大きなセール。見上げるマストのてっぺんでは満天の星が左右にゆれる。

一日が終わり、やがて二日が過ぎると、ゲストの顔にやっと、決心とも、あきらめともつかぬ表情が見える。いってみれば海に生き、船と遊ぶ別人間の様子がただよい始めるのだ。舳《へさき》から艇いっぱいにかぶるような大波と風に翻弄されながら、オーナーの私と船長は、さりげないふうをよそおいながらも、乗る者の耐久限度を見きわめるべく、心を配る。恐怖と疲労でまいってしまう前に、静かな港に船を入れて緊張から解放してやるのだ。彼らは沖にくだける白い波頭を見ながら艇内の風呂に入り、浴衣《ゆかた》に着がえながら、いかにも嵐をのり切った海の勇者のように自慢話に花が咲く。つづいては夜っぴて気象とにらめっこしながら、夜航海をやることもある。手を触れればこぼれ散るような夜光虫が、船べりにくだける。トイレットに入って電灯を消して水を流すと、ウンコは光る真珠につつまれて吸い込まれてゆく。お伽話《とぎ》の世界だ。船尾のトローリングに魚がかかる。歓声をあげた十分ものちには、板前氏が皿の上のサシミに変えて出してくれる。

この三文役者め、ゼイタクな! と怒らずに聞いていただきたい。くどいようだが、日曜も祭日もなしに働いている男が、年に、たった二週間の遊山だ。

酒は、ゲストには、一日中、ご自由に飲んでもらう。船長やクルーたちは、明るいうちはビールだけ。それでもはげしい働きと夏の陽ざしが、酒なんかすぐに汗にかえてしまう。

食事はおおむね一日六回である。朝食―パン食、和食のお好みしだい。十時―ティータイム、軽い食べ物。一時―昼食。三時―ティータイム、軽い食べ物。七時―夕食。夜中―夜食。

そんな航海の最中《さなか》、だれかが双眼鏡で「あの山あいの港はいいね」というと、船はすぐにそこへ入る。「松林に見えるあの旅館は、ちょっとイカスな」というと、艇からテンダー（小舟）が降ろされ、下見が上陸する。もしも気に入れば、二日も三日も錨を降ろして、山に登ったり鄙《ひな》びた村を訪ねて逗《とう》留《りゅう》する。

さて、こんな楽しいクルージングだが、日本の会社では、なかなか二週間の休みをとることが困難だ。なんのために働いているのか。働くために働いているので、遊ぶことはどことなくウシロメタイ感じ、ましてや大金をそれに使う奴は不逞の輩と見なされがちだ。

それでも今まで私のインビテーションに応じてくれたゲストは、「人生最高の時間」と、喜んでくれた。ただ、残念なことに好事は続かず、これも三回ぐらいでお手あげになり、いとおしい愛艇も熱海の後楽園に陸上げされ、海の生涯を閉じてしまうことになったのだ。

＊

この「ふじやま丸」が、一番長い航海をしたのが、南洋ヤップ島から赤道へ数百キロ、文明から隔絶されたサトワルという島から沖縄までの航海であった。

ある日、北斗映画という記録映画を撮っている小さな会社の門田《もんでん》というたくましい男がわが家を訪れ、「ふじやま丸」を空船《からぶね》で貸してくれという。

実は、南洋の原住民の人たちがカヌーに乗って沖縄の海洋博を表敬訪問するという話がある。統治国のアメリカは、伴走船があれば許可するという。漁船などほうぼう当たってみましたところ、長途の航海で燃料の問題もあり、帆船が最適と決まったが、適当な船がない。ふと気がついたのがお宅の船《ヨット》だ。金はないが、男《シーマン》と見込んで三カ月ほど貸して下さらんか、との相談だ。

「あなたも海の男でしょう」——。この一言に弱かった。二つ返事で貸すことになったが、いざそうなると、この「ふじやま丸」が果たして長途の航海に耐えられるだろうか。倅《せがれ》は心配してドックに入れた。なんと外板に無数の小穴があいているというし、ほうぼう修理が必要だ。長い間きたない海に錨を降ろしていたむくいだ。塗装から、エンジン、計器のオーバーホール。一番厄介なことは、あの大きなセールの縫い糸が弱っていて、台風の本場ではサバけること十分という。セールも新調し、安心してお貸しできるようになるまでに、数百万円がスッ飛んだ。エライことになったが、後には引けない。泣く泣くも、シーマンの心意気だ。

門田たちは、そのカヌーの誕生から島の模様、カヌーの航法などを映画におさめる情熱に燃えて、台風の近づく日、フィルムや罐詰を満載して、進路を小笠原に向けて出航した。

一カ月もたったろうか。ヤップ島に着いたことが風の便りに伝わった。さらにまた一カ月後、どうやらサイパンから沖縄へ出航する模様だという。そして一カ月後、沖縄海洋博会場の波打ちぎわに、六人の黒い島の勇者たちが寒さにふるえながらおり立ち、晴れの上陸をした。このカヌーをチェチェメニ号という（よく考えろの現地語）。「ふじやま丸」も無事に着いたのだ。私はホッとした。しかも嬉しいことに、土産ばなしは近来にない面白い話でいっぱいだった。

サトワルという赤道に近いこの島は、環礁にかこまれていて、船が近づけない。ために文明から遠く隔絶された幸福な島だそうだ。

男たちは島の椰子の木陰で寝、女どもの作るものを食い、なに一つ仕事などしない。男のユートピアだ。身にまとうものといっても、前をかくす小布があれば済むこと。あとは、たわわになった椰子の実と、果物と、女たちの作るタロイモと、遊び半分にとった魚と海亀と椰子蟹《がに》の美味に食いほうける。原始共産主義みたいな、邪馬台国みたいな――。しかし、統率者は卑弥呼のような女でなく、年とった黒い肌の男の酋長であった。

男どものたった一つの仕事といえば、早朝、自分の椰子の木に登り、実のぶらさがる茎の切り口に壺をしばりつけておくことだけだという。椰子の汁がぽたぽたと壺にたまり、赤道の太陽で午後の三時までには発酵して椰子酒になるという。

酒はそのためか、三時からが解禁ということだ。ぞろぞろと即席酒を下げて、ニッパハウスに集まってくるのは男だけ。食い、かつ飲むうちに南海の日が沈む。アルコール度三パーセントだが結構いい気持ちになるそうだ。それこそ真っ暗な中でかれらは、こぼさないように上手に酒を注ぐ。満天の星のもと、明日の希望こそ口にしないが、なんとも楽しげで、最後はカラオケタイムになる。伴奏も何もないほんとうのカラ歌だ。

歌は島の歴史であり、民族の教科書である。われらの祖先は、どのようにしてこの島に生きてきたか。海に対してどんなに勇敢だったか。島の掟《おきて》はきびしい——というようなことが歌の内容らしい。つづいて歌われるのが、日本軍歌集であるという。

そういえば、昔は南洋委任統治といって、このあたりはすべて日本の息がかかっていたのだ。中にはヤップの学校に行っていた日本語の上手な壮年もいるそうだが、なぜか軍歌が得意で、それも日本人すら一番がやっと、二番は忘れた、というたぐいのを、終わりまできちんと歌い通すのには驚嘆したという。

さてその歌だが、いちいち酋長のところへ次の歌のお伺いをたてにゆく。すると酋長が、まず初めに低い声で歌い始める。そして、みんながそれに和すのだが、酋長より大きな声で話したり歌うのはタブーとされているらしく、声をひそめて蚊のなくように歌う。中にはハスキーに歌っているのもいたりして、イジらしい限りとか。銀座なんかうろついてるヤツに見せたいほど、実に静かなハダカの紳士たちの暗黒の饗宴である。

島にあるパンの木でカヌーを造り、草の繊維で帆を作り、なに一つ文明の力を借りずに舟はでき上がっていった。長い伝統の力のなせるワザ。わが一行は毎日、目を丸くしてその仕事ぶりに見惚れたという。

彼らにしてみれば月の世界へでもゆくような出発の日が、いよいよきた。

身体全身に黄色い粉をまぶして航海の安全を祈り、涙にぬれて、エメラルドの海を彼らは舟出した。「ふじやま丸」はうしろから静かについて行ったが、コンパスも何も持たないカヌーが、ちゃんとサイパンを向いて走っている。七日間にわたって夜も昼も。うしろからついていった文明国の船長は、今でもその謎が解けないという。私たちにはなくなってしまった伝書鳩みたいな超能力が、彼らにはまだあるのだろうか。

サイパンから沖縄まで約二十日間。のどかな海もあったが、幾度も風にまきこまれた。

おたがい見失うことのないよう、日本語の上手なルパング船長に、「ふじやま丸」の船長がトランシーバーを一台与え、無線で両船は連絡をとりあった。

だが、大きな波の底にカヌーが見えなくなると、もうそのまま波の底に消えてなくなったかと、何度も何度も波の頭に乗って現れるまで気をもんだそうだ。そのつど、

「ルパンさん大丈夫ですか、どうぞ――」

「こちらは大丈夫ですが、『ふじやま丸』が危ないですね、どうぞ――」

まこと「ふじやま丸」はあの大きな帆が水面をなめるようで、向こうから見れば、いかにも沈むかに見えたのだろう。でもこう問われて文明船の一同は参ったという。

主催者側は、沖縄から、この連中を飛行機に乗せて本土にまでつれてきたが、早いものは鳥しか見たこともない人たちを、飛行機や新幹線に乗せ、東京見物をさせてなんの益があったろう。もしかしたら、たくさんのバイキンと一緒に、島をダメにするようなクサった欲まで持ちかえらせたのではなかったか――。

ところで、「ふじやま丸」だが、その後、沖縄の小さな港に預けっぱなしだったが、はげしい台風に逢い、またも小港の中をふり回されて、惨憺《さんたん》たる第二の遭難にあったのである。

二

岬はわたしを魅惑する

岬とは、何となく旅愁のにおうところである。

岬の鼻に立つと、向うに外国があるような気がして妙に心ゆらぐのを感じるのだ。誰もが旅が好きなように、住みなれたところを離れて見たい衝動は、未知の場所への憧れと同時に、何処かの果へでも行って見たい気持がある。その象徴が岬のような気がしてならない。

不思議なことに岬という字は中国から来た字ではないようだ。峠もそうだが訓読みはあっても和製の字には音読みがない。いずれにしても岬には海がつきものだ。

少年の頃から人無き岬が好きで、岬の鼻に可愛いい家をたて、岬とともに朝を夕を――そして一年の四季を味わえれば最高のように思った。星一つを取りあげても街中《なか》で見る星より峠の星とか岬の星には詩情あふれるものがある。

もう随分前になるが、アメリカ映画に〝北北西に進路をとれ〟というのがあった。映画の筋は忘れたが岬の鼻にピロッティの洒落た邸が出てくるが長い間、私のあこがれで幻のようにチラついて離れなかった。
あれ以来だろうか、燈台守になりたくて、小学唱歌「燈台守」を口ずさんでは岬の鼻を恋うたことだ。少年の日、近所の可愛いい娘と、ほのかな恋を味わったことがある。その娘と二人、私の好きな岬へ行った。少年必ずしも清く正しくはない。一度は手をとり、折あらば口づけしたいと願ってもいたのだろう。ところが岬の岩に腰かけて何語ることもなく、二人して自然の中に溶けてゆくと、岬が――海が――私どもを見つめているようで、恥しくなり、長いことジッと海を見ながら何もせずに帰ってきたことがある。

岬の鼻に　薙ぐ草の
葉末《はずえ》にとまる　テント虫
そっと　捕えて握る手の
指の間に　こそはゆし
初秋の風は　哀しくも
ひらく掌《てのひら》　なでてゆく
指先きまでも這い進み
赤い背を割り　飛び立てり
碧い海にぞ　飛び立てり

岬の上の燈台守の子供と仲良くなったことがある。その子の案内で燈台下の細道を下り、飛沫《しぶき》とともに青く巻く潮の中に釣糸をたらしたことがある。

そこは穴場でもあろうか、たちどころに魚信があり、私は一尾のイサキを釣りあげた。やがて少年も上手にあわせて糸をたぐりハタのような魚を釣りあげた。少年は黒い瞳を輝かせて私に見せた。

「いや、素晴らしい。大したもんだ。そいつは美味いぞ！」

「そう？」

少年は、黙って魚を針からはなし、魚にチュッと口づけして海へ投げかえした。

「どうしたんだ」

「――」

「毒でもあるのかい、いまの魚？」

「うちの魚だ。海へ返してやらニャ」

私は黙って竿をしまった。この燈台の下、青く美しい海は少年の庭であり、魚たちは家族だったのだ。岬の春秋の中で自然に抱かれ大きくなってゆく子供に私は痛く感動したのである。

日本は海洋国というが、海のそばに別荘を建てる人は、山に建てる人の五分の一とか十分の一とかいう。海より山が好きなのかと残念な思いがしたが、尤も海の家は、物みなサビるので閉口だという。

だが須磨あたりの海岸には外人の別荘がずっと建ち並んでいた。

人は老ゆれば西日の射すところに住めという。

そう云えば仏教にも西方浄土《さいほう》というし、西鶴にも〝西の海に果てよう〟と末期のことを書いている。別に西を向いて死ねとは云わぬが、入陽の美しさには心が落ち着くものがあるようだ。

私は二十年も前、まだヨット乗りが余りやらなかった東京〜大阪間を小さなヨットで伜を乗せ、生れ故郷の西ノ宮港へ行ったことがある。当時のことだから新聞や週刊誌が盛んに書きたてた。中にはこの雄大な壮途を役者バカと書き捨てた雑誌もあったが――。

私はチャート（海図）をひらき、ゆれる甲板で子供たちに、これがあの岬だ！　そして向うに霞んで見えるのが、この岬だと説明したりして船旅の楽しさを充分に味わったが、いよいよ明日は潮岬を越えるというので、串本港で帆を休め、漁師や測候所やらに連絡して、名にし負う七ノットの潮流をわたる準備に備えた。

〝なるべく燈台よりに岬を廻って下さい。そうした方が潮がゆるくて廻りやすいですから〟と親切な助言に助けられ、潮の加減で午前十時頃串本港を出た。〽こゝは串本、向いは大島――で順調な舟出である。一パイに帆をつめて岬の鼻を上《のぼ》りで廻るのである。ようやく目の前に燈台が見えてきた。その岬のふもとを廻ると、何と燈台の横のポールにW・A・Yの旗がひらめいているではないか。今はこの信号は変ったが当時は〝貴下の安全な航海を祈る〟の意である。岩を噛む波、その上の青い松、そして燈台、はげしい潮流に流されながらも、ほんの少しずつ岬を廻っている。燈台の下に手をあげている人々が見える。私達は早速に真新しいシャツに着替え登舷《とうげん》礼を交した。見ればその旗を見つめる伜やクルーたちの眼にキラキラと涙が光っていたのを忘れない。

日本の岬は、長い長い歴史の間に、沢山のことを味わい、見てきたのだ。もうほんの一〇〇m、泳げたら、あの命も救われていただろう——とか、猛り狂う波が嘘のように静かになり、季節の気配が潮の香りに乗ってフワーっと椰子の実がその波に乗ってきたこともあるだろう。

けだし、日本の美しさは岬に凝縮されているといっても過言ではあるまい。

秋の舟旅

秋の海ほど詩情あふれるものはない。夏の濁った海と違い、ゆく秋の海の清澄なたたずまいに、碧い海は秋冷を気品に乗せて私たちを誘いこむようだ。

旅情をそそる秋、私は艇を出して海へのりだす。

舟の舳先に立って子どものころの歌を誰はばかることなく大声で唄うのだ。

〽灘の生酒に肴は鯨
樽を叩いて　故郷の踊り
ゆらり　ゆらりと　陽はまた上る

かつて藤原義江が全国を風靡したころこの歌が盛んに唄われたのだ。

遠く富津の第二海堡が見える。あの東京湾の一番狭いところを過ぎると海の色が碧に変わる。まもなく右に観音崎の灯台、そして左に鋸山が見え、やがて艇は大洋にでる。そのあたりで私たちは早速疑似餌を付けて三本、四本と流す。速度は五ノットに落として。いやがうえにも澄んだ蒼空を飛行機雲が一条美しい。

「きた！」

一本の糸が踊る、その先に魚が跳ねていた。手繰り寄せればメジマグロの三十センチぐらいの奴、さっそく甲板で料理して昼間から一杯やるのだ。新鮮な秋の味覚を味わうために私たちはワサビを忘れない。なんとも美味い。生きている徴のように幸福感がこみ上げる。

昔、谷崎潤一郎先生が一枚の色紙に〝美味方丈〟と書かれた。この意味ははかりかねたが、なるほど美味というものはその十畳の中にしかないという意味がわかった。

そのときの季節を感じ酒席に周りの人との交歓、おかみさんのあたたかい心遣い。そのときの料理の美味は、その方丈だけにしか味わえぬものと拝察した。ハゼ釣りの舟上など美味いと思うが、これを自宅に持って帰ってはあの安油が鼻について、どうにも満足は遠い。美味はそのハゼ釣りの舟にだけしかない。

艇は須崎の鼻を回っていよいよ太平洋。打ち寄せる大きなうねりに身をのせて取り舵。近く房総フラワーラインの美しい平砂浦の海岸を見ながら、布良の漁港富崎港に入る。太平洋の荒波を受けるので、しっかりしたいい港だ。

この辺りまだまだ俗化していない。鄙びた村だが人のよさが見え、旅人の心を慰める。この布良に数年前から住み着いた、玉川大学の先生がいるので、電話で呼んでおいた。先生は奥さんと二人でニコニコ柔和な顔で遠く手を振っておられる。

舟上の宴会は遅くまで続いた。アメリカに長い先生はしきりに「森繁さん、リタイアーしたときの用意に土地を買いなさい」とすすめた。私たちは嬉しくも古いアメリカの民謡を歌った。老いたる先生に秋の風がさわやかで、海の男たちの開けっ放しの不思議なほどあたたかい旅の夜が小さな漁村の一角によみがえった。

夜あけをついて私たちは船出。大島の波浮港へ向かうのだ。途中中洲という水深二～三〇メートルの釣り場がある。そこでまたも釣り糸をたれ、美味この上もない各種の秋の幸にありついて洋上は陽気だ。

波浮に一泊しつづいて下田、そして伊豆半島の西側にまわれば、ここにも妻良子浦の良港がある。このあたり断崖の下の漁村、船は遠く遠洋漁業に出て裕福なところだ。ただ昔山からの道がなくて、艀で沼津辺りへ出ていたのだ。そんな取り残された村や町が今は道が完備して温泉と鮮魚で客を呼んでいる。東伊豆にくらべて西伊豆は、人柄も違って私も住み着きたいと思ったほどだ。沼津へ向けてこのリアス式の海岸を行き、堂ケ島へ行くと、安良里の港に続いて戸田がある。戸田をまわれば三津浜港がある。どこもここも美しい。田子の浦の上に富士がそそりたち旅人を慰める。

夏富士や　倒れんばかり　田子の浦

私の下手な句でご了察はむずかしかろうが、人生一度は訪うていただきたい。

海をゆく旅

うみのごと大らかに
うみのごとやさしく
海のごと時にまた
雄大なわがままでもあれ

長いあいだ海に遊び、海と勝負し、海に学んできた。これは私の述懐だ。

幾度か海は私をその懐に呑みこもうとしたが、竜神のお情けで一命をとりとめることになった。

私が海や船が好きなのは、ひとつには旅へのあこがれでもあり二つにはたぶんお客さんからいっとき一人になりたい気持ちでもあり、三つには孤独に近いような数人との未知への冒険心もあるのだと思う。

そんな私も二日も大海を走っていると、岬の陰にかくれた小さな灯りにあこがれて蛾のようにあの灯りの見えるあたりに今夜はアンカーを下ろそうと、地図にも載っていないような鄙びた入り江にはいることもある。今では日本全国そんなところはないだろうが、二十年ほど前は熊野灘あたりのリアス式海岸で随時随所に船を泊《と》め訪うた漁村は、それこそ懐かしいほどの日本が残っていた。

ヒゲぼうぼうわざと破れた半ズボンを履いて、三日も四日も風呂など入らないクサイ男の群れが歩いていくので、村の子どもたちはなにものだというような顔をする。

浦の苫やのような板塀に半分ちぎれたポスターがかかっている。

「キャプテン！　いいものが見つかりましたぞ、どうですこのポスター。〝日活映画『警察日記』主演森繁久彌　小学校講堂にて〟たいしたもんですな」

正直私はちっともいい気持ちがしない。なにゆえか、この閑静な生活を乱してる男のような気から、こっそりと逃げるのだ。

ここらあたりにはラムネがあり、昔のみかん水があり、山の流れがそれを冷やしている。

百日紅の花が美しい。名俳人の俳句に
　百日紅　ごくごく水を飲むばかり
というのがあったが、こんなところで、なるほどとうなずくのだ。

ボートを下ろして井戸水を艇に運び、鎮守の森の神詣でで海路の平安を祈ってどこか旅館らしきものがこの近所にないかときくと、「そんなものはこの浜にはねえ。なんならうちへとまっていけ」と親切だ。そのうちどこから嗅ぎ付けたのか子どもが群れてきた。

「どれだ、どれじゃ」

と薄汚い男どもの前後をちらちらする。そのうちそのひとりが後ろから私を指し、

「これよ、これだがよぉ」

というと、子どもたちは、ワッとまわって私の前に立って、シゲシゲと私の顔を見て、

「コレかて、へえー！　ふつうのオッサンだべえ」とどっと笑う。

全著作
森繁久彌コレクション

月報 5
第5巻
（最終配本）
2020年6月

目次

藤原書店
東京都新宿区
早稲田鶴巻町523

「三生」を生きた人

司葉子

　昭和三十（一九五五）年、私が入ったばかりの東宝で、森繁さんは「夫婦善哉」に出演されました。淡島千景さんとご夫婦という役柄でしたが、私はまだ新人のほやほやで、森繁さんの妹で旧家の若奥さんという大役。豊田四郎監督は巨匠でいらっしゃいましたが、森繁さんにぞっこん惚れ込んで、「繁さん、葉子ちゃんを頼むよ」というような感じで撮影は進みました。この映画は大ヒットしました。

　そして、森繁〝社長〟が率いる明るく楽しい「社長シリーズ」。私も呼ばれて、何作か出演しました。現場に行くと、三木のり平さん、加東大介さんなど四、五人のベテラン俳優さんたちが森繁さんを囲んで、ああだ、こうだと。それを監督が聞いて「それはいただきですね」と言って撮影していく、という進め方でした。「社長シリーズ」の映画の柱というか、喜劇人のつくり上げ方というのが見えて、楽しかった。私は、シリーズ常連の社長秘書、小林桂樹さんの奥さん役を演じました。

　「社長シリーズ」の一方で、森繁さんは、リアルな、シリアスなものもやりたいという希望もお持ちだったのではないでしょうか。「地の涯に生きるもの」という作品をご自分でプロデュースされました。日本の最北端、羅臼で撮影をやりまして、私も出させていただきました。何しろ二日ぐらいかかって汽車で行くんです。海の向こうは国後島。カラスがすごかった。部屋の中にも入ってくる感じ。それから食事は三食ともウニが出て、顔にニキビがぼんぼんできました（笑）。夜が長いので、日が暮れると森繁さんは退屈して自分の部屋へ私たちを呼び、いろんな話をしてくださった。芸の話や教育話も出たり、下ネタも。私たちが耳をふさぐのを面白がっていました。近くにどさまわりの人たちが演じるような小屋があって、そこに出かけてかくし芸などをなさったり。あの「知床旅情」の歌も、夜が長いからできた曲でしょうか。とにかく楽しい毎日でした。

花がきれいな、自然の野原があって、原生花園と言っていたんですけど、そこで撮影したり。それこそ私はレフで目にやけどを負ったぐらい、強い光線の岩の上で撮影したり。「向こうのソ連が双眼鏡で見ているからちゃんとしろよ」と怖がらされたり、思い出の多かったロケでした。

森繁さんとの最初の舞台は、山田五十鈴さんと森繁さんが共演なさった時代劇で、私はまだ若手でした。山田さんと森繁さんの舞台は見事でした。本当に丁々発止。舞台上で火花が散っていましたね。

また森繁さんは若手を引っ張ってくるのがお上手で、お好きでしたね。私も若手の女優としてかわいがっていただきました。東京の舞台では北大路欣也さん、竹脇無我ちゃん、それから歌を歌ってらした西郷輝彦さん。お座敷なんかも連れていってくださるんですよ。このお座敷の森繁さんが、まあ面白かったですね。あの忙しい人が、いつ、どこでこんな芸を仕入れられたんだろうと不思議なほど。芸達者な芸者さん相手に、もう何でもできるの。森繁さんの中には、若手にいろんな芸を伝えたいというのが一番あったんじゃないでしょうか。それでいて若手からも刺激を受けていらっしゃるんですよね。本当にいいおじさまでした。

舞台が終わると必ず、森繁さんの部屋で食事会があって、あちこちからのお届け物なんかをみんなで食べるんですよ。それからお家にも若手を呼ばれて、食事会をなさいました。全国からおいしいものを集めて、京都から豆腐を持ってくる人もいれば、九州から何か届けてくださる人もあり、私を誘う狙いは故郷、鳥取の松葉ガニだったと思いますが、呼ばれるとうれしいからよく行きましたよ。

森繁さんのご実家は大阪の枚方で、お父様が旧家の方で。森繁さんの出生地だからということもありますし、大阪が舞台の映画「夫婦善哉」は代表作ですので、大阪の髙島屋で、森繁さんを偲ぶ「森繁久彌展」をやったんです。「生誕百年」と銘打って、平成二十六（二〇一四）年一月に。私がしなければ、誰もしないんじゃないかという気持ちになりまして、私が監修しました。

読売新聞・読売テレビが主催してくださって、東宝も協力して、大成功でした。オープニングは盛大で、展示もうまくいきました。トークショーには私も出ましたし、黒柳徹子さん、加藤登紀子さんも出てくださって、女優さんはみんな熱心でしたよ。大村崑さん、西郷輝彦さんも。私も、かわいがっていただいたお礼ができたなと。当時は男優ばかり可愛がっていましたが、今となっては、女優の私が居てよかったでしょうと、森繁さんに伝えたい思いです。

打上げは、お葬式に参加できなかった人にも来ていただけるように東京で、帝国劇場の近くのホテルでやりました。私は何か肩の荷がおりたような気がしました。

それから、森繁さんは船がお好きでした。一度、私の郷里の境港へあの船で来てくださいましたよ。ところが残念ながら、待ちに待って段取りしていたんだけれど、主人がその日外国へ行かなければいけない用事ができて、主人と私は抜けざるをえなかったんです。だけど地元の青年たちが大歓迎して、境港でおいしいカニを食べて大騒ぎをしたそうです。

人間「一生」と言いますけれど、森繁さんは「三生」分ぐらい生きた人だと思います。境港まで船で来てくださったこと、とてもよい思い出です。若手の男性ばかりでなくて、私も本当にかわいがってもらっていたんだなと、今思います。ありがとうございました。（談）

（つかさ・ようこ／女優）

森繁先生は凄い人！

安奈 淳

森繁先生……お顔を思い浮かべると、今も心に温かい懐しさを覚えます。

十三年間在籍した宝塚を退団し、外の芸能界など全く知らない私に、本当のおじいちゃん（すみません！）の様に、気さくに声をかけて下さった森繁先生。

〝屋根の上のヴァイオリン弾き〟で次女ホーデルの役を頂き、ただただ夢中で演じていた舞台。まだまだ男役のクセが抜けなくて、さぞや歯がゆい思いをされたと思います。

　私が大好きだったアナテフカの淋しい駅の親子の別れの場面では、いつも泣けて泣けて……。演じる者が本当に泣いてしまってはいけないと判っていながらも、ポロポロ流れる涙を止められないのです。

　お父さんと別れたくない……できるならこのまま大好きなパパの傍にいたい！　森繁先生の瞳をみつめながら歌う私は、完全に森繁ワールドにはまっているのでした。

　それからこんなことも……三女のチャバが恋人と遠くへ去ってしまったシーン。私は紗幕の後ろで、長女ツァイテル達と輪になって踊っています。森繁先生扮するテヴィエは、娘を想い昔を懐しみながら、下手の端の荷車に腰をかけ切々と歌います。〝♪可愛いチャバ……〟とか何とか……。

　ある日、どうしたことか歌詞を全て忘れてしまわれたのです。初めから終わりまで〝♪チャバチャバチャバチャバ……〟誰かが不謹慎にも〝洗たく屋かァ？〟


　又ある時、客席の後方で幼い男の子がバタンバタンと椅子を揺らしている内にはさまってしまい大泣き！　ちょうど大勢の出演者が舞台で芝居の最中です。突然先生は素に戻り〝うるさい‼〟と大声で喝！　舞台も客席も一瞬凍りついた様に……客席係が急いで泣きわめく子供を扉の外へ。しばらく固まった私達は何事もなかった様に芝居を再開したのですが、そんな経験したことのない私は動揺してしまい、後の芝居をどう演じたのか全く覚えていません。大事件でしたが今では笑い話ですね。

　テヴィエ役は素晴らしかったけれど、口ヒゲには相当苦労してらした。日本人だから直毛。中にはクセッ毛の人もいるでしょうが、それでは外国人にならないので何日か毎にパーマをかけるのです。口の回りのヒゲに小さなロールを巻き、何十分かひたすら我慢。そばに居た私に、〝くさいくさい〟。パーマ液の匂いは鼻にツーンとくるのです。かわいそうだった……。

　その頃母は病気で舞台を観ることが出来ず、それを知った先生は何と自作の詩を色紙に書いて下さり私に託されました。母はそれを病室の壁に掛け、辛い闘病生活に希望を見出していたのです。そんな心優しい方は何でも超一流にこなす天才！　中国の漢詩などスラスラとよどみなく口にされ、その記憶力の凄さに驚いたことも幾度か。勿論絵も描き、詩も作られ見事なのです。

私が大病した時にも、多忙の中お手紙を下さり励まして頂きました。どんなに嬉しかったか。私が初めてテレビの二時間ドラマに出演した時、放映されたのを御覧になり一言。〝ヘタクソだねェ〟……その通りです。歯に衣着せぬ言葉は納得することばかりです。

芝居の台本も〝台に本だから、台の上から自分で台詞を起こしていくんだよ〟と言われました。書かれているセリフをそのまま丸呑みするのではなく、自分の言葉にし噛みくだく。今は殆ど長期の舞台で芝居をすることもなくなり歌を中心に活動していますが、先生から伺った様々なお話しは、芝居に限らず私の歌にも生きているのです。

先生から見れば頼りない未熟な私だったでしょうが、今こうして何とか元気に舞台に立ち歌っている私を、天国から先生はどう思って見てらっしゃるかしら？

（あんな・じゅん／女優、歌手）

重念

岩代太郎

「ドドドドーッ」という爆音が、深夜の閑静な住宅街に響き渡る。二階の寝室で寝入ったばかりの私は、すぐさま父に叩き起されて一階のリビング・ルームへと連れ戻された。我が家は狭い狭い隙間風だらけの借家だったが、そこへサイドカー付きの大型バイクが所狭しと横付けされ、颯爽と森繁先生が現れたのだ。突然のご来訪である。

「坊や、乗せてあげるから、おいで」

寝ぼけ眼《まなこ》の私へ優しく語りかけて戴いたが、小学生の私は眠気に勝てず、内心ドキドキしながらも素直になれず、

「バイクには興味がありません」

と即答し、再び寝室への階段を昇っていった。その様子に父は苦笑いしながらも、私の背中に向かって、

「早くおやすみ」

と声をかけてくれた。すると翌日、当時六十代半ばの森繁先生が、

「小学生のように悄気《しょげ》ていたぞ」

と父から聞かされた。これが私にとって、最も古い森繁先生との想い出である。

約十年後、大学生になった私は、父と共に森繁先生が座長を務める舞台公演を観に行った。終演後の楽屋へ伺うと、大勢の関係者や役者らに囲まれた森繁先生が、手招きして私達親子を呼び寄せてくれた。

「浩《こう》ちゃん、浩ちゃん」

日頃から先生と親交が深かった父・浩一は、いつも「浩ちゃん」と親しげに呼ばれていた。そんな父が、きっと前もって私の事をアレコレ話していたのだと思う。先生は「待ってました」とばかりに、

「天才君、よく来たな」

と、東京藝術大学に在学中だった私へ、満面の笑みを浮かべながら話しかけてくれた。周囲の視線を一気に集めたようで、私はとても恥ずかしかったが、それでも勇気を振り絞り、長年に渡る心の蟠《わだかま》りを打ち明けることにした。

「先生、私が小学生の折に、せっかくバイクへ誘って戴いたにもかかわらず、不愛想にお断りした事を未だに大変申し訳なかったと心から後悔しております」

実は数週間前のある日、長年ずっと気にかけていた後悔を何気なく父に告げると、

「それじゃ、先生の所へ謝りに行くか」

と呆気なく連れて行かれたのだ。だが、まさかこんなにも多くの人々に囲まれての懺悔になるとは想像だにしていなかった。ともあれ、楽屋を出る頃には胸の閊《つか》えも取れ、清々《すがすが》しい想いで父との夕食を銀座にて満喫した。

その後も時折、父に連れられて先生のご自宅へ伺っている内に、作曲家として御一緒させて戴ける御縁を賜わることとなった。三十歳を過ぎた頃、私が委嘱された交響曲の為に、新たな「詩」の執筆と、合わせて初演時の朗読を、怖いもの知らずの勢いにまかせて先生にお願いしたのだ。このプロジェクトを主催したテレビ朝日のスタッフも、私がコンサート企画を立案しプレゼンテーションした当初は、

「本当に森繁久彌さんが執筆依頼、さらには出演依頼まで受けて下さるのだろうか」

と半信半疑だったが、父の尽力もあり、いざ蓋を開けてみれば、快く二つ返事でのご承諾を賜った。

　約半年後、東京のサントリー・ホールと大阪のフェスティバル・ホールにおける二公演で、先生はオーケストラとの初演を大成功に導いて下さったのだが、このプロジェクトの制作中に、私は生涯忘れられない貴重な教えを先生から乞うこととなった。

　いよいよ交響曲に着手する直前のタイミングだったと思う。先生のご自宅で打ち合わせをしていた折、

「太郎くんは、『重念《じゅうねん》』という言葉を知ってるかね」

と問われた。先生曰く、舞台芸術には『重念』という概念、すなわち流れが最も大切なのだとお話しになられた。例えば一人の役者が、

「アナタは何時《いつ》、旅立たれるのか」

との台詞を語った時、その台詞を受けた役者が、

「明後日、旅立ちます」

と返せば、この時「何時《いつ》」という言葉と「明後日」という言葉に『重念』が宿る。この『重念』という流れが、どんなに数多くの役者が舞台に上がろうが、どんなに複雑な物語が展開されようが、一筋の如く貫かれているかどうかこそ、舞台芸術の完成度を高める上で、最も大切なのだと述べられたのだ。そして矢継ぎ早に先生は私へ問うた。

「交響曲にも『重念』という概念・流れは在りますかねぇ」

　私は言葉を失った。人生において、深く意味のある問いであると直感的に感じ取り、何度も自問自答したが、結局ろくな返答も出来ぬまま帰路に着いた。

「音楽における『重念』とは、如何なるものだろう」

　私は作曲家としての約三十年間、幾度もオーケストラの為の大作を手掛けてきたが、その度に森繁先生から問われた『重念』を想い浮かべてきた。一人の演奏者が奏でる調べを、次なる演奏者が受け継ぎながら更なる調べを奏でる。やがて八十人もの演奏者が「ひとつの流れ」を貫き響かせた時、私はその響きの中で、「森繁久彌」が現れたかのような幻影を感じるのだ。

　先生とのオーケストラ公演を終えた数ヵ月後、私は月刊誌上でのロング・インタビューを受けることとなった。すると、聞き手のベテラン女性ライターから、このインタビュー取材に先駆けて、何と森繁先生から事前の談話

を賜っていると聞かされ、心底驚き恐縮した。

「太郎くんは、人間が遥か太古に忘れ去ってしまった大切なモノを、心に抱いている人物だと思っています」

亡き父が敬愛してやまなかった森繁久彌先生から、息子である私が授かった『重念』は、私の作曲活動における礎として、今もしっかりと心の奥に刻まれている。


（いわしろ・たろう／作曲家）

黒澤映画と〝社長シリーズ〟

黒鉄ヒロシ

対談場所となったホテルの一室で待ち構えていると、森繁さんはお付きの女性の押す車椅子で定刻に現れた。

少し不機嫌そうだなーと感じたのは当方の緊張感の所《せ》為《い》で、森繁さんの醸しだす単なる威厳であった可能性の方が高い。

いざ〈対談〉は始まったが、進行は当方の一方的な質問となって、カタチは完全なインタヴュー。

森繁さんの答えは全てに目鼻立ちがしっかりとしていて、ヘソまで見せてくれるサーヴィスに聴く方はたちまち酩酊状態。

森繁節は話芸の域を越えて、まさに魔術か魔法の世界。話は自然に「社長」シリーズへと流れる。

唐突に口走った当方の「スラバヤ殿下」という言葉に森繁さんが反応した。

森繁扮する社長以下の例のメンバーが、スラバヤなる国のスラバヤ殿下を接待するというストーリーだが、ナンセンス度、荒唐無稽度、いや、いっそシュールかアナーキーとさえ言っても良い程にふっ切れた内容で、観た当時は幼少であったクロガネ少年の背中を、〈真面目は不真面目〉なる方向に押した作品であった。

身を乗り出して、声のトーンも変わった森繁さんが言う。

「凄いでしょ、映画の作法というか、形式、文法というか、無視して、やりたい放題の解放の極――」。

「云わば、黒澤映画の対極にあるというか」

合いの手のつもりの当方の言葉が森繁さんの壺にはまったようであった。

「へえェ、あのネ、『社長シリーズ』の上《あが》りをね、ぶち込んでつくったんですね。ですからね、黒澤映画は我々がつくったといっても良い、スラバヤ殿下がつくったと言っても良いんですよ、アータ」

話の流れは公式の対談、いやインタヴューから、私的というか、単なる雑談、いやいや、東宝と黒澤映画の悪口になってしまった。

きわどいからこそすこぶるに面白く、語る森繁さんも止まらなくなって、予定時間の半分近くを、このバレ噺が占めることになった。

担当の編集者も、眼には涙、口元にはよだれの笑いの放心状態にあるのだが、記事として発表できる内容ではない。

予定時間をオーバーした頃、事態を察知したらしい森繁さんは普遍的な話で締め括り「いや、楽しかった、じゃ、この辺りで」と車椅子を動かした。

出口に向う森繁さんが当方を振り返って、軽くウインクをしたのち、姿を消された。

残り香というのか、森繁ワールドの余韻の中でウインクの意味を考えた。

「記事にしちゃ、駄目よ」

森繁さんも、黒澤さんも亡き今、さわりの部分をここに開陳した次第であります。

シェークスピアの言葉ではないけれど、〈綺麗は汚い、キタナイはキレイ〉〈真面目は不真面目〉。

さらにシュール度を強めれば〈森繁は黒澤、クロサワはモリシゲ〉。

（くろがね・ひろし／漫画家）

最後の蔭のパフォーマンス

上條恒彦

一九八一年の「屋根の上のバイオリン弾き」は、六月の名古屋に続き、七月、札幌・仙台・新潟・柏崎・金沢と巡る旅公演の年だった。総勢百人を超える大所帯の旅である。役者は舞台準備の作業がないので、観光だ、散策だと空いている時間を楽しんだ。

新潟では、森繁さんのお供で料亭に招かれた。料理もベテラン芸者衆の行き届いた心配りも、これが一流というものなのだと感心させられた。その芸者衆が佐渡おけさを踊った。胸のすくような見事な踊り。なるほどこれは若い芸者には踊れまいと納得がいった。

ややあって浴衣姿の森繁さんが登場した。噂に聞いた座敷芸であるらしい。

浴衣の尻を端折り、軍配に見立てた団扇を返すと、土俵上はもう激しいぶつかり合い。ガップリ四つの力相撲の末、殆んど同体で勝負あり。判定は難しいが、行司は自信を持って軍配を上げる。すかさず物言いで、審判員が土俵へ。大男たちに囲まれて口を出せない行司。協議の結果「差し違い」。行司は勝者を差し直し、一礼して土俵を下りる。下りながら問題の土俵際にもういちど目線を送る。

もう笑いに笑った。芸者も役者も主催のお偉方もみんな笑った。笑いながら私は、役者の底力というものを感じていた。酒席でのたった三分ばかりの小芝居とはいえ、手を抜いた小細工ではないまっとうな芸を演じられたのだ。頭の下がる思いだった。

柏崎市民会館は古い素敵なホールだったが、残念なことに楽屋が足りず、我等料亭組が森繁さんと同室になった。こちらは恐縮しているのに座長はいたってご機嫌で、いつもより饒舌になっている。四回のうちのどの回だったか、開演五分前のコールが入り、衣装係と付き人に急かされて、支度の仕上げにかかったところで詩の朗読が始まった。朗読はお好きでいつものことだから、だれも気にもとめなかったが、どうもいつもと様子が違う。どうやら長いと評判に聞く土井晩翠「万里長城の歌」らしい。少し高いトーンのお声で七五調の詩を流れるように詠んでいく。明治中期の叙事詩であるから聞いていても殆んど理解できない。しかし座長はすっかり入り込んで朗々と続ける。シャツのボタンを止めさせながら続ける。時計を手に催促に飛び込んで来た舞台監督も口を差し挟めない。もう支度は完全に終っているのにメークを直しながら鏡の前で詠み続ける。どうやら詠み始めたら終りまで止めるわけにいかないのであるらしい。とうとう定刻が過ぎ、とてもつき合いきれなくて我等はひと足先に舞台に上がったが、どのくらい遅れて幕を上げたのだったか。

それで森繁さんは全篇詠み了えられたのだろうか。友人が古書店で探してきてくれた岩波文庫「晩翠詩抄」を開いて、行数を数えてみた。叙事詩を行数で計るとは、距離を量りにかけるようなものだが、一応の目安にはなる。「荒城の月」と同じ七五調だが、更に七五音加えて一行にし、七番二十三連全部で実に一〇二行。読むだけでも気の遠くなるほどの量である。座長はこれを本当に諳んじたのだろうか。いや諳んじたのでなければ人前で朗詠などするわけがない。恐らくお若い頃、北野中学か早稲田の頃、頭に刻み込んだのではなかろうか。それにしてもこの時森繁さんは六十八歳。突然思い立っての一〇二行、開演時間の迫るなか思い出すようなそぶりも見せず淀みなく朗詠し通してしまう。驚くべき記憶力である。

森繁さんはあの後、引き出しにいくつも収ってあったという座敷芸を披露する機会があっただろうか。晩翠の朗詠は？　時代は変わり、森繁さんも大きくて重い賞をお取りになって役者としてはご不自由な思いをなさったのではなかろうか。もしかするとあれが、名優森繁最後の蔭のパフォーマンスだったのかも知れない。

（かみじょう・つねひこ／歌手・俳優）

文士の作法——作家・森繁久彌

富岡幸一郎

全五巻に及ぶ著作集が刊行されることからわかるように、現代演劇人として初の文化勲章を受章した森繁久彌は、堂々たる文士である。文士などという言葉はいまどき、そう用いられはしない。

むかし鎌倉文士と呼ばれた一群の文学者たちがいた。昭和の初め頃に古都・鎌倉に集ってきた物書きたちであり、川端康成、小林秀雄、林房雄、大佛次郎、久米正雄、里見弴、高見順、と名前を挙げられよう。ただし、鎌倉に生れ、育ち、死んだ文士といえば、三代将軍で歌人の源実朝公ぐらいのものである。「文士」なる響きには、生れ育ち・氏素性よりも、「弓矢の家に生れたるものは名こそ惜しめ、命は惜しまぬぞ」（『太平記』）という武士の独立自尊の精神が息づいているかどうかだろう。もうひとつこれと関わるが、戦争体験者である。戦後生れのアプレゲール以降の世代からは、どんな著名な作家でも文士の称号は似合わない。

森繁久彌は、まさしく文士である。氏素性からいって も、父親は関西政財界の重鎮としてならした菅沼達吉で あり、その叔父が『柳橋新誌』の成島柳北である。この 全著作の一巻には「大叔父・成島柳北と父・菅沼達吉の 生涯――森繁久彌の原点」という一文が収められ、それ を読んでいただければよいが、森繁自身が幕臣の末裔で あることを自覚していたのはあきらかだ。

さらに『森繁自伝』を読めば、この不世出の人が、戦前の（明治維新以降のといってよい）最も豊饒で自由な時代に青春期を生き、そして満洲・新京で敗戦を迎え、筆舌に尽し難い苦難を味わったことがわかる。祖国を失うということの奈落で、何を、どう体験したかである。独立と矜持の精神、まさに武士の魂は、国破れしなかの流血と屈辱からこそ生まれる。

こうした来歴からも、森繁久彌の書き遺した厖大な文章の背後にあるものの力、その源泉がわかる。しかし、その文士たる所以は、何といっても書かれた文章そのものである。

『森繁自伝』の巻頭を見よ。「八月十九日。／私は九人のソ連兵を後に従えて歩いた」。そして、「大陸に秋の気配の来たことを知らすのはまず空の色だ。この先には海がある、と思わせるような清澄な高い空から、銀まぶしの陽光が乾燥しきった街路とアカシアにはねかえっている。／ときどき背中をタラタラと汗が流れるのを感じた」。

何という緊迫感に充ちた、そして美しい運筆であろう。敗戦という未曾有の現実。ソ連兵による暴虐。先程、「筆舌に尽し難い」と書いたが、作者はここでほとんどそれを「尽し」ている。悲劇の到来を前に、大陸の「空の色」に「この先には海がある」と感じ、その言葉のなかに、生きることの希望と勇気が全てこめられている。月の美しい玄界灘。帰国しての日々。紀州の大地震、津波という「ものすごいやつ」。どんな出来事も、どんな辛い話も、生き生きと物語る言葉として綴られていることには驚く他はない。悲劇が喜劇となり、どんな笑いも深い哀しみの味わいを伝える。文は人なり、とはまさに森繁の文章そのものを現わしているように思う。

『森繁自伝』だけではない。第二巻の「芸談」の文章も、ひとつひとつが短篇小説を読むように滋味深く、心踊る。「交友録」もその広さと多彩さは、近代日本の芸能史であり、文字通り貴重な歴史の記録であるが、「志ん生、圓生との旅」（ＮＨＫアナウンサーとして満洲の新京中央放送局に勤め、満洲電信電話社の巡回公演に志ん生師が来て案内をする話）などは、ほとんど掌篇小説である。こんな〝芸〟のある作家は、そうはいない。今日では、なおさらである。

《終戦とともに、アメリカニズムは日本全土の日本人の皮膚にペンキのような文化を塗りつけたが、いや沁みこませたのかも知れぬが、なかなかのしつこさで浸透し、それがどうやらこのごろに至ってその一番悪い結果をボツボツ生み始めてきたようだ。／＝unity＝字引には単一性とか、一致、一様という字が見える。つまりこのユニティこそアメリカの特産で、カサブタみたいに日本人の皮膚病になったかの感である》（第二巻「ああ、役者とは」）

戦前、かつてたしかに作家が「文士」と呼ばれた時代があった。筆者も鎌倉に住み四十年、鎌倉文士の足跡を辿ることはあっても、もはや生身の文士に出会うことは金輪際ないだろう。だから、森繁久彌のこの著作集のなかに、まぎれもない一人の作家、凜々たる文士を発見することは、この上ない楽しみである。

（とみおか・こういちろう／文芸評論家・鎌倉文学館館長）

父のこと

森繁　建

父はホテルより旅館が好きで、父の寝室は畳でした。畳に敷かれた布団の枕もとの両脇には、いつも様々な本が数冊ずつ積んでありました。また朝は、主要新聞七、八紙を寝ながら仰向けのまま広げ、全てに目を通すのが日課でした。

こう書くと活字好きと思われますが、活字好きというより無類の好奇心の持ち主、という方が当たっていると思います。枕元の本もおそらく、新聞の最下段の広告の中から見つけ購入したのでしょう。

加えて毎週数種類の週刊誌、毎月『文藝春秋』、『中央公論』、『小説新潮』、『群像』、『オール讀物』と、批評家か文学を生業としているような人以外では購入しないような量の本が、地元の本屋から届きます。それは昭和二八年頃からで、当時すでに毎年十本以上の映画に出演し、特に昭和三十年には「夫婦善哉」で俳優として不動の地位を固め、益々多忙を極めた年代です。私たち家族ともあまり会う機会のなかった父が、いくら好奇心が強いといってもこんなに本が読めるものか、もったいないないと思っていました。しかし父は読んでいたのです。

昭和三十四年十二月号の『オール讀物』に掲載された、動物文学で著名な戸川幸夫氏の中編小説「オホーツク老人」を見つけ、読み終え感動した父は、直ぐに東宝に映画化を進言しました。当時東宝では、翌年の制作計画は組み終わり割り込む余地はない状況でした。どうしても映画化を実現したい父は、自主製作を決意し、この映画製作のために、森繁プロダクションを設立しました。

年が明けると直ぐ、全く未知の地、知床半島に赴き、父は撮影を始めました。原作を手にしてからわずか十か月という異例の速さで完成にこぎつけ、昭和三十五年十月に映画「地の涯に生きるもの」の封切りにこぎつけました。後年全国で歌われるようになった「知床旅情」は、ここで生まれたのです。

父の寝室の隣には、四畳ほどの書庫があり千冊位の蔵書がありました。父の没後、世田谷文学館に寄贈しましたが、今でも家の書架には、父愛用の『辞海』、『広辞苑』、『大辞林』、『新明解国語辞典』、『成語林』、『現代実用辞典』、『漢文名言辞典』に加え、『隠語大辞典』等という普通の人は購入しないような辞典まであります。それぞれの辞書には、ティッシュやメモの切れ端が挟んであり、懐かしくて取り除けられません。

辞書群の上の棚には、愛読の詩集が並んでいます。大木惇夫『戦友別杯の歌』、土井晩翠『万里長城の歌』、三好達治『御霊を故山に迎ふ』、萩原朔太郎『利根川のほとり』、オマル・カイヤーム作、矢野峰人訳の『ルバイヤート』集成「何地よりまた何故と　知らでこの世に生まれ来て　荒野を過ぐる風のごと　ゆくへも知らに去るわれか」等、幾編かの好きな詩は暗誦しており、酒を呑みながらよく聞かしてくれた父の声が今でも深く耳に残っています。これらの詩を読むことも好きでしたが、父も多くの詩を作りました。九十歳の平成一五年発売された最後のCD「森繁久彌望郷詩集」は父の愛誦詩集ですが、巻頭にはその時作った自作の詩が収録されています（本巻所収「四季の詩」）。

父の好奇心を満たすのは、活字ばかりではなく人の話もよく聞きました。老若男女を問わず、自分の目の前に来る人の話に真摯に耳を傾ける姿を良く目にしました。それは俳優と言う仕事柄、日ごろからあらゆる場面で情報を吸収しようという役者根性は間違いないでしょうが、そればかりではなく自分の知らない事を知りたいと思う気持ちが強いからだと思います。その「好奇心」と深い関係にあるのは「吸収力」ではないかと思います。父は大変耳が良かった。若い頃悪性の内耳炎を患い大手術をしたため、左耳の聴力は弱かったのですが、絶対音感に近い、音を聞き分ける力をもっていたように思います。

例えば日本各地をロケなどで訪れた時、わずかの期間でそこの方言を吸収して帰って来ると、その特徴を真似してくれました。私が不思議に思うのは、早稲田に入学する一八歳位まで大阪に住んでいましたので、当然大阪弁は身体に染みついているはずですが、映画や芝居の役以外の場では、公私を問わず父の発する言葉に一切大阪弁のアクセントもイントネーションも感じたことはなく、完璧な標準語でした。これも耳の良さから来る吸収力と同時に正確に、それを消化している証拠ではないかと思います。

父の耳と目を駆使して吸収した様々な知識の該博さは半端ではありませんが、やはり重要な事はただ吸収するのではなく、いかに消化してそのエッセンスのみを蓄積する能力があるかではないでしょうか。

一方では蓄積の半面、『済んだ事は忘れろ』『過去は振り返らない』『貯めない・溜めない』が父の信条です。子供の頃相当な失敗やいたずらをして叱られた事がありましたが、説教の後「判ったか！」といわれ「判りました」と言いますと、「判ったならもうおしまい！」と言って、後はどんなに高価なものを割ってしまったりしても一切引きずりませんでした。

「失敗は忘れろ！　しかしそれで得た教訓は忘れるな！　建殿　父」

と書かれた色紙が、今でも私の手元にあります。

「夫婦善哉」は父の代表作の一つです。ある時テレビで再放送されるので、父に「今日『夫婦善哉』がありますから見ましょう」と言いましたら、「見ない。そんな済んだものを見てどうするんだ」の一言。

父の根底には、芝居があります。その日の演技が自身の全て。「昨日咲いた朝顔は、今日咲かない」「今日咲いた朝顔は、明日咲かない」という静かな言葉の中に、父の生き方があるような気がします。

『貯めない・溜めない』。私たちは、昭和二十二年十一月満洲から、祖母と家族六人、佐世保に上陸し、父はお国から一人千円、都合六千円の支給を受けました。以来父はことある毎に、「自分は六千円から再スタートした。だから死ぬ時は六千円持っていれば良い。お前たちに財産は残すつもりはない」と口にしていました。

実際につまらない遊びにお金を使う事はなく、海が好きだった父は、まだそれほどポピュラーでなかったマリンスポーツの基地としてヨットハーバーを建設し、日本最大のヨットを建造し、瀬戸内海に島を買ったりしました。八十歳の時、イタリアのクルーザーを購入し、日本一周を果たしました。父の好奇心は尽きる事無く、そのためには惜しげもなく使いました。世に言う財産は残しませんでしたが、お陰で子供の頃から、お金では決して得られない様々な経験をさせて貰いました。

父が好奇心によって得た知識と経験は、膨大なエッセンスとして蓄積し、役者という与えられた様々な形で放出の場を得ましたが、一方、自らの力で文章によって表現することに目覚め、多忙にもかかわらず、昭和三十二年『週刊読売』に半年の連載を続け、その後『こじき袋』として初の出版をしました。以来四十年間、父のペンは止まる事なく八十六歳まで書き続け、二三冊の随筆集を上梓しました。『貯める・溜める』ことの嫌いな父は、全てを書くことによって吐き出したのです。

父が逝き数年経た頃、藤原書店藤原良雄社長とのご縁を頂き、このまま絶版で終わらせるにはあまりにも惜しい、何らかの形で復刻し後世に残すべきとの有難いお話を頂きました。着手してから五年以上の歳月と多くの方々のお力によって昨年十月、父の没後十年を記念して第一巻を発刊して頂きました。本年六月無事最終巻が刊行され完結するにあたり、藤原良雄社長はじめ関係各位に衷心より感謝申し上げる次第です。

また私たち子孫に、使いきれないほどの知識と、汲んでも尽きぬ思い出、という「財産」を残してくれた父に、心より感謝します。

令和二年五月

（もりしげ・たつる／森繁久彌子息）

私たちは雲行きが怪しいのにあわてて出帆する。案の定夜にかけて熊野灘は、名にしおうシケとなる。

私たちは必死で艇を操り有名な紀州勝浦に避行する。細々とした灯台が唯一のたよりだ。散々翻弄されたあげくのはて、静かな湾内に入ると、なんと海辺の旅館からは芸者ワルツが大きな声で聞こえてきて、ここは別天地であった。

故里を求めて
今日も小舟ゆく
雨や嵐の黒い海
すぎれば雲また月が出て
小舟にこぼる銀の波

Ⅲ　森繁久彌の詩

人は何もわからなく生まれ
人は何もわからなく生き
人は何かわかったような顔で死ぬ

詩

四季の詩

櫻咲き
櫻は散り
椿咲き
椿も落ち

春は名のみと
過ぎ逝けども
何にためろう
惜情や
かげろうのごと

菜の花の
黄色消えたる
麦畑
麦のみ青し

霜の朝
踵もて
踏みし早苗や
いま見はろかす

この青に夕ひばり
　声のみ高し

長雨の
けむる路なか
人はだのうつり香
重く漂ふ

　路《ろ》じおくに
　何焼くや
　横に流れて紫の
　しとしとと
　雨にうたるる

唐蟬の

うすき羽
ありやなしやと
うちふるえ
海光る

海のごと大らかに
海のごとやさしく
海のごとまた
我ままでもありたし

鳶舞えど
砂浜に
早や人群れのなし
風のみはげし
草原の草の葉に

紅光る

この風のごと
生まれ来て
この風のごと
去る命
いまさらに
何にわづらう

名月やと
謳いてその月も
うそ寒く
紅葉あせたる木の葉の
枝ごとにはかなき旅

からからと
舞う音や
白き小骨の
壺になるに似て
小枝のみ
群青のさ中にけわし

行く水の
音もせで
今しばしとめなんと
うすごおり見たれども
天然の理も悲し
水底の魚どもねむる

氷雨たたく

街角に
あわただし
今日もまた
生きとし
生ける
人人人

冬まつり

雪山の雪の明りの冬まつり
あのこは何処へ行ったやら
月のワ熊もリスもこい
うさぎ　いのしし　つぐみもこい
酒はたんまり進ぜよう
栗や椎の実どんぐりこ
土産もどっさりもってこい
　雪山の雪の明りの冬まつり
今夜は風も無さそうな

里の灯も雪が止んだらチラつこう
くぬぎ林は道もない
キラリ舞い舞う白や白
今日をいのちと降りしきる
シンシンシンシンコと降りつもる
誰も知らない山の夜
　雪山の雲の明りの冬まつり
うさぎのランプが消えそうな
リスめのちょうちん消えそうな

雪

雪は降る
すべてを
白くしようと

雪は降る
悲しく降る

黙って天に背きて
雪は降る

1989年11月創立　1990年4月創刊

月刊
機

2020
6
No. 339

一九九五年二月二七日第三種郵便物認可　二〇二〇年六月一五日発行（毎月一回一五日発行）

発行所　株式会社 藤原書店©
〒一六二-〇〇四一　東京都新宿区早稲田鶴巻町五二三
電話　〇三・五二七二・〇三〇一（代）
FAX　〇三・五二七二・〇四五〇
◎本冊子表示の価格は消費税抜きの価格です。

編集兼発行人
藤原良雄
頒価 100円

「新型コロナ・パンデミック」の状況下、ウイルスと人間との関係を問う。

ウイルスとは何か

村上陽一郎氏　中村桂子氏　西垣 通氏

WHOが新型コロナ禍にパンデミック宣言を発して三カ月経つ。現在も日本での緊急事態宣言は解除されたが、まだまだ続行中である。「ウイルスvs人間」「ウイルスとどう闘うか」……などの文字がメディアに躍る毎日だが、そもそもウイルスとは何であり、人間とどのような関係にあるのか。今月は、ご専門の違う三人の専門家にご意見をうかがった。〝生命誌《バイオヒストリー》〟のパイオニアの中村桂子氏、科学史という視点から村上陽一郎氏、AI（人工知能）とウイルスという視点から西垣通氏に寄稿をお願いした。　編集部

● 六月号目次 ●

ウイルスと人間の関係の長い歴史

生命誌研究者　中村桂子

ウイルスとは何か

二〇二〇年の年明けには、日本人の多くが「今年はオリンピック・パラリンピック開催で外国から大勢の人が来日する、賑やかな年になるだろう」と考えていたのではないだろうか。それが、中国武漢に始まった新型コロナウイルス感染がまたたく間に世界へと広まり、世界保健機関（WHO）が〝世界的大流行（パンデミック）〟と宣言するまでになったのである。海外との往来はおろか、近くのレストランへ行くことさえできなくなろうとは、予想もしなかったことである。

今年の予測のもう一つは、人工知能（AI）などの新技術で外出先から家電製品が操作できる便利な社会になるというものだった（5G社会）。ところが新型コロナウイルスへの対処としては、一人一人が石鹸でていねいに手を洗うことが最も有効であり、実はそれ以外によい方法はないのである。専門家がつくった機械が何でもやってくれることがあたりまえになっているところへ、自分の身は自分で守る以外にないというメッセージが出されたわけだ。

この事態は、実は私たち人間が生きものであるという事実から生じていることである。本稿の役割は、この事実を具体的に考えることである。数千万種とも言われる多様な生物の中で、人間だけは技術開発によって文明社会を産み出し、自然界に存在する敵から守られた形で生活している。人間を死に追いやる天敵は、病原微生物（ウイルス、細菌、真菌、原虫）だけと言える。その一つであるウイルスが今回猛威を振るっているわけで、そもそもウイルスとは何者なのかということを見ていきたい。

「動きまわる遺伝子」

ウイルスは、通常病原微生物の仲間に入れられるが、生物とは呼べないというところから始めよう。私はこれを「動きまわる遺伝子」と捉えている。生物は細胞からできており、栄養分をとり入れて増殖、分裂する能力を持っている。実は細胞の中には遺伝子としてDNAが入っている（総体をゲノムと呼ぶ）。この

DNAがその細胞の性質をきめるので、そこにあるDNAによってヒトはヒト、イヌはイヌとなるのである。ウイルスはその遺伝子部分だけを、脂質から成る殻で包んだものなのだ（遺伝子は壊れやすいので）。それが他の生物の細胞の中に入り込み、その力を利用して自分を増やしていくのである。この時入り込まれた生物（宿主）に炎症が起き、新型コロナの場合肺炎から死につながる。

ここで、生物界でのウイルスを考える立場として、どうしても触れなければならないことがある。先に「動きまわる遺伝子」と書き、DNAとしなかったのには理由がある。コロナウイルスの遺伝子はRNAなのである。細胞では、遺伝子は必ずDNAであり、その指令の下ではたらく係としてRNAが存在するのだが、ウイルスの場合、子孫に性質を伝える役割をする遺伝子がRNAである仲間が存在する。実は今、地球上に生命体が誕生した当初は、RNAが遺伝子の役割をしていたのではないかという考えが強くなっている。ウイルスにはその頃の生物界の姿が記録されているのかもしれない。

このように見てくるとウイルスは、生物界全体、さらには四〇億年近い生物の歴史の中で、非常に興味深い存在であることが分かる。ところで、「動きまわる遺伝子」であるウイルスは、普段は人間を含むさまざまな動物の体内で静かにしているのだが、時に他種に感染して病気を起こすのだ。コロナは自然界ではオオコウモリにいたものだとされる。

紙幅が尽きたので詳述はできないが、「動きまわる遺伝子」の仲間として、細胞のDNA（ゲノム）内にあってその中を動くトランスポゾン、細胞内で動くプラスミドがある。そして細胞外へと出ていくのがウイルスというわけだ。このように「遺伝子」という基本物質（であると共に情報）が動きまわることによって、進化の促進など、生物のありように大きな影響を及ぼすことがわかりつつある。

事実、**哺乳類の子孫誕生に不可欠な胎盤機能に関わる遺伝子が、ウイルスによって運び込まれたことが知られている。**病原体としてのウイルスとは闘わなければならない。しかしそれと同時に、**現在の科学技術一辺倒での闘いに偏らず、長い生命の歴史の中にあるウイルスと人間の関係を意識して、我々が生きものとして生きることの意味を考えることが重要であることを指摘したい。**

新型コロナウイルスが起こした不安定な状況の一刻も早い終息を願いながら、そう考えている。

ヴィルスとの付き合い

科学史家　村上陽一郎

ヴィルスと聞くと、反射的に「濾過性病原体」という言葉が浮かんでくる。父親が病理医だったので、戦前すでにこの表現にはなじんでいた。ヴィルスがすべて「病原体」であるわけではないが、人間との関りで言えば、ヴィルスは圧倒的に病原性である。もっとも、私が最初にヴィルスという言葉を本格的に知ったのは、タバコモザイク病ヴィルスで、ヒトの病原体ではなかった。もともと「濾過性」という概念も、このヴィルスの研究から始まった。スタンレイ（W. M. Stanley, 1904-71）が、一九三五年にこのヴィルスを単離した挙句、桿状の結晶として取り出すことに成功したことは衝撃的だった。生き物と思われていたものが、単なる化学物質であったのだから。スタンレイは、この仕事を主として一九四六年ノーベル化学賞を受賞している。

次に出会ったのが川喜田愛郎先生の名著『生物と無生物の間』（岩波新書—青版）であった。これが名著であることは、今古書市場で、一万円を超える高値で取引されていることだけでも明らかだろう。この本は文字通り、学生時代の愛読書の一つであった。余計なことだが、今世の中によく知られている生物学者F氏の最初の一般的著作は、この書のタイトルをそっくり戴いて、最後の一字を平仮名にしただけのもので、私としては今でも納得していない。

ヴィルス感染症克服の歴史

さて、ヴィルスが原因となる主な感染症は、歴史的に見れば、天然痘であり、スペイン風邪のインフルエンザ、小児麻痺の名前で知られたポリオであろう。そのほか狂犬病、日本脳炎などが歴史の中で伝統的なヴィルスを病原体とする感染症だった。いずれも人間の社会が長く付き合ってきた病気で、そのなかで、人類は十分有効と思われるワクチンを生み出してきた。したがって、これらの感染症に関しては、原則的に克服してきた、ということができる。ただ、インフルエンザだけは、異型が出易く、そのために、他のヴィルス性の感染症のように、定まったワクチンを開発できない上に、終生免疫が得られないため、克服とは言い切れない状態が続いている。

　もっとも家畜業者にとって、大きな関心事である豚熱（豚コレラの俗称で知られる）も伝統的なヴィルス性感染症である。私事に亘るが、私の伯父中村稕治は戦前の朝鮮半島で、豚コレラをはじめ、牛疫、ニューカッスル病（野生、家禽のトリ一般の感染症）などのワクチンの開発に従事していたし、日本に戻ってからは、現在家畜関係のヴィルス性疾患のワクチン製造の主要な役割を担っている、日本生物科学研究所の設立に尽力した。こうした家畜のヴィルス性感染症のなかには、ヒトには感染しないとされているものもあるが、ヒトの感染症では、動物が媒介するものも少なくないし、「人獣共通感染症」も数多いので、農学（獣医学）との連携は、この分野では必須である。なお、私のような世代の人間にとっては馴染み深い「法定伝染病」という言葉は、今は家畜関連においてのみ存在し、ヒトの場合は、結核予防法やエイズ予防法なども一括して、新たに制定された「感染症法」（略称）によって、詳しく、細かく類別された「指定感染症」類が規定されている。

新しいヴィルス感染症とヒト

　話を戻そう。ところが、ここ半世紀ほど、新しいヴィルス性の感染症が次々に出現したのである。最初の衝撃はＨＩＶを病原体とするエイズであった。人間の免疫系の細胞に働きかけて機能不全を惹き起こす厄介な病気である。鳥インフルエンザは、養鶏業者にとって脅威であるばかりでなく、ある異型はヒトにも感染し蔓延する可能性を孕むものとして注目されている。そして二一世紀に入って相次いだＳＡＲＳとＭＥＲＳという二種類のコロナ・ヴィルスによる感染症、そして今日の新型コロナ・ヴィルス（COVID-19）である。このヴィルスは、その「生き方」（そもそもヴィルスは「生き物」ではないが、「生き物」の中では「生き物」のように振舞う）が極めて「賢い」のが特徴のようだ。例えばエボラ出血熱は、余りにもヒトの致死率が高く、患者が移動する前に死んでしまうので、広がり難い。パンデミックを起こさない理由はまさにそこにある、と考えられている。

　しかし今回のヴィルスは、感染率は非常に高く、致死率はほどほど、これが「生き抜く」ための戦略としては、有利に働いている。こうしてみると、ヒトの側からみて、ヴィルスがどのような特徴をもっていようと、いずれも、厄介な相手であることに間違いはないことになる。この戦い、どう見通しをつけるべきか。

コロナは計算機《コンピュータ》と人間を区別する

東京大名誉教授・情報学　西垣　通

ウイルス防止策はどこに

「ウイルスを防ぐにはどうすればいいんでしょう?」という質問をときどき受ける。ほとんどの場合、コンピュータ・ウイルスのことなのだが、最近はそうでもなくて、世界中を恐怖に陥れている新型コロナ・ウイルスを指すこともあるから注意が肝心だ。言うまでもなく、両者はまったく別ものである。

コンピュータ・ウイルスというのは、0/1のデジタル情報の塊からなる有害プログラムのこと。通常のプログラムは製作者やユーザの意図にそった作動をするのだが、コンピュータ・ウイルスは無断で他のコンピュータのメモリにそっと忍びこみ、ユーザにとって困った悪戯をするプログラムなのだ。大事な情報を盗みだしたり、コンピュータを作動不能にしたり、妙な情報を出力したりする。

一方、コロナのような本物のウイルスは、人工物ではなく生物の一種である。――というと反論が出てくるかもしれない。よく細菌（バクテリア）と混同されるが、ウイルスは細菌よりはるかに小さいし、生物の細胞の中に入り込まないと単独では生きていけない。だから、生物に含めない議論もあるのだ。だが本稿ではひとまず、ウイルスを「寄生生物」という生物種に分類しておこう。

寄生しないと作動できないという点では、コンピュータ・ウイルスも同様である。それはオペレーティング・システムなどの内部に潜むことで、はじめてその機能を発揮する。だが、もともと人間が論理的につくったプログラムだから、中身をよく調べれば原因はかならず究明できる。あらかじめ仕掛けを作り込まないかぎり、自分で勝手に変異することもないので、何とか対策も立てられる。

しかし、生物のウイルスはそうではない。どのようなメカニズムで生きているのか、最先端医学でも完全には分析が可能でないのだ（もし可能なら、とっくに制圧できているはず）。さらに相手はもの凄い速度で自己変異する鵺《ぬえ》のような存在である。研究者にも急に襲いかかってくるので、対策を立てようにも困難が山積しているのではないだろうか。

AIはコロナを撲滅できるか

最近、AI（人工知能）への期待は高まる一方である。やがて人間より賢い超知能が出現すると予測する学者もいる。脳とはつまり情報処理機械であり、コンピュータの能力は日進月歩だから、やがて人間を凌ぐのは当然だというわけだ。

私は生物と機械（非生物）のあいだには根本的な相違があると考えている。だが彼らは、両者が連続していると確信しており、生物を特別扱いするのは旧弊な誤りだと強く主張する。

では、はたして賢いAIが、新型コロナ・ウイルスを撲滅してくれると期待できるのだろうか？

現在でも、関連する医療データ処理に役立つことはあるかもしれない。しかし一般にAIは、過去の大量データの分析には有効だが、現在のような全く未経験な局面では、データ不足のため有効性が乏しいのである。

それだけではない。AIがコロナと有効に戦えない真の理由は、「コロナは生物と非生物を厳密に区別できるが、AIはそうではない」からなのだ。

コロナは生物の細胞に感染して生きるだけであり、それが「ウイルスの知」なのである。一方、人間の学者の多くは、「コロナ・ウイルスもAIも情報処理をおこなうという点では同じだ」という思い込みに囚われている。一方「AIの知」は、(仮に人間を凌ぐとしても）人知の延長上にあり、ゆえに生物と非生物を区別しないから、AIが自ら主体的にコロナ・ウイルスを撲滅しようとしたりはしないだろう。

あらゆる生物は、それぞれの身体器官にもとづいて、世界を認知している。そのありさまは各自で違う。自分で世界のイメージを創りあげ、そこで何とかうまく生き抜こうと、もがきながら活動しつづける。そのためのツールが「知」というものであり、コンピュータもAIもロボットも、ホモ・サピエンス特有の知の一部分にすぎない。それらは人間という生物の特性で限界づけられているのだ。

にもかかわらず、われわれはいつしか、どこかに「(人間を離れた）絶対的な知」が存在し、われわれはそれに向かってどんどん進歩している、という神話を信じ込むようになった。情報テクノロジーとグローバル経済がそういう進歩を支えてくれる、というわけだ。

ところが、そこへ突然、新型コロナ・ウイルスが赤信号を出したのである。これが暗示するものは一体何だろうか。

十九世紀にすでに地球史的視野をもっていた大歴史家ミシュレの日記。本邦初訳

大歴史家ミシュレが遺した日記

大野一道

「ルネサンス」を見出した歴史家

ジュール・ミシュレは、フランス語で「再生・復活」を意味する普通名詞「ルネサンス」を、歴史上の一時代をさす固有名詞として使用した史上初の歴史家だった。この一事をもってしても、彼は大歴史家と呼ばれてしかるべきだろうが、その生涯を貫く思索と仕事を俯瞰するとき、じつは宇宙全体をつらぬいて流れ続ける大いなる生の、個々の現象における「死と復活」の感知こそが、彼をして歴史における「ルネサンス」を見出させたのだと分かる。彼はその考察を、「大いなる生」へと、つまり人類の歴史を越え、鳥や虫、海や山といった対象へとつねに広げていった。そこには地球の歴史と宇宙の歴史、つまり万物に普遍する生命そのものへの関心が、いま言うところのビッグ・ヒストリー的関心が、すでにあったようにも思われる。

そうしたミシュレの、彼個人の生の軌跡、日々押し寄せる日常的瑣事とともに、それを越えた大いなるもの、人類や祖国やそこに生きる人々や、自然への思いを共感こめて綴った記録がここにはある。「この移ろいやすい生の、人間と呼ばれるこの露の、一人ひとりが持つその煌《きら》めきの、その連続のうえに、わたしは思想でもって機《はた》を降りたい」（一八四一年四月四日の日記）という言葉通りのものがここにはある。

学者として、家庭人として成長

本書は、先に出した『全体史の誕生——若き日の日記と書簡』（藤原書店、二〇一四）の日記部分の、特に「青春日記 一八二〇—二三年」の続きをなすものである。「青春日記」は無二の親友ポワンソに読んでもらおうとして綴られ始めたものだ。ただしその時期を挟んで、ミシュレは自分用のメモのようにして、創作に関する考えや、その他企図した様々のことを「アイデア日記」（一八一八—一九）として綴り、また読んだ本の一覧を「わが

読書日記」(同)として残した。『全体史の誕生』にはそれらすべてが収められている。今回訳出した成人してからの『日記』は、右にのべた各種の日記すべてを含む本来の意味での日記であり、本書はその前半部を訳出したものである。

『全体史の誕生』では、ミシュレの幼年期からの歩みとその精神の成長が目の当たりにできる。そこには、民衆のなかに生まれ民衆のなかで育っていく彼の姿が、貴重な友情と学びの軌跡とともに記録されている。その彼がやがて大歴史家と呼ばれるような一家をなすのだが、そこに至るまでの経緯、すなわち学者としていかに一本立ちをし、家族をもうけ、公私ともに一人前となって活躍することとなったかが、本書(つまり彼三十二歳から五十歳)の時期には見てとれるだろう。

▲J・ミシュレ(1798–1874)

民衆の側に立って

民衆として生き民衆の視点を見失うことなく歴史研究に励むという、若き日から育まれたその基本姿勢は、成人してからも揺るぐことはない。仕事の面でそうした姿勢が貫かれるのはもちろんだが、日常生活においても同様で、たとえば、時の国王ルイ＝フィリップの娘の家庭教師に選ばれ、定期的に宮殿にまで出講していた時期があるが(一八三〇―四三)、ミシュレはときおり宮廷の人々に、知っている貧者の話をしては、そういう人への援助をしてもらう(一八四三年二月二十日)。王族以外の金持ちにも同様の支援を頼むこともある。もちろん彼自身も手助けをする。貧民街を訪れたり、外国人を含む自分の学生たちで困っている者への援助を惜しまない。教師ミシュレと教え子たちとの交流の様子も、この『日記』の随所でうかがえる。

実生活でのこうした活動以外に、彼の思索、世界観そのものが、社会の下部、民衆の視座から構成されていたように感じられる。世俗的権力と一体化し、上から民衆の精神を支配し続けるキリスト教の特にカトリックへの反発も生まれ、とりわけキネとともに行ったイエズス会との戦いは、大学とキリスト教との、学問の自由と信仰との戦いとして当時大問題となったものだ。が、その真っ只中(一八四三年六月五日)、「キネがトクヴィル〔…〕

には気をつけろと言う」との記述がでてくる。リベラル派カトリックのトクヴィルは、ミシュレから見ると民衆の側に立つ者ではなく、むしろ敵対者の一人となっていた。

またミシュレの（この当時の）本務校コレージュ・ド・フランスの同僚ミッキェーヴィチとも、歴史を導く真の要因に関してミシュレは対立し、歴史の最下部にいる民衆こそが、究極的には歴史を作ってゆくという信念を表明しているが（一八四五年二月二十二〜二十三日）、くわしくは解説を参照されたい。

ミシュレと社会主義

このように、ミシュレはラディカルという点で一貫していた。しかしいわゆる社会主義には与しない立場だったと思われる。「ルイ・ブランとバルザックには悪印象」（一八四五年二月二十日）と書いているのは、これら二者の立場はある意味正反対だが、ともに金持ちと貧乏人、プロレタリアートと有産者を対立させて物事を考えるという一点では同じであり、ミシュレはそれに反発しているのだ。彼に言わせれば、肝要なのは友愛による社会改革を求め、対決ではなく調和を目指すことだったからだ。すべての社会変革は、「子供たちに、友愛を欲するようにさせる友愛みちた教育を授ける」（一八四七年二月十一日）ことから始めなければならない。これが、ミシュレの変わらぬ信念である。

プルードンにたいしても「野蛮な出版物」（一八四五年四月一日）と書いているところから分かるように、全面的に共感してはいなかったようだ。ついでに言っておくと、マルクスへの言及は一度もない。おそらく当時のフランスで、マルクスはまだ無名の存在だったのだろう。むしろピエール・ルルーの特異な社会主義が注目を引いていたはずで、ミシュレは一八四二年三月二十八日の日記で、ルルーの宗教じみた社会思想を詳細に批判している。

以上、ミシュレの基本的立場を知る上で、本書がどんなに意味深いかを紹介した。ここから推察できるように、ミシュレの仕事（『フランス史』、『フランス革命史』、さらには地球史ともいえる『海』、『山』その他すべての下書きないし素描のようなものが、この『日記』には含まれており、彼の人柄のみならずその仕事ぶりを知り、そして何よりも、その思索の今日性を考えるうえで、本書は宝の山となることを確信する。

アナール派とミシュレ

最後に、今日《こんにち》のフランス歴史学には言うまでもなく、世界の歴史学に多大な貢献をしたアナール派と、ミシュレとのつながりについて言及しておきたい。一九二九年、マルク・ブロックとともにアナール派を創建したリュシアン・フェーヴルは、実はミシュレの孫弟子にあたる。この事実は日本ではまったくと言ってよいほど知られていない。ミシュレが〝アナールの父〟といわれる所以《ゆえん》である。この『日記』が書物として世に出るまでの過程が、何よりもその事実を明らかにしてくれるはずだ。

何よりもお読みいただきたいのは言うまでもなく「日記」本文である。単なる政治史や経済史を超え、文化史とか精神史と呼ばれるような面へと関心をたかめていったのが「アナール派」の特徴だとしたら、ヨーロッパ各地を旅し、多くの専門家に会い、無数の資料を渉猟し、名だたる歴史的建造物、大聖堂・教会、美術館・博物館等を実地に見て歩いていたミシュレの姿勢に、そうした面への志向がすでに垣間見えるように思われるからだ。

(おおの・かずみち/中央大学名誉教授)

話題の全著作〈森繁久彌コレクション〉（全5巻）、完結！　最終配本

父のこと

森繁　建

父はホテルより旅館が好きで、父の寝室は畳でした。畳に敷かれた布団の枕もとの両脇には、いつも様々な本が数冊ずつ積んでありました。また朝は、主要新聞七、八紙を寝ながら仰向けのまま広げ、全てに目を通すのが日課でした。

こう書くと活字好きと思われますが、活字好きというより無類の好奇心の持ち主、という方が当たっていると思います。枕元の本もおそらく、新聞の最下段の広告の中から見つけ購入したのでしょう。

加えて毎週数種類の週刊誌、毎月『文藝春秋』、『中央公論』、『小説新潮』、『群像』、『オール讀物』と、批評家か文学を生業としているような人以外では購入しないような量の本が、地元の本屋から届きます。それは昭和二八年頃からで、当時すでに毎年十本以上の映画に出演し、特に昭和三十年には「夫婦善哉」で俳優として不動の地位を固め、益々多忙を極めた年代です。私たち家族ともあまり会う機会のなかった父が、いくら好奇心が強いといってもこんなに本が読めるものか、もったいないなと思っていました。しかし父は読んでいたのです。

昭和三十四年十二月号の『オール讀物』に掲載された、動物文学で著名な戸川幸夫氏の中編小説「オホーツク老人」を見つけ、読み終え感動した父は、直ぐに東宝に映画化を進言しました。当時東宝では、翌年の制作計画は組み終わり割り込む余地はない状況でした。どうしても映画化を実現したい父は、自主製作を決意し、この映画製作のために、森繁プロダクションを設立しました。

年が明けると直ぐ、全く未知の地、知床半島に赴き、父は撮影を始めました。原作を手にしてからわずか十か月という異例の速さで完成にこぎつけ、昭和三十五年十月に映画「地の涯に生きるもの」の封切りにこぎつけました。後年全国で歌われるようになった「知床旅情」は、ここで生まれたのです。

父の寝室の隣には、四畳ほどの書庫があり千冊位の蔵書がありました。父の没

後、世田谷文学館に寄贈しましたが、今でも家の書架には、父愛用の『辞海』、『広辞苑』、『大辞林』、『新明解国語辞典』、『成語林』、『現代実用辞典』、『漢文名言辞典』に加え、『隠語大辞典』等という普通の人は購入しないような辞典まであります。それぞれの辞書には、ティッシュやメモの切れ端が挟んであり、懐かしくて取り除けられません。

辞書群の上の棚には、愛読の詩集が並んでいます。大木惇夫『戦友別杯の歌』、土井晩翠『万里長城の歌』、三好達治『御霊を故山に迎ふ』、萩原朔太郎『利根川のほとり』、オマル・カイヤーム作、矢野峰人訳の『ルバイヤート』集成「何地よりまた何故と　知らでこの世に生まれ来て　荒野を過ぐる風のごと　ゆくへも知らに去るわれか」等、幾編かの好きな詩は暗誦しており、酒を呑みながらよく聞かしてくれた父の声が今でも深く耳に残っています。これらの詩を読むことも好きでしたが、父も多くの詩を作りました。九十歳の平成一五年発売された最後のＣＤ「森繁久彌望郷詩集」は父の愛誦詩集ですが、巻頭にはその時作った自作の詩が収録されています。

父の好奇心を満たすのは、活字ばかりではなく人の話もよく聞きました。老若男女を問わず、自分の目の前に来る人の話に真摯に耳を傾ける姿を良く目にしました。それは俳優と言う仕事柄、日ごろからあらゆる場面で情報を吸収しようという役者根性は間違いないでしょうが、そればかりではなく自分の知らない事を知りたいと思う気持ちが強いからだと思います。その「好奇心」と深い関係にあるのは「吸収力」ではないかと思います。父は大変耳が良かった。若い頃悪性の内耳炎を患い大手術をしたため、左耳の聴力は弱かったのですが、絶対音感に近い、音を聞き分ける力をもっていたように思います。

（後略　第五巻「月報」より）

（もりしげ・たつる／森繁久彌子息）

森繁先生は凄い人！

安奈　淳

森繁先生……お顔を思い浮かべると、今も心に温かい懐しさを覚えます。

十三年間在籍した宝塚を退団し、外の芸能界など全く知らない私に、本当のおじいちゃん（すみません！）の様に、気さくに声をかけて下さった森繁先生。

〝屋根の上のヴァイオリン弾き〟で次女ホーデルの役を頂き、ただただ夢中で演じていた舞台。まだまだ男役のクセが抜けなくて、さぞや歯がゆい思いをされたと思います。

私が大好きだったアナテフカの淋しい駅の親子の別れの場面では、いつも泣けて泣けて……。演じる者が本当に泣いてしまってはいけないと判っていながらも、ポロポロ流れる涙を止められないのです。

お父さんと別れたくない……できるならこのまま大好きなパパの傍にいたい！　森繁先生の瞳をみつめながら歌う私は、完全に森繁ワールドにはまっているのでした。

それからこんなことも……三女のチャバが恋人と遠くへ去ってしまったシーン。私は紗幕の後ろで、長女ツァイテル達と輪になって踊っています。森繁先生扮するテヴィエは、娘を想い昔を懐しみながら、下手の端の荷車に腰をかけ切々と歌います。〝♪可愛いチャバ……〟とか何とか……。

ある日、どうしたことか歌詞を全て忘れてしまわれたのです。初めから終わりまで〝♪チャバチャバチャバチャバチャバ……〟誰かが不謹慎にも〝洗たく屋かァ？〟

又ある時、客席の後方で幼い男の子がバタンバタンと椅子を揺らしている内にはさまってしまい大泣き！　ちょうど大勢の出演者が舞台で芝居の最中です。突然先生は素に戻り〝うるさい‼〟と大声で喝！　舞台も客席も一瞬凍りついた様に……客席係が急いで泣きわめく子供を扉の外へ。しばらく固まった私達は何事もなかった様に芝居を再開したのですが、そんな経験したことのない私は動揺してしまい、後の芝居をどう演じたのか全く覚えていません。大事件でしたが今では笑い話ですね。

テヴィエ役は素晴らしかったけれど、口ヒゲには相当苦労してらした。日本人だから直毛。中にはクセッ毛の人もいるでしょうが、それでは外国人にならないので何日か毎にパーマをかけるのです。口の回りのヒゲに小さなロールを巻き、何十分かひたすら我慢。そばに居た私に、〝くさいくさい〟。パーマ液の匂いは鼻にツーンとくるのです。かわいそうだった……。

　その頃母は病気で舞台を観ることが出来ず、それを知った先生は何と自作の詩を色紙に書いて下さり私に託されました。母はそれを病室の壁に掛け、辛い闘病生活に希望を見出していたのです。そんな心優しい方は何でも超一流にこなす天才！　中国の漢詩などスラスラとよどみなく口にされ、その記憶力の凄さに驚いたことも幾度か。勿論絵も描き、詩も作られ見事なのです。

　私が大病した時にも、多忙の中お手紙を下さり励まして頂きました。どんなに嬉しかったか。私が初めてテレビの二時間ドラマに出演した時、放映されたのを御覧になり一言。〝ヘタクソだねェ〟……その通りです。歯に衣着せぬ言葉は納得することばかりです。

　芝居の台本も〝台に本だから、台の上から自分で台詞を起こしていくんだよ〟と言われました。書かれているセリフをそのまま丸呑みするのではなく、自分の言葉にし嚙みくだく。今は殆ど長期の舞台で芝居をすることもなくなり歌を中心に活動していますが、先生から伺った様々なお話しは、芝居に限らず私の歌にも生きているのです。

　先生から見れば頼りない未熟な私だったでしょうが、今こうして何とか元気に舞台に立ち歌っている私を、天国から先生はどう思って見てらっしゃるかしら？

（第五巻「月報」より）

（あんな・じゅん／女優、歌手）

名コラムニストが、人間とは、思想とは何かを問う！

虚心に読む
——書評の仕事 2011-2020——

橋本五郎

小林秀雄の読書論

読書の意味について、きわめて明快に論じた文章があります。小林秀雄が昭和十四年四月号の『文藝春秋』に書いた「読書について」（『小林秀雄全集』第六巻、新潮社）です。そこには読書の「神髄」ともいうべきものが表現されているように思います。

「読書の楽しみの源泉にはいつも『文は人なり』といふ言葉があるのだが、この言葉の深い意味を了解するのには、全集を読むのが、一番手つ取り早い而も確実な方法なのである」

「書物が書物には見えず、それを書いた人間に見えて来るのには、相当な時間と努力とを必要とする。人間から出て来て文章となつたものを、再び元の人間に返す事、読書の技術といふものも、其の処以外にはない」

「書物の数だけ思想があり、思想の数だけ人間が居るといふ、在るがまゝの世間の姿だけを信ずれば足りるのだ。（中略）人間が現れるまで待つてゐたら、その人間は諸君に言ふであらう。君は君自身でゐ給へ、と」

『「二回半」読む』に続く第二書評集を出すにあたって、なぜ読書なのか、なぜ書評することに魅力を感ずるのかについて改めて考えています。はっきりしていることは、書物、そこには「人間がいる」からです。そのことを小林秀雄は余すことなく指摘してくれています。書評とは、その本の中に人間を見つけることなしに書けないことなのです。

本書に収録されている書評に大小の違いがあっても、最低限、「二回半」読むことと、人間を見つけようとしたと思っていただければ幸いです。

西田幾多郎の読書論

その一方で、哲学者西田幾多郎は「読書」（『西田幾多郎随筆集』岩波文庫）でこ

▲橋本五郎氏（1946-）

のように書いています。

「書物を読むということは、自分の思想がそこまで行かねばならない。一脈相通ずるに至れば、暗夜に火を打つが如く、一時に全体が明《あきらか》となる。偉大な思想家の思想が自分のものとなる。（中略）偉大な思想家の書を読むには、その人の骨というようなものを摑まねばならない」

西田はカントやヘーゲルの全集を持たなかったといいます。なぜなら、「アリストテレスならアリストテレスに、物の見方考え方というものがある。そして彼自身の刀の使い方というものがある。それを多少とも手に入れれば、そう何処までも委しく読まなくとも、こういう問題は彼からはかくも考えるであろうという如きことが予想せられるようになる」からだというのです。

私は離れの書斎に全集だけをまとめた一室を持っていますが、西田のこの文章に遭ったとき、全集をそろえればいいというものではない、人と思想の本質を摑み取ることが大事なのだ、とガツンと殴られたような気がしたものです。第二書評集を出すにあたって、こんなことも去来しました。

作者が訴えたいことを理解する

本書では、『読売新聞』の書評欄に書いたものだけでなく、中曽根康弘さんの『自省録』や、阿部眞之助氏の『戦後政治家論』、渡邊満子さんの『祖父 大平正芳』などの著書の解説も収録しました。字数に比較的余裕があることで、凝縮された新聞書評とは違う味わいが出せたのではないかと思ったからです。

書評するにあたって最も心がけているのは、虚心に読むことによって、何よりもまず作者が訴えたいことを理解することだと思います。果たしてそれが出来ているかどうか、読者の皆さんの前で「まな板の鯉」のような心境です。

（本書「はじめに」より）

（はしもと・ごろう／読売新聞特別編集委員）

『虚心に読む』 内容

はじめに

第Ⅰ部 「自由」と「民主」

●学問と思想 丸山眞男『政治の世界 他十篇』／三谷太一郎『学問は現実にいかに関わるか』／平川祐弘『竹山道雄と昭和の時代』／服部龍二『高坂正堯』／竹内洋『革新幻想の戦後史』他

●国家とは何か 岡義武『独逸デモクラシーの悲劇』／塚本哲也『メッテルニヒ』／猪木武徳『自由の条件』／早川誠『代表制という思想』／待鳥聡史『民主主義にとって政党とは何か』／小林直樹『暴力の人間学的考察』……他

●人と政治 阿部眞之助『戦後政治家論』／岡崎守恭『自民党秘史』／渡邊満子『祖父 大平正芳』／長谷川和年『首相秘書官が語る中曽根外交の舞台裏』／中曽根康弘『自省録』／上田七加子『道ひとすじ——不破哲三とともに生きる』……他

幕間1 戦後日本と小泉信三 没後五〇年に際して

第Ⅱ部 日本とは何か

●歴史のなかの日本 辻井喬『司馬遼太郎覚書』／渡辺浩『日本政治思想史』／中野三敏『江戸文化再考』／磯田道史『無私の日本人』／家近良樹『西郷隆盛』／瀧井一博『伊藤博文』／北岡伸一『門戸開放政策と日本』／河上肇『貧乏物語』／後藤新平研究会編『震災復興 後藤新平の一二〇日』／岩見隆夫『敗戦——満州追想』ほか／村井嘉浩『復興に命をかける』／古川隆久『昭和天皇』／原武史『皇后考』……他

●日本の根源 梅原猛『人類哲学序説』／竹村牧男『日本人のこころの言葉 —鈴木大拙』／徳富蘇峰『終戦後日記』／長谷川三千子『神やぶれたまはず』／長谷川宏『日本精神史』／澤村修治『唐木順三』／熊野純彦『本居宣長』／竹内洋『大衆の幻像』……他

幕間2 橋本五郎文庫のこと

第Ⅲ部 生きるということ

●生きることの哲学 加賀乙彦、津村節子『愛する伴侶を失って』／中村紘子『ピアニストだって冒険する』／与謝野馨『全身がん政治家』／宮城谷昌光『窓辺の風』／倍賞千恵子『倍賞千恵子の現場』／瀬戸内寂聴、ドナルド・キーン『日本を、信じる』／森本哲郎『書物巡礼記』／井筒俊彦『井筒俊彦全集』／粕谷一希『内藤湖南への旅』／星野博美『今日はヒョウ柄を着る日』／阿川佐和子『強父論』……他

●文学の力 梓澤要『捨ててこそ空也』／浅田次郎『一路』／西條奈加『九十九藤』／葉室麟『玄鳥さりて』／山本周五郎『ながい坂』／夏樹静子『孤独な放火魔』／津村節子『紅梅』／乙川優三郎『脊梁山脈』／宮本輝『田園発 港行き自転車』／内館牧子『終わった人』／小池真理子『死の島』／高樹のぶ子『格闘』／米澤穂信『Iの悲劇』／佐江衆一『黄落』……他

あとがき

虚心に読む

書評の仕事 2011-2020

橋本五郎

四六上製 二八八頁 二二〇〇円

■橋本五郎氏 好評既刊書

範は歴史にあり

約十年にわたる名コラムを初集成！ 二五〇〇円 [4刷]

宿命に生き 運命に挑む

歴史と書物に学ぶ名コラム集、第二弾！ 二六〇〇円

「二回半」読む

書評の仕事 1995-2011 二八〇〇円

書物を繙き、歴史に沈潜する、清新な書評集

■橋本五郎氏 好評関連書

北羽新報社編集局報道部編

廃校が図書館になった！

「橋本五郎文庫」奮戦記 二〇〇〇円

廃校になった母校に二万冊の蔵書を寄贈！

連載　今、日本は　14

三代目政治家の横暴

鎌田　慧

「売り家と唐様で書く三代目」

アベノマスクの張本人をテレビで見ると、江戸川柳が口をついて出てくる。三代目になると、たいがい祖父がつくった財産を食いつぶす。斜めに掲げられた「売家」の看板は、遊び人得意の雅《みやび》な書体で書かれている。

保守系の政治家は、ジバン（選挙区）、カバン（資金）、カンバン（名前）の三バンを譲り受けて、商家のように政治家業を世襲する。「法をも破壊する悪政の飛沫」（本誌四月号）とコロナウイルスになぞらえて書いたのは、岸信介元首相の三代目の飛沫ということだった。私物化と側近政治はもはや病膏肓《こうこう》。

黒川弘務・東京高検検事長個人の定年延期を、あろうことか閣議決定して、検事総長に据えようとする横車。首相の身内優遇、公私混同は後進国の権力者よりもみみっちい。森友、加計、サクラと利益誘導は歯止めがなくなった。

これまで、安倍首相は、格差拡大アベノミクス支持の日銀総裁、「政府が右というのに左とは言えない」といってのけたNHK会長、さらには憲法違反の「集団的自衛権の行使」を容認させた内閣法制局長官の任命、と出世をエサに駒扱い。ご都合主義的な人事を強行する政治を打ってきた。

その挙げ句の果てが、検事総長支配の画策である。検事総長は「首相の犯罪」をも摘発する、検察トップ。この独立、中立、公平が侵されたなら、独裁国家となる。検察の手兵化である。

さすがに、この法を法とも思わない横暴には、弁護士会ばかりか、元検事総長たちも猛然と反発して、ルイ十四世、「朕は国家である」の亡霊、と決めつけた。東京高検の元特捜部長たちも意見書を提出した。そしてSNS、ツイッターでの批判が沸騰。

三代目首相は国会でシドロモドロ。ついに今国会での成立を断念した。秋の国会を狙っている。六〇年前、祖父の岸首相は、日夜、日米安保反対の国会包囲デモを受けていた。怒りの持続がますます必要だ。

（かまた・さとし／ルポライター）

リレー連載　近代日本を作った100人　75

井上馨――井上馨と明治日本の経済近代化

由井常彦

渋沢栄一と井上馨

明治日本の経済近代化は、渋沢栄一が終始リーダーシップを発揮したが、明治政府の側では井上馨の活動が傑出している。渋沢は産業建設に取組み多数の会社の設立にかかわった。これに対し井上は政府にあって企業家の発見と支援、機会の供与に一貫し、近代経済社会の創成をおしすすめた。

井上馨は、明治四年から六年まで大蔵大輔の任にあるが、渋沢栄一も大蔵大丞の任にあり、同じ役所で密接な関係にあったことは留意に値する。以来明治の半世紀の間、政界にあって井上は、渋沢の目覚ましい活動に関心を払っており、対するに渋沢は、重要な事あるごとに井上を訪問あるいは井上を招待するなど最大限の敬意を払うことをつねに忘れていない。

大蔵省退官後も井上は元老として経済問題につよい発言権を持ち続け、財界に影響力を行使したから、彼のもとで成長する財界主流は、「政商」グループであり、井上が「政商の守護神」たる側面は払拭すべくもなかった。周知のように井上にとって三井は、もっとも信頼できる政商グループであった。

経済についての鋭い感覚――井上のメキシコ弗《ドル》の買付

井上馨は、明治維新の元勲のなかでも、経済についての鋭い感覚の持ち主であった。この点は強調しすぎることはない。それに彼は、行動力と問題処理能力において抜きんでていた。これらの能力、とくに後者にみる能力は、盟友の伊藤博文と共有するところであった。

井上馨の天性ともいえる経済についての感覚・行動については、幾つかのエピソードが知られている。いま維新政府の経済官僚となった当時の一、二を記してみよう。藩債処分にかかわる政府のドル買いは、若い井上の面目が躍如している。

維新政府が発足したときの重要な問題に、旧藩から引き継いだ藩債の処分(整理)があった。幕末諸藩は軍艦や銃砲を藩債で買い付けたが、結局は貿易通貨たるメキシコ弗《ドル》（過去に大量に開発され貿易に通用していた）で始末しなければならなかった。これに対し新政府も、メキシコ弗の買付も三井などの業者に委託すると思われていたが、井上の大蔵省の動きは当初はっきりみえなかったようである。井上は、公的に知られる委託買付では市価の騰貴が不可避なことから、既存の有力な業者に委託せず、ひそかに横浜に出張し、料亭で遊興を装いつつ、手を廻して徐々に買い付ける方策をとっている。そして市場が、気がついた時には政府は目的を達成していたという。この挙には、チャンスに敏な田中平八（天下の糸平《いとへい》）ら相場師たちを口惜しがらせている（長井実『自叙益田孝翁伝』）。

▲井上　馨（1835-1915）
長州藩出身の明治時代の政治家、元勲（侯爵）。長州藩士出身で、松下村塾に学び、文久三年（1863）伊藤博文とともに貨物船でイギリスに密航、帰国後開国派のリーダーとなる。明治維新後、外交および経済の分野で閣僚となり、明治十八年には外務大臣に就任、条約改正につとめた。鹿鳴館に表象される彼の欧化主義はよく知られている。
伊藤博文とは盟友であり続け、明治時代を通じて政治家として影響力を行使して顕官となったが、総理にはならなかった。文化財のコレクションでも著名な存在であった。

小野を排して三井を選ぶ

　明治政府の経済閣僚たち、大隈重信（佐賀）、井上馨（山口）、伊藤博文（山口）らはいずれも、当面の理財すなわち経済の必要については、既成の大商家の資力・信用と機能にまつ他ないとし、財政資金はこれを大蔵省為替方《かわせがた》として、三井・小野・島田の有力な三家に任命することとした。これら三家は国内各地に支店網を持ち、資力・信用に富み、経営活動も活発であったからである。ただし客観的根拠にもとづくよりも「通念」「世評」を出るものでなかったろう。これに対し井上は自身で、各家の経営のいわば調査を試みている。

　彼の調査では、小野は業務は活発なものの、例えば広島・岡山・神戸の支店では、同一の取引が行われているような杜撰《ずさん》なことが指摘された（『世外井上公伝』第二巻）。事実明治七（一八七四）年、政府から小野にたいする政府の貸出にみあった抵当の提出を求められるにいたって、小野の経営は破綻をよぎなくされている。

（ゆい・つねひこ／三井文庫文庫長）

■〈連載〉沖縄からの声［第Ⅸ期］　1（初回）

沖縄〝復帰〟の日に

波照間永吉

折しも今日（五月十五日）は四八回目の沖縄「復帰」の日である。一九七二年、琉球大学の学生であった私は、高揚感とは全然別な場所にいた。あの日が大雨であったことはうすうす覚えていたが、その日自分が何をしていたかはほとんど忘れてしまっていた。必要があって当時の日記などを開いてみたら、那覇の与儀公園であった〝復帰に抗議する集会〟に出ていた。でもなぜそのことを忘れていたのだろうか。忘れたいことであったのだろうか。

沖縄の「復帰」は当時の沖縄人の主体的選択である、というところから思考を展開する人がある。なるほど、そうではあろう。しかし……、とその「復帰」を自明のこととしきれない私がいる。果たして、私たちは日本人か。沖縄の人間の多くが、日本人である前に我々は沖縄人である、と思っているのではなかろうか。その思いは、海外のウチナーンチュの三世や四世の方々と話をしていると、より強く感じる。それは何故だろうか。近代沖縄社会が日本人によって様々な差別を蒙ってきたことは歴史的事実である。そしてその沖縄差別は移民世界でも同じであった。今の若い人たちには分からないことではあるだろうが、私たちの年代までの沖縄人にはそのような認識や感覚があるのではなかろうか。これをみんな覆い隠して、「日本人」にはなりきれない、ということである。

その意味で元県知事西銘《にしめ》順治が、沖縄の心はと問われて「日本人になりたくてなりきれない心」と言った言葉は、私たちにも分かる。しかし、今や私たちは「日本人になりたい」と思わなければならないのだろうか。薩摩入り、琉球処分、天皇制、沖縄戦、日本国憲法、日本式民主主義などなど、琉球・沖縄の過去から現在まで、私たちに深く関わってきた日本人の思考や枠組みを一度、突き放して考えるべきである。沖縄自立を説く人々も「我が国は」とか「この国は」という言葉を使ったりするが、その国とはどこか。まずは「我が国」とか「この国」という意識を措いて、少なくとも琉球・沖縄という視点から「日本は」という言葉でみるようにしていきたいと思っている。

（はてるま・えいきち／名桜大学大学院教授）

■連載・花満径　51

高橋虫麻呂の橋（八）

中西　進

大海《おおあま》人方も進み出ることを躊《ため》うしかない。睨み合いがしばらくつづいた。

それでは、続いて橋の上で演じられる日本最初の「橋合戦」を、『日本書紀』はどう描いただろう。虫麻呂も知っていただろう「橋」の実景である。

近江方から将軍の智尊《ちそん》なるものが進み出て来た。彼は精鋭の兵を楯として一斉に放たれて来る矢に真向かいながら、橋の中程の板三丈ほどを剝ぎ取らせ、橋の中央を切断したかと思うと、代りに長板一枚を橋桁の上に置いた。これを踏んで躍り出して来る者があれば、板につけた縄を引いて、川へ落そうとする仕組みと見えた。

と、大海人側から勇敢な若者が躍り出た。大分君稚臣《おおきだのきみわかみ》——先ごろ、鈴鹿の関で大津皇子に従う者どもが合流した、その中の一人だった。

稚臣《わかみ》はまず矛《ほこ》を刀にかえ、甲《よろい》を二重に着けたかと思うと刀を抜いて板を駆け抜け、近江方の仕掛けた綱を切り落とした。そして全身に矢を浴びながら敵陣に切り込んで来た。

その勢に気押されたか、近江方の軍兵が浮足だち、一せいに逃れ散ろうとした。智尊《ちそん》が逃げる兵を斬ったけれども、浮足をとめることはできず、全軍が総崩れとなり、大友とその側近が僅かに免《のが》れ逃げただけであった。

智尊《ちそん》も橋の辺りで斬殺された。

こうして橋は、生活上の便益のために架けられたものながら、まずそれを破壊することから、舞台としての役割を始めた。

皮肉にも、破壊された中でもとくに仕掛けられた罠《わな》をめぐる攻防にスリリングな興奮があって合戦がショーたり得た。

それが橋合戦の第一号であった。しかし柿本人麻呂は、橋のドラマに与せず、戦いを原野に置き換えて一途な叙情詩を完成した。

一方虫麻呂は合戦には与せず、橋ドラマを従来の民俗の中に戻して、夢幻の「橋の上のショー」を試みたのである。

（なかにし・すすむ／国際日本文化研究センター名誉教授）

連載　歴史から中国を観る　6

一帯一路とコロナとペスト

宮脇淳子

　中国の習近平国家主席が、二〇一三年に発表した「一帯一路」は、アジアとヨーロッパを陸路と海路でつなぐ物流ルートをつくり、貿易を活性化させようというものである。もちろん、中国を中心とした広域経済圏をつくる構想で、かつてのモンゴル帝国をもう一度というように私には見える。

　習近平の盟友の王岐山は、二〇一五年に中国共産党指導部の招待で北京を訪問した米国のフランシス・フクヤマ、青木昌彦両氏に、日本の歴史学者、岡田英弘を知っているかと問うた。王は、二〇一三年末に台湾から繁体字漢語訳が刊行された岡田著『世界史の誕生』を読んだらしい。十三世紀のモンゴル帝国こそがアジアとヨーロッパをつなぎ、ここから本当の意味の世界史が始まる、という岡田説を気に入ったのだ。

　中国人にとっては、一度でもシナ本土を支配したことがあるモンゴル人も満洲人も、つまりは中国人なのだから、国力に自信がついた今となっては、モンゴル帝国と同じくらいに拡大することが「中華の夢」だと考えるようになるのは、自然の成り行きだった。

　かつて東西貿易でもっとも恩恵を受けたのはイタリア商人だったが、今回もイタリアは、「一帯一路」構想に熱心に賛同した。中国の武漢市で発生した新型コロナウイルスが、ヨーロッパでまずイタリアに広まったのを見て、十四世紀に、ヨーロッパ人口の三分の一が亡くなったペスト禍を連想しないわけにはいかない。

　ペストの発生源は、モンゴル草原にいるタルバガンという齧歯《げっし》類であるが、侵略ではなく経済活動によってヨーロッパにペスト菌が持ち込まれたのだ。一三四七年、クリミア半島のカッファから船出したジェノバのガレー船が、シチリア島にペスト菌を運んだのが始まりである。

　ペストの大流行による人口激減はヨーロッパ史の流れを変えたが、モンゴル帝国の没落も招いた。今回のコロナ禍では、中国という国家の異形さが際立っている。この後の世界はどう変わるのだろうか。（みやわき・じゅんこ／東洋史学者）

■連載・アメリカから見た日本　6

銃社会、アメリカ

米谷ふみ子

側近がコロナ・ウイルスだと教えても、トランプ大統領は記者会見で「中国ウイルス」と言い続けるので、全国の学校が閉じる前、アジア系の学生がいじめを受けていた。それゆえか多くの日系人が銃を買いに並んでいる、と新聞に出ていた。アメリカは銃社会である。

一九六〇年、奨学金をもらって、NH《ニューハンプシャー》州の芸術家村に初めて行ったとき、当時ベストセラー作家だったリック・フリードが「僕のスタジオでパーティをするから来い」と言ったので、行くと、机の上にピストルが剥き出しで置いてあった。身の毛がよだった。パーティに来た人々が誰も気にしていないのにも驚いた。

結婚してからNY郊外に住んでいた時も、近所に住んでいた作家のジョン・チーヴァーや小さい出版社をしていたソール・スタインの家でも廊下に銃が立て掛けてあったのを見て、文学関係のインテリたちが無頓着だったのにも驚いたのだった。

その頃、ある音楽会に行った時、人権擁護協会の弁護士をしているという昔の夫の友達にばったり逢った。

彼に「日本ではアメリカの占領軍が銃規制を徹底的にし、当時一軒ずつ進駐軍の兵隊が捜査に来ましたよ。私よく覚えています。当時占領軍は平和憲法を初め、女性には妊娠中絶の権利を認め、国民健康保険制度や、引退者の生活保障も施行したのに、この国に来て驚いたのは引退者の生活保障を除いては何もないんですよね」と私の驚きを喋ると彼は、

「あの時僕は日本でマッカーサー司令官の下で働いていたんです。彼は世界のどこかで理想的な国を創ろうと案を練っていたんですよ。まずアメリカにと考えたんだが、アメリカはマッカーシズムが吹き荒れていて手の付けようもなかった。それで、日本でしょうということになったんですよ」と述べた。

マッカーシズムも日本にとっては反対に御利益があったのだと悟ったことだった。私の二世の友達は、日本に行くと銃規制があるのでほっとする、といつも言っている。

（こめたに・ふみこ／作家、カリフォルニア在住）

Le Monde

■連載・『ル・モンド』から世界を読む［第Ⅱ期］46

コロナとカラス

加藤晴久

「パリでもその他の地域でも、外出禁止令への《違反》を告発する通報が警察に寄せられている。限定された現象だとはいえ、今の状況と、かつての時代（傍点加藤）を想起させる現象である」

「《カラス》が戻ってきた」と題する四月一一日付記事のリードである。

一九四〇年から四五年までのナチス・ドイツによる占領下、対独協力ヴィシー政権下のフランス（カミュが『ペスト』で描いた状況）で、密告者は「カラス」と呼ばれた。「カラス」に密告されてアウシュヴィッツに送られたユダヤ人や逮捕された対独抵抗運動の活動家もいたが、大半は、近隣同士の揉めごとに発する恨みとか自分の生活に関する不満とかに発する妄想ゆえの告発だった。

コロナの時代の「カラス」も変わらない。感染の世界的拡大はユダヤ人／アラブ人の陰謀だ、速やかに抑止せよ、といった類《たぐ》いの人種差別的妄想に発するものもあるが、大半は個人的な不満や恨みに発する告発である。

通報を受けて警察が駆けつけたところ、共同住宅の中庭で女性二人が休んでいただけ。どうやら普段から騒音問題で揉めていた階下の老婆が呼んだらしい。

パリ十区の小広場に約八〇人がたむろしているというので出動したところ、ホームレスの人たちが支援団体のボランティアから食事を受け取っていた。ホームレスなのだから「外出禁止令」に違反しようがない！

しかし、毎日、看護に献身している女性の自宅に、引っ越せという匿名の手紙が来た、というのはもはや笑えない話である。同じ建物の住民からだろう。

もっと厄介なのは、フェイスブックやツイッターを使って、あることないことを書き立て、不信、猜疑、憎悪を掻き立てようと意図する連中。市民としての義務を果たしている、社会正義のために闘っているつもりらしいが……

もうお分かりであろう。フランスだけの話ではない。「カラス」は日本でも猛威をふるっている。戦争中も「一億一心」のスローガンのもと、特高への密告が流行った。

（かとう・はるひさ／東京大学名誉教授）

五月新刊

"学問の思想家"を照射！

内田義彦の学問

山田鋭夫

戦後日本を代表する経済学者であり、「学ぶこと」と「生きること」を一つのものとして、学生たちに深く、やさしく語りかけ続けた内田義彦（一九一三―八九）。「市民社会」とは何かを全身で問い、生涯にわたって「生きる」ことの意味を探求し、掘り下げていった内田を師と仰ぎ、読み込み、語り合い続けたもう一人の経済学者が、渾身の力で内田義彦の思想の全体と格闘。

四六上製　三八四頁　三三〇〇円

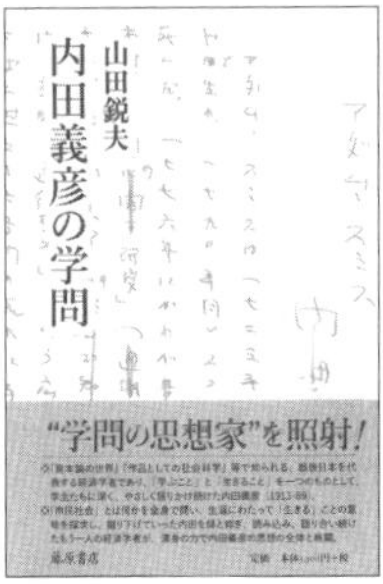

医をもって人を救い、世を救う

評伝　関寛斎　1830-1912

極寒の地に一身を捧げた老医

合田一道

順天堂に学び、典医・軍医に抜擢されるも、惜しげもなくその地位を去り、市井の人びとに尽くす。晩年には、平等社会の実現を志して、北海道・陸別の極寒の原野の開拓に身を投じた無私の人、関寛斎。徳冨蘆花、司馬遼太郎らも注目したその波瀾の生涯と信念を、多くの史資料および現地探訪に基づいて描いた決定版評伝。

四六上製　三二八頁　二八〇〇円

「マタギの真実がここに」（瀬戸内寂聴）

黒田勝雄写真集　最後の湯田マタギ

推薦＝瀬戸内寂聴

奥羽山系の懐に抱かれた雪深き山里、岩手県西和賀郡湯田町で、シシ（熊）獲りを続けてきたマタギたち。二十年間湯田に通い、「最後」のマタギたちとともに狩猟の現場に分け入り、またマタギの里の暮らしや民俗に迫った稀有な写真集、ついに刊行！

寄稿＝菅原良／黒田杏子

B5上製　一四四頁　二八〇〇円

「在日」と「日本」を全身で問う

金時鐘コレクション　全12巻

10　真の連帯への問いかけ

「朝鮮人の人間としての復元」ほか　講演集Ⅰ

［第6回配本］

在日朝鮮人と日本人の関係を問い直し、"連帯"と詩を追求する、七〇年代～九〇年代半の講演を集成。

口絵2頁

〈解説〉中村一成

月報＝金正郁／川瀬俊治／丁海玉／吉田有香子

四六変上製　三九二頁　三六〇〇円

読者の声

大地よ！■

▼他社出版の本ですが、それを読んでから、すっかり宇梶さんのファンになりました。そこで、また、宇梶さんの本を読みたいと思い、この本を購入させて頂きました。
　この本を読んで、アイヌについて学ぶことは、人間の原点に戻ることだと思いました。アイヌの教え（考え方）、言葉を軸に生き直していきたいと思います。

　アイヌ文化に興味があるので、宇梶さんにアイヌ模様の意味とか、食文化、アイヌ語についての本も出版して頂ければ嬉しいです。

貴重な体験、家族のことなど、おしみなくつづって下さった宇梶さんに感謝したいと思います。

（愛知　パート　**福島洋美**　41歳）

▼ご本人様とは知人を通じましてお知り合いになりました。
　大切な〝時〟を共有した時もありました。改めて感動し、短時間で読んでしまいました。私も残された時間を大切に生きたい。

（千葉　主婦　**高安清美**　76歳）

▼どんな状況にあっても、ひるまず、生命の尊厳へのたたかいに向っていった宇梶フチの生き様が胸を刺しつらぬいた！
（北海道　施設指導員　**中島啓幸**　50歳）

いのちを刻む■

▼昭和二十二年の生れ、まだ若い。私は昭和六年、富山の滑川市の貧農の生まれ。三男ですから家に居れない。極貧を押して上京し大学を卒業したが、朝鮮南北戦争が終って全国の不況は大変でした。
知らない道を歩いて来て三叉路でどの方向へ行くかを貴方が決めて来た。それが今の道ですから。素敵な奥様と進んで来た道。これからも健康で活躍して下さい。

　木下氏の続編があれば頂きたいです。

（東京　元会社経営　**黒川権義**　88歳）

▼つい先日たまたま深夜に見たＴＶ番組で強く印象になり、『岐阜新聞』の書評（三月二十九日）も読み、本屋で探したらすぐ入手できました。
　特異なエンピツ画家として前から知ってはいましたが、自分の病気の妻を描く事になって更に興味が深くなりました。ＴＶでは娘さんが統合失調症とのこと。私には一層考えさせられました（多分実母と同病と思う）。今後の生き方、作品がずっと気になります。

（岐阜　医師（精神科）　**伊藤逸郎**　72歳）

全著作〈森繁久彌コレクション〉①
道——自伝■

▼森繁さんの全体像が見渡せる試みに感激・感謝のみです。
（神奈川　会社相談役　**喜多謙一**　79歳）

米軍医が見た占領下京都の六〇〇日■

▼太平洋戦争が風化されようとしている中で、この本は戦争の悲惨さを後世に伝える貴重な本です。
　著者の克明な調査により、正確に戦争直後の様子を伝えている。特に市民生活への影響を書かれている部分がいいと思う。当時としては珍しいカラー写真がリアルさを増している。

（東京　**松本義勝**　74歳）

機 no. 334「出版随想」■

▼拙は、当該頁の文章・内容には、いつも触発されてやまない心情にかられます。
　そこにも記されているように、「今最も大切なことは」「一人一人の日本

人が、自治的自覚をもって」「世界に恥ずかしくない誇りを持った人間として生きていくこと」。そのことのいっそうの大切さを、改めて喚起を促していることです。

　それは、考えてみれば、あるいは、改めて喚起されなくとも、ごく当りまえのことですが、しかしわれらの見え感じられる「日常」の負の状況は、日々、年々グローバル化しつつあるからです。それは際限なく、いわば拡大再生産の一途とさえ、と、そんなことをつとに思い考えるものです。これはよくいわれている「名言」の一つだと考える拙ですが「その負の状況」は、おおかた、「そのときの支配的な思想は支配階級の思想である」なる「ことば」「名言」です。そのことを自らに銘記させながら、真の「抵抗」とは今は何かを求めて生きていくことの価値の大切さを、ここでも思ったしだいです。

（香川　**西東一夫**　84歳）

※みなさまのご感想・お便りをお待ちしています。お気軽に小社「読者の声」係まで、お送り下さい。掲載の方には粗品を進呈いたします。

書評日誌（三・一九〜四・一五）

(書) 書評　(紹) 紹介　(記) 関連記事
(イ) インタビュー　(テ) テレビ　(ラ) ラジオ

三・一九　(イ)聖教新聞「いのちを刻む」（「文化」）／「鉛筆画が開く世界」／「自伝『いのちを刻む』の著者　木下晋氏に聞く」）

三・二一　(記)新美術新聞「いのちを刻む」（「美・友・人」）／「56年目の自分との再会」／木下晋）
(記)朝日新聞「世界の悲惨」（「情報フォルダー」）
(イ)朝日新聞(be on Saturday)［社主・藤原良雄］（「フロントランナー」）／「時空を超えて言論を育む」／『大切なのは覚悟。信じ、押し切れるか』／小泉信一）

三・二三　(書)毎日新聞（夕刊）「全著作〈森繁久彌コレクション〉」（「名優・森繁久彌が描いた自身と時代　著作集刊行」／戸田栄）

三・二四　(紹)エコノミスト「近代家族の誕生」

三・二六　(書)日本経済新聞「日本を襲ったスペイン・インフルエンザ」（「活字の海で」／「繰り返されるウイルスとの戦い」／「歴史人口学者の遺作が警鐘」／前田裕之）
(記)朝日新聞［三・二一記事への声］（「みなさんから」）

三・二九　(紹)京都新聞「消えゆくアラル海」（「新刊の本棚」）

三・四月号　(紹)外交「消えゆくアラル海」（「新刊案内」）／「干上がるアラル海　農学者の貢献いかに」）

四・二　(書)週刊文春「日本を襲ったスペイン・インフルエンザ」（「私の読書日記」／「日本を襲ったスペイン風邪」／鹿島茂）

四・四　(記)読売新聞「機（no.336）」（「五郎ワールド」／「香り高き高雅の人逝く」／橋本五郎）

四・九　(書)読売新聞「いのちを刻む」（「文化　アート&エンタ」／「木下晋さん初の自伝刊行」）

四・一一　(書)日本経済新聞「消えゆくアラル海」（「この一冊」／「巨大な環境破壊　調査に奮闘」／山根一眞）

四・一五　(書)解放新聞「大地よ！」（「屈辱の歴史を生き、常にそれと向き合い」／「芸術、運動を通して乗り越えてきた道のりの書、希望の道」／島田あけみ）
(記)朝日新聞「全著作〈森繁久彌コレクション〉③情――世相」（「折々のことば」／鷲田清一）

四月号　(紹)月刊美術「いのちを刻む」（「新刊案内」）

七月新刊予定

＊タイトルは仮題

「日本には二つの中心がある」

楕円の日本
日本国家の構造

山折哲雄
川勝平太

「日本」における芸術・文化・宗教の二千年史を、グローバリゼーションの今、どう捉え直すのか？　国家と国土、権力と権威、聖と俗、芸術と宗教などの「二つの中心」によって織り成される日本の知と文化が、今どうあるべきか、宗教学者・山折哲雄と、経済史家・川勝平太が徹底討論！

［附］川勝平太「十三世紀日本の軸の思想――親鸞を中心に」書下し一五〇枚

生きものは、変わってゆく存在

中村桂子コレクション　いのち愛づる生命誌　全8巻
3 かわる
生命誌からみた人間社会　［第6回配本］

「生きること」を中心にする社会を実現するためには、人間も多くの生きものたちの中の一員であることを自覚する方向に、私たちの意識が根本的に変わる必要がある。悲惨な東日本大震災のあとに、われわれはどう変わるのか。〈解説〉鷲田清一
〈月報〉稲本正／土井善晴／大原謙一郎ほか

九ヶ国語に翻訳の名著、待望の新版

赤ちゃんは知っている〈新版〉
認知科学のフロンティア

J・メレール、E・デュプー
加藤晴久・増茂和男訳
序に代えて＝小林登

赤ちゃんには生まれつき言語能力があるのか？　認知科学の世界的権威が、乳幼児の視覚、聴覚、空間と物体の認知、自己と他者の認知、そして言語獲得の過程を、豊富な実験例によって描き、赤ちゃんが生まれつき持っている能力を明快に説き明かす名著待望の復刊。

日本人にとって「好奇心」とは何か？

好奇心と日本人〈新版〉
多重構造社会の理論

鶴見和子
〈序〉芳賀徹「鶴見和子『好奇心と日本人』に寄せて」

古代から現代に至るまで、日本人が外来の文化を貪欲に取り入れる駆動力となってきた「好奇心」。その「好奇心」を手がかりに、日本の自前の「社会変動」のパターンと、その結果としての「多重構造社会」の形成を読み解いた、社会学者としての面目躍如の書、待望の復刊！

6月の新刊

タイトルは仮題、定価は予価。

民衆と情熱（全2巻）
大歴史家が遺した日記 1830-74
I 1830〜1848年 ＊
J・ミシュレ
大野一道編 大野一道・翠川博之訳 口絵8頁
四六変上製 六〇八頁 六二〇〇円

全著作〈森繁久彌コレクション〉（全5巻）
5 **海――ロマン** ＊ 完結
〈解説〉片山杜秀
月報＝司葉子／安奈淳／岩代太郎／黒鉄ヒロシ／上條恒彦／富岡幸一郎／森繁建
口絵 モノクロ4頁／カラー4頁
四六上製 四八〇頁 二八〇〇円

虚心に読む ＊
書評の仕事 2011-2020
橋本五郎
四六上製 二八八頁 二二〇〇円

7月以降新刊予定

楕円の日本 ＊
日本国家の構造
山折哲雄・川勝平太

好評既刊書

中村桂子コレクション いのち愛づる生命誌（全8巻）
3 **かわる** ＊
生命誌からみた人間社会
〈解説〉鷲田清一
月報＝稲本正／土井善晴／大原謙一郎ほか 口絵2頁

赤ちゃんは知っている〈新版〉 ＊
認知科学のフロンティア
J・メレール＋E・デュプー
加藤晴久・増茂和男訳 新版序＝小林登

好奇心と日本人〈新版〉 ＊
多重構造社会の理論
鶴見和子
〈新版序〉芳賀徹「鶴見和子『好奇心と日本人』に寄せて」

〈増補新版〉**海から見た歴史**
ブローデル『地中海』を読む
川勝平太編
網野善彦／石井米雄／ウォーラーステイン／川勝平太／鈴木董／二宮宏之／浜下武志／家島彦一／山内昌之

金時鐘コレクション（全12巻）
10 **真の連帯への問いかけ** ＊
「朝鮮人の人間としての復元」ほか 講演集I
〈解説〉中村一成
月報＝金正郁／川瀬俊治／丁海玉／吉田有香子／ 口絵2頁
四六変上製 三九二頁 三六〇〇円

黒田勝雄写真集
最後の湯田マタギ ＊
黒田勝雄 推薦＝瀬戸内寂聴
B5上製 一四四頁 二八〇〇円

内田義彦の学問 ＊
山田鋭夫
四六上製 三八四頁 三三〇〇円

評伝 関寛斎 1830-1912 ＊
極寒の地に一身を捧げた老医
合田一道
四六上製 三二八頁 二八〇〇円

感情の歴史（全3巻）
A・コルバン／J-J・クルティーヌ／G・ヴィガレロ監修
I 古代から啓蒙の時代まで
G・ヴィガレロ編 片木智年監訳
カラー口絵24頁
A5上製 七六〇頁 八八〇〇円

全著作〈森繁久彌コレクション〉（全5巻）
4 **愛――人生訓** 内容見本呈
〈解説〉佐々木愛
月報＝池辺晋一郎／本條秀太郎／林家正蔵／原荘介 口絵2頁
四六上製 三六〇頁 二八〇〇円

日本の「原風景」を読む
原剛 写真＝佐藤充男 カラー口絵8頁
四六判 三二八頁 二七〇〇円

＊の商品は今号に紹介記事を掲載しております。併せてご覧戴ければ幸いです。

書店様へ

▼4月発刊のアラン・コルバンほか監修『**感情の歴史I**』（全3巻）が早速5／16（土）『毎日』「今週の本棚」にて三浦雅士氏が絶賛書評！▼5／2（土）『読売』「五郎ワールド」にて橋本五郎氏が『**釈伝 空海**（上）・（下）』を紹介。▼第70回ベルリン国際映画祭・エキュメニカル審査員賞を受賞した想田和弘監督の映画『精神0』。精神科医・山本昌知氏の引退と、その後を見つめたドキュメンタリーです。小社では教育学者大田堯氏との共著『**ひとなる** ちがう／かかわる／かわる』がございます。是非一度ご展開を！▼『**大地よ！ アイヌの母神、宇梶静江自伝**』が共同配信にて書評掲載。（河津聖恵氏評）。6／7（日）『読売』書評のほか今後もパブリシティが続きます。在庫のご確認を！▼『**日本を襲ったスペイン・インフルエンザ**』が再び重版（12刷）。5／12（火）NHK BS1スペシャル「ウイルスvs人類3 スペイン風邪 一〇〇年前の教訓」（磯田道史氏紹介）ほかにて取り上げられております。引き続き大きくご展開を！

（営業部）

二〇二〇年　後藤新平の会

第14回　**後藤新平賞　授賞式**

本賞　**宇梶静江氏**（詩人、古布絵作家）

【シンポジウム】後藤新平の「生を衛る道」を考える　Part 3

首都東京と後藤新平

〈基調講演〉**青山　佾**（元東京都副知事）

〈シンポジウム〉**片山善博**（早稲田大学教授）
加藤陽子（東京大学教授）
中林啓修（国士舘大学准教授）

〈司会〉**橋本五郎**（読売新聞特別編集委員）

【日時】7月12日（日）授賞式11時／シンポジウム13時半開会
【場所】アルカディア市ヶ谷（私学会館）
【入場料】二千円
【定員】百名（申込先着順）
【主催】後藤新平の会　＊申込みは藤原書店

出版随想

▼今や新型コロナが話題にならない時はない。四六時中、われわれの生活にコロナが入り込んでいる。六月九日現在、世界の感染者は、七〇一万人、死者は四〇万人。日本の感染者は、一万八〇〇〇人、死者は九三〇人（ジョンズ・ホプキンス大統計／国内はNHKまとめ）。感染者の内、死者の割合は、平均五～六％。世界人口七七億の中での死者の割合は、〇・〇〇〇五％だ。これを多いと見るか少ないと見るか、見方は様々だ。ただ、今の時点で今回の新型コロナ禍が終わったと見るのは早計だと考えている専門家は多い。今から百年前に起きた通称「スペイン風邪」の時も、速水融氏の『日本を襲ったスペイン・インフルエンザ』によると、一九一八年春から一九二〇年春まで約二年余、途中収まった時もあったが、三回の波が押し寄せて、延べ国内で四五万人、国外で二九万人の日本人が亡くなった。世界でも四五〇〇万人の死者が出たといわれる。今後の対策も今から十全に練って置く必要がある。

▼今月は、そもそも「ウイルスとは何か」という特集を組んでみた。われわれ人間に襲いかかってくるウイルスの正体とは何かを、三人の識者にそれぞれのお立場からご寄稿をお願いした。なかでも驚いたのは、中村桂子さんによる、ウイルスが哺乳類の胎盤形成に重要な役割を果たしている、という件り。勿論人類も然り。因みに、ウイルスは、この地球上に姿を現したのが三十数億年前。人類はたかだか二～三十万年前。ウイルスの発見が、電子顕微鏡が発明された一九三〇年代。〇・〇〇〇一ミリという微小で肉眼では見えない代物。

▼ウイルスと本当に人間は闘うことができるのか。当時、〝感染症対策の第一人者〟といわれた後藤新平ですら、台湾でマラリアに罹患し、帰国してからもその後遺症でかなり悩まされたといわれる。ウイルスとの共存しかないとなれば、われわれ人類は、これまでの来し方を見つめ直し、新しい第一歩を踏み出すことしかないように思われる。如何なものか。　（亮）

「河上肇賞」募集中!!

第16回　**河上肇賞**

◎優れた未発表論考を本にする、画期的な出版賞。
【審査対象】12万字～20万字の日本語による未発表の単著論文（一部分既発表でも可）。経済学・文明論・文学評論・時論・思想・歴史の領域で、狭い専門分野にとどまらない広い視野に立ち、今日的な観点に立脚し、散文としてもすぐれた作品。
【提出〆切】二〇二〇年八月末日　必着
【選考委員】赤坂憲雄　川勝平太
新保祐司　田中秀臣　中村桂子
橋本五郎　三砂ちづる　藤原良雄

夏日

夏日はげし
草いきれ
蹌々として
虫は跳ね

人蹌々として
光の中に
蹲る

その片へに
乙女子の声を聞く

阿蘇にて

煙り立つ大山
麓には一人粗朶《そだ》たき
カッポ酒
このひと時
山よ怒りて
我を埋めよ
やがて化石となりはて
幾万年
ひょっこり世に出て
人に逢いたし

聳り立つ大山
麓には一人粗朶たき
カッポ酒
このひと時
山想りて
我を埋めよ
やがて化石となりはてし
幾ろし汁
山よつこり世に出て
人に逢いたし

阿蘇にて

久彌

日本列島に寄す

この国土に生まれ
この国土の米をたき
この国海の魚をくったからにゃ
はいさよならと
この国土からは去れまい

今日も
この国土に新しき命が生まれ
古い命は死にはてていく

河はよごれ
海はにごり
山はけずられ
空はくもるとも

この国土が大きく
そのかたちをかえることもあるまい

国土よ痛みうすく
その美しい命をながらえよ

人、魚、牛馬、鳥や蝶
そのなりわいを失うべからず

まちがいもなく

ここに生まれ
ここに育ちし
この国土よ

暮れゆけば　悲しきばかり
茜に映える
日本列島よ

こじき袋

刑事は足だ　という
役者は目だ　といいたい
目ざめて眠るまで
目にふれる一切を
頭の袋に入れて
ある日の用に足す
昔の芝居びとは
これをこじき袋といった

友よ明日泣け

ほんとうの倖せに
しみじみとむせび泣きたいのなら
あなたよ
今日の不倖せには
笑って
耐えようではないか
友よ
明日泣け

妻の逝去に寄せて

恋せし頃の
君　あな美しき
妻となり　娘息子を生み
嗚呼
あの日から　すべてこれ苦しみの
幾歳ぞ
重き荷を背負いて
廃虚のなかの　幾春秋

六十年は
まるで　白駒の隙をゆくがごと

重々の言葉も胸に秘め
ひとり　道をいそぎぬ
遠き道
何を念うて歩むらん

思えば
またも虚しさに
涙頬をぬらす
あゝ　一九九〇年
慚愧の秋は
黙念として
　　更けるのみ

平成二年十一月
　　妻を偲びて　　　　久彌

我を育てし　兵庫の里よ、友よ――阪神淡路大震災に際して

怨憎会苦《おんぞうえく》とい丶ます。修羅の巷と化した被災地には、言葉もつまります。天災とは全く無残なものですね。はたして対岸の火事でしょうか。遠くに居る無私の老人は迷います。そして心を奈落の底にいためます。
やがて　加えて昨日、今日の青空は、生きものへの嘲笑《あざわら》いでしょうか。

紅梅のこの赤の　そら怖ろしげな
腕さすり　頬つねる　昨日今日
兄等《けいら》の無事を　どう祈るや　その術もなき
雲流る　六甲よ

〔平成〕七年一月二十六日　　森繁久彌

神の座

白神のその白神の
　　奥深く
杣人たちは
　　ここに来て
のどをうるおす
　　愛の水
流れ流れて鯵ヶ沢
　　小さな田圃に
金の米
杜氏を唸らす心意気

榨る酒こそ
黄金《キン》の水
神の座こそ尊けれ
ここに生まれる
華の香に
集うてうたえよ神のうた

大吟 神の庵

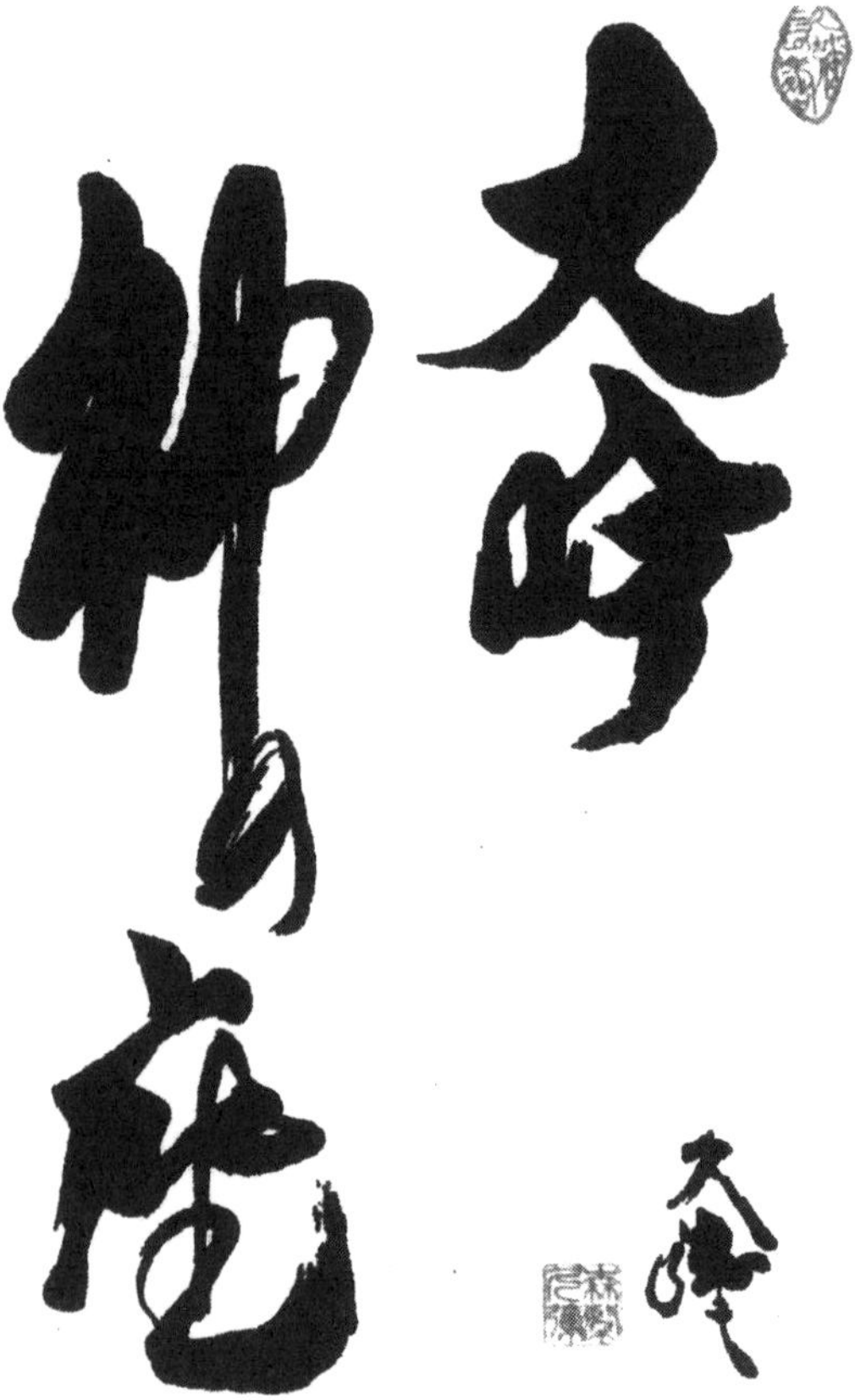

詩と文――『一片の雲』より

五月の空

雲もない
雨あがりの
五月の空は
嘲笑ふ

涯もなく生き長らえてよしと
無窮の命をば得て
その日
神のもとを去るような
やり切れなさ

何をあくせく昨日を怒り
何をあくせく今日を喜び
何をあくせく明日をおそれ
無限の青壁に唾をかける

鳥一羽
舞ひ舞ふほどに
一片の雲よ
五月の空を飛べ

セピアの海

色あせし
セピアの写真よ
このひとも
うなゐのころは
童子のごとく
母によりそひ
紺がすり
小倉の袴のりりしく

風白きひと日

その午さがり
買いもとめしニコンを
老いたる妻におしへつつ
あえかに細き枝々の
ひそみて光る
冬　落窪の陽だまりに
写せし一葉

とし経《ふ》りし
わが文机《ふ》の
粗《あら》き木目と　二葉の写真
ここに来ていまし想へば
うた四十年の春秋と
優しかりしひとのこころと
われのみ置きて

いづち　行きけむ
はなだに暮るる窓の辺に
涙して　眺めてありぬ

年を経て変色した写真には不思議に心ふるえさせられるものがある。それがもし、昨今のように現像や焼付の技術の優れたもので、幾十年の間にも何の化学変化も起こさず、そのかみの日のままに鮮かであったら、果して胸に迫るこの懐しさを覚えるであろうか。そしてまた、構図のいかにも素人臭く、焦点すら満足に合っていないものの中に、なぜかことのほか心魅かれるものがよくあるものだ。画面の隅にその形も定かでないが写っている軒端の風鈴を見れば、今でもその涼やかな音が蘇って来るようだし、紺がすりの気取って倚《よ》っている大きな庭石の冷ややかさは、甘い悔いのように肌に伝わって来る。セピアの哀しみとでも言おうか、それは甘酸っぱく仄《ほの》白く、じっと見つめていると、優しくも懐しいあのセピアの海に吸いこまれて行くように思われてくるのである。

古いアルバムを繰っていると、大変写真の数の多い年があるかと思うと殆んど一葉すらも無い年があったりする。全く撮らなかったわけでもあるまいし、大方長い年月の間にその分が散逸してしまったのであろうが、そうしてみると不思議にその無い年についての記憶が甚だ曖昧になってくるのである。たとえ、年代記的な意味での出来事は、他の方法、例えば日記などで思い出せても、決して、それが目や耳に生き生きと蘇ることのないのはなぜだろうか。逆に、さしたることの起こらなかった年であっても、セピアの一葉によって実にまざまざと、それらの日々が帰って来ることがある。たわわに実をつけた庭の柿の木の枝ぶりや、土蔵の白壁にいつの頃からかあったしみの形や、はたまた若かった母の声や、その日の風の香りや。

一年に一葉でよい、さしていわれもない写真を人は残さねばならない。やがてそれは微《かす》かに色を変え、更に年を経てその色を濃くし、果てはセピアの海となろう。人の世に人と生まれて、人はみな、静かに、静かに、年月の逝く音を聴きながらセピアの海へ還って行くのであろうか。

古い写真の一葉を前に、思えばセピアはこよなく鮮かな色である。そしてこよなく哀しい色である。

親父と息子

夏のさかりの一日だった
親しい友と　いさかいの故か
ふらりと　五年ぶりに故郷にかえった

誰もいない道
誰もいない町を通った
懐しいキシむ音を聞きながら
裏木戸をあけた

ひなげしの咲いた庭に

人影はなかった
裏の大きなけやきの下に
親父は向うをむいて
空を見ていた
笑う力もない顔で——

井戸の中からビールの冷えたのを
下げて来た
五年の間をちぢめてくれる
何の話もなかった
黙って二人は
泡の下の冷たい　にがさをかみしめた

親父は　古い麦ワラ帽子をぬいだ
耳の遠くなった

その顔は
わたしの話の半分も聞えてないのだ
二人は飲んだ
二本目のビールを
「母さんが帰って来たら
好きなものを作らせろ」
親父の目は
わたしが　かつてみたことのない
さみしく　やさしい目だった

「父さんいくつになった」
「お前より上だ」
「父さんは　母さんを何度泣かした」
「始終　泣いていたなぁ」
「父さんは金借りてこまっているんだろ」

「生意気いうな」
「父さん恋人がいたかい」
「母さんに聞いてみろ」
「父さん　もっと飲むかい」
「お前より先に酔えるか」
「父さん　父さんは泣いたことがあるかい」
「ああ　夕立が来るなぁ」

「熱いか」
井戸のそばから父の声
立ちこめる湯気のなかで
自分の躰を見ていた
竹筒のトヨから水がきた
親父のくんでいるポンプの音のあいまに
母さんのキュウリもみを作る音が聞える

ふるさとの空は　まもなく
大粒の雨で泣きぬれた

海

潮騒が聞える
夏の太陽の光りにのって
潮の香が虹色の
粒子をまき散らす

ある日　わたしは
この海の上を歩いた
すうい　すういと
水すましのように歩いた

一匹の飛魚が
波の上に姿を見せて
わたしを
いざなった

風が出てきた
波は高く
わたしを
さえぎり

波は低く
わたしを谷間に引き落して
全身を
潮に染めた
・

四十度の水の山をのぼり
二十五度の水の坂を
矢のように滑った

雲は海面をなめて
雨と風を呼んだ
一人きりの海の旅
幻のように海が見える

ハイビスカスの
花のゆれる港
錨をまく音が
白い壁にこだまする深い港

エメラルドの

上の夕陽
ココナッツの入江

霧の中の橋は
長く
雲の向うの
漁村は遠い

水すましは
くたびれなかった
すうい　すういと
わだつみを庭とした

星がきれいだ
そっと　手をのばし

水をすくった

ホロホロと
手のひらから
こぼれ落ちる
青く光る真珠におののいた

海も
空も　星の道だ

遠い時間が
永遠のうねりの中で
ささやきかける
ここはお前のふるさとだと

海の背で
水すましは
碧い子守唄を
聞きながらねた

バラ色の
天地が
群青の中に
廻り始める頃

水すましは
目の前に
ひとひらの蝶を見た
こんな海原の涯に

こんな白い友だちがいた

水すましは
つかれたその
白い友を背に
のせた

そして
長い
長い
話をした

知床の人びと

北方領土返還の声が巷にかまびすしい。

千島列島の歴史を読みあさるうち、改めてソ連の理不尽に切歯の感を深くするのである。

領土とは一体、何であろう。


先日、孫を海水浴につれてゆき、渚で砂をつんで遊ぶ彼らの城を見ながら、波の力ににべもなく潰《つい》えさる様を、ふと北方の島にも似る思いで見ていた。

或は、歴史のつまずきがあれば、知床の大自然も、も早や帰らぬ幻となっていたかも知れぬと、そう思いながら、ノサップの岬から、風蓮湖、知床半島の雄大な景観を再度懐しんだ。

私どもの作った映画〝地の涯に生きるもの〟。戸川幸夫氏の原題――オホーツク老人――が、まだ道も宿も十分でなかった知床の各地をロケしながら一年をかけて完成した時、私たちは映画の筋と出来映えにだけ歓喜していた。間もなく、それがキッカケ――ではないが、国立公園の指定となり、ようやく世間の耳目を引くようになって、ああいい仕事をしたナ、と思うようになった。というのは処女のような知床の自然を存分にフィルムにおさめておいた、いわば記録映画の役目も果たしたということである。

尚この折に特筆しておきたいのは、北海道の辺境に住む方たちの、いうなれば北海道人気質ともいう北魂《きただましい》である。その方たちの素朴な人情もさることながら、私たち旅人が遠く及ばない、エゾ地を墳墓《ふんぼ》の地とする切々たる郷土愛である。知床の各地は、その殆んどの人達が北方領土からの引揚者であるという。故に彼らの彼の地への思慕は、私たちの感傷とは違う、魂の底に焼きついた血のしたたる一部なのだ。せめて、ハボマイにシコタンに、クナシリ、エトロフに、より近いところへ住みたいと願うその気持ちが、それでうなずけよう。

拙歌「知床旅情」が流行歌として、全国の人々にうたわれたが、現地の住人たちは、それとは些か違った誇りや、憶《おも》いであの歌を口にする。作者としてこんな嬉しいことはないが、そうなれば、〽飲んで騒いで……でもあるまいと、詩を書き変えて北方を謳いあげようと「オホーツクの舟人」として、改作した。

今また、私はそれらの人たちの心を敷衍して、「ちぎれ千島に雲が飛ぶ」なる北方四島への追慕の歌を作ったが、失われた土地は永遠に、そこに育ち生活した人たちの網膜から消えさることはあるまい。歌詞も曲（岩代浩一氏）も、それを哀慕の声としたかったのである。

とまれ、その祖先の地も、何時かは、遠い異国としかおぼえぬ二世三世たちから離れ去ってゆくことであろう。が現代の流れの中でやむにやまれぬこの気持ちをせめてもの形とした知床史とうぬぼれた私である。

ちぎれ　千島に　雲が飛ぶ
ちぎれ　千島に　雲が飛ぶ
クナシリよ　故郷《ふるさと》よ
父母の白い墓標《はか》

心安らかに　眠れましょうか
コマクサの紅《あか》い花は　咲いてましょうか
せめて　この一輪
海鳥よ　くわえて　飛んでゆけ

エトロフよ　故郷よ
北転の青い船
船出した兄は　何処《いずこ》でしょうか

幻の国境《くにざかい》は　あるのでしょうか
　帰れ　あの雄々しき
　舟人《ふなびと》よ　胸に深く

ハボマイよ　故郷よ
昆布ゆらぐ　黒い海
音立て流れる　氷の海路《みち》よ
シコタンの　えぞ小桜　咲いてましょうか
　せめて　この丘から
　あの島へ　我が声　飛んでゆけ

オーイ　オーイ　オーイ
ちぎれ　千島に　雲が飛ぶ

この歌詞が出来た夜、遠く知床の知人に電話をかけ、千島引揚者の皆さんに校正を依頼したが、こんな返事が返ってきた。

「コマクサは、白とピンクしかありませんが、ピンクもまあ赤の一種ですから、ええと思いますが、題名で皆一寸考えこんでいます。ねえ森繁さん、ちぎれ千島に雲が飛ぶ――というのはどういう意味でありましょうな。千島がちぎれているということでしょうか？　ちぎれ千島という言葉はわたしどもにはありません。千島列島にちぎれ雲が飛んでいると解釈したもんでしょうかな」

私は、この電話を耳にしながら、改めてこの人たちの熱い息を感じとっていた。

詩人は、観念に生きているが、現地の人には、そんな甘っちょろい心象の遊技ではない、もっと心奥からふりしぼるような悲願の血が、その中にたぎり息《いき》づいているのだ――と。

熟年

還暦だと言いふらして、わたしに赤い着物を着せ、おじいちゃんになっておめでとうと、とんと理解に苦しむシラケ私祭があって、あっという間に四年の歳月が過ぎた。

最近、なるほど年には勝てぬナ、というような、わびしい気持にチョイチョイなるのだが、これが老への前奏曲かと沈鬱を味わうことが間々ある。

過ぐる日、某文人の古稀の宴に参上したところ、私の前の席の八十歳近い大学のえらい先生が面白いスピーチをされた。

「折角の御馳走だが、古稀の祝いなどナンセンスです。七十歳を迎えて、ああ古来稀なりと祝うのは嘘です。古稀の祝いというのは、正しくは七十歳で子供が出来た時に祝う祝いです。ついでながら、六十歳から老人というのも、これまたナンセンスです。平均年齢をごらんなさい。今や男も女も七十何歳じゃないですか――。

さて、そこで私に一つ提案があるのだが、これは医学的に見ても間違いないので申します。八十歳から上を老人と呼んで下さい。よござんすか――。八十、九十、百以上は年寄りです。

元気そうでも、手をかし、タダで乗物に乗せ、何くれとなく国でめんどうを見ていただきたい。したがって、六十歳から八十歳までは老人と呼んではなりません。しからば何と呼ぶか、これを「熟人《じゅくじん》」と呼びます。そして、その二十年間を「熟年《じゅくねん》」と心得ていただきたい。ここで熟人の心得を一つ申しそえておきましょう。

〝熟人たる者は、進んで事をすべからず。人に頼まれたる時のみ、己れを顧《かえり》みて、出来ることとなれば致すべし〟と」

わたしは、何か晴れ晴れと眼の開く思いで、最近の己への反省もこめ家路についた。爾来、逢う友ごとに熟人、熟年を喧伝している。

熟年や
今さらに見る
残り菊

空に咲く

大阪に住んでおられる吾孫子《あびこ》さんという方から、手紙が来て、

「あなたが満州新京の放送局に居られる頃、私ども満州国軍の飛行隊が、いよいよ風雲急を告げる頃、この地にも神風隊が出来て、蘭花特別攻撃隊と命名されました。あの時、私どもは貴兄に作詞を依頼し、イタリーに声楽の留学をされた有名な上野耐之《たいし》先生が、新京放送局に在勤と聞いて、この歌を作っていただきました。いまだに、あの頃の日本人の飛行将校は（満州人、白露系あり）懐しくこの歌をうたって当時をしのんでいます。お忘れかとも存じ、歌詞・楽譜をお送りします。」

という文面と一緒に次の歌が送られてきた。

巧拙はともかく、ここにしるして、当時の記録としたい。この手紙と同時に思い出したのは、たった一人の白系ロシア人の青年将校がこの満州国航空隊に居り、ソ連進入と同時に、大陸の上空で散華したのが、確かな記憶ではないが、私にある。

空に咲く

作詞　森繁久彌
作曲　上野耐之

一
つもる吹雪を煙とまいて　続け戦友《とも》よと満州野《ますの》をければ
凍るまつ毛に朝日かげ　いざやいざ
空征かば雲染む屍　蘭花特別攻撃隊

二
みどりみどりの草原けって　征くぞ戦友よと愛機を駆れば
雲はみ空の花畑　いざやいざ
空征かば雲間に咲かむ　蘭花特別攻撃隊

三
地平はるかの北斗をあとに　さらば戦友よと翼を振れば
眉をかすめて星が散る　いざやいざ

空征かば銀河に散らむ　蘭花特別攻撃隊

四

稔る高粱《こうりゃん》穂波がゆれる　たのむ戦友よと眼下を見れば
畑に手を振る子供たち　いざやいざ
空征かばみ空の楯ぞ　蘭花特別攻撃隊

〝わがアナテフカ〟

アナテフカ
それは　ロシアの片田舎の村
かりそめの故郷とはいえ
かりそめの生き死の土ではなかった

じいさんの墓もあった
ばあさんの墓もあった
それは　ここに生れ死んだ人たちの
墓の間にあった

その丘の上に
陽はのぼり
陽は沈み
喜びと悲しみをのせて
日は流れ　年はこともなく移り過ぎた

若者は結ばれ
歌い踊る
老人も手をくんで民族の昔を踊る
神への感謝を　その手やその足にのせて

祖国なき民よ
追害と　ののしりの中にも
彼らはユダヤの誇りを忘れなかった
非情の運命の中に

青い狼火《のろし》のように
アナテフカの人々は狂った

テヴィエも
ゴールデも
勿論　ラビ（司祭）も
夢の中に聖地エルサレムを見ながら踊った

風のそよぎ
木々のみどりは　そのままだが
何ゆえか
去らねばならない　このアナテフカ
見知らぬ土地へ
人はゆく　車はゆく
永く住みなれた故郷を捨てて

見なれた丘も　森も　湖も
すべては　そのままだ
あまりにも明るい
牛は泣き
犬は吠えた
しかし誰もとめはしないのだ
一本の道は長く　余りにも細く
その道は　いずれ別れ別れになり
名も知らぬ土地へつながっていくのだろう

　人はゆく
　車はゆく
　アナテフカをあとに

〝北海道の秋〟

知床　羅臼町。

対岸にクナシリが青く見える小公園にオホーツク老人に扮した私の顕彰像と知床旅情の歌碑が出来上った。

かつての羅臼町町長　谷内田進氏の執念が実ったものと云えよう。

このたぎるような老いの一徹が羅臼の人々を動かして町をあげての仕事になったのだ。

胸のこみ上げるのを禁じ得ず私はこの像の前に立った。

思えば十数年前、戸川幸夫氏の〝オホーツク老人〟の映画化で〝地の涯に生きるもの〟がこの地に冬・夏、二ヶ月の長期ロケを敢行し町長はじめ町ぐるみでお世話になった。

これがあとにも先にも私のたった一つの森繁プロダクションの作品である。

しかも、ロケ隊がサヨナラのかわりに歌おうと私の作った即興曲〝知床旅情〟が後年、全国は勿論、世界で歌われ演奏され、つづいては、この地が国立公園に認定されたのも奇しき因縁だ。

知床、それはアイヌ語でシレ、トク、つまり地の涯を意味する。その最涯《さいはて》に立つ青銅の像は私に違いないが、それは仮の姿だ。

長い北海の歴史の中で死と血と汗と凍結にのたうち廻りながら築き上げた開拓先人たちの峻厳な姿に他ならない。

今、北方領土の我に還る日を夢みて、父祖の地クナシリ、エトロフ、ハボマイ、シコタンを遠望するこの一漁師の眼は、悲願と痛恨の一九七八年の歴史の眼《まなこ》でもあるのだ。


私達夫婦は秋も深まる道を谷内田さんと層雲峡へ車を飛ばした。峠あたりはようやく雪と報じられたが無事暮れなずむ峡谷の宿に着いて浴槽の人となったが、ラウスのみんなと裸になり湯舟の中で手を握りあい深い感謝をはじめて申し上げた。

感涙が湯気に流れた。いい夜だった。

早朝、車は層雲峡を出たが白くボタン雪が舞い散った。それが山を下りて名寄への道を急ぐあたり遠く山脈《やまなみ》は錦繡の秋を陽ざしに輝かせ北国の雲の下を絢爛《けんらん》と色どっていたが、車窓の前は俄雨となって小さな虹が出来た。

層雲に白く車窓をたゝく雪
名寄あたりで　狐雨なり

ただ一通の誠実な手紙に感謝して旭川への道を逆に折れ、遠く北へ名寄の町に講演をひきうけた。

道は遠く　ただコスモスの風にゆれ
いづこに行くか　北のまた北

ナナカマドの紅い実が、こぼれるようにゆれる。この紅がこれからの吹雪の中にも枝にしがみついて、ますますその紅さを増すという。

ナナカマド　冬は近しと語るごと
名寄あたりの　雪に散る紅《べに》

これから少し奥へ入ると、北海道一の寒冷地モシリ村があるという。去年は零下四十三度を記録したとか。

この村が　氷下の底に沈むとは
錦繡の山に秋陽ぬくもり

札幌の街は道行く人もせわしそうで、とうもろこしの屋台も戸を下していた。冬がくるのだ。

あの像の　何を憶うて　立つならむ
人も静もる　氷雪の中

集いによせて

歳月は　あやに　哀しきもの
満蒙の地は　すでに　それ
余りにも遠し
追憶を瞼に描くも
古きフイルムのごとく
切れぎれて　かすれ続かず

柳絮《りゅうじょ》舞い舞う春のさま
夏雲は彼方に海のあるごとく高く
秋風は満人のタンポーラの紅に染み

冬は万物静もりて大地にねむる
ことごとく　それ　断片をいかにせんや
五十有余年
日へぬ　月へぬ　年ふりぬ
あの乙女は　既に前髪を白くそめ
我が友は　いたずらに老いへの道を急ぐ

よしなきことを　くりかえし
せんなき夢をたどりて
倖せ薄きなかに　黄泉のくにへと早立ちせり

遠き日の　遠き国の
そは　幻の物語りならんか
相集いて　いみじくも　語らんとす
思い出こそ　今やはえ

玻璃《はり》の玉なる宝とや

友よ
知らざる者を求む勿れ
語るを好まざる者に強いるをやめよ
胸熱く　酔い　涙して　打興ずる者のみ
往時にひたるをよしとせんか

友の懐しき顔の中にまじりて
忘却のフチに沈みし
満語が生まれ
露語が洩れ
懐しき馬車《まちょ》の鈴の鳴るを聞くべし

〈在満女性友の会の為に〉

無題

散りそうな　花に添え木の　菊の宴

七十一歳の私に、文化功労者という素晴しい添え木をしていただいたのだから、花を一輪でも二輪でも咲かせることが、後輩により大きな道が開けることにつながるのだ、と肝に銘じている。

忘れがたき北野中学

八十年も生きて、なお、わが心の底にかそかに宿る思い出は中学校の頃だ。その母校が一二〇年を数える。

忘れられない友も大半は逝き、年をとればいかにもわびしい毎日だが、そんな中でキラリと光る青春のかんばせ、とでも云おうか。私はその得がたい追慕に老いの身を忘れる。

どういうもんだろう。叱った先生ばかりが懐かしい。ぶっ飛ばされて鼻血を出しながら謝らなかったわたしは、いずれ卒業の時に仕返しをしてやろうと、ひそかに鼻血を拭いたが、それもこれもどこかへ吹っとんで、ただ懐かしさだけが残る。

叱らなかった先生は殆どおぼえていない。叱った先生は克明におぼえている。西陽のさす教室にひとり残されて、わたしは遂に泣いて両手をついて先生に謝った。

顔を上げれば涙にうるんだ目に、先生も泣いているのを見たのだ。

西陽も落ちて教員室で、先生の御馳走してくれた素うどんが、また涙のでるほど旨かった。爾来わたしはうどん屋でも素うどん以外は食べなかった。

そのうどんの残りつゆの上に、先生の顔が浮いてくる。

ああ、その先生方もほとんどの方が黄泉の国へ先立たれた。懐かしくも涙のうるむ母校、北野中学。

鐘は鳴る

――六稜同窓会に贈る逍遥歌

作詞・森繁久彌（四五期）
作曲・岩代浩一

一、あゝ　まなびやの空とおく
もどらざる雲　今日も飛ぶ
ポプラはゆれる　青春《はる》の道
いとおしき友びと
いま　若き日々の
鐘は鳴る　鐘は鳴る　鐘は鳴る

二、あゝ　淀川の土手とおく
もどらざる水　今日もゆく
青くながれる　行春《はる》の影
六甲の　あかねよ
いま　言葉なくとも
鐘は鳴る　鐘は鳴る　鐘は鳴る

三、うた声かなし　惜春《はる》の夢
なつかしきものみな
いま　さらばとばかり
鐘は鳴る　鐘は鳴る　鐘は鳴る

歌詞

しらかべ

しらかべを　おもいだしたよ
しもやけの　もみじの手
七草きざんで　進ぜましょう
春の　陽だまりは
しらかべの　下だったよ

しらかべを　おもいだしたよ
叱られて　泣いていた
七つの妹　手をひいて
雨の　ばんがさに
しらかべも　ぬれていたよ

（朗読）
しらかべを　おもいだしたよ
照りかえす照りかえす　草いきれ
二人で話した　ないしょごと
夏の夕ばえに
しらかべもしらかべも　燃えていたよ

しらかべを　おもいだしたよ

甲斐なきや　恋ごころ
ひとりで　落がき　片すみに
秋の　おち葉に
しらかべも　くずれちりぢり

あの　しらかべが　しらかべが
汽車の窓から　光って見えた

あゝ旅ゆく日の

「旅のひと日をゆくりなく
軒端に聞いたむせぶ唄
流しの乙女はお下げの娘
つぶら瞳に赤帽子
白髪の父さんアコーディオン」

名も知らぬ
九十九里近き　磯村で
唄う乙女の　眼の下の
小さな　ほくろよ

あゝ　旅ゆく日の
旅の一夜を

「北風寒い九十九里
波のひびきや磯の香や
ギター弾く手の霜やけいたい
明日もここかと尋ねたら
村から町をみちのくへ
みちのく越えてさい涯の
えぞの奥まで行くと云う」

日は立ちぬ
秋の風寒き　山村で
うたう乙女を　ふとみかけ
リボンのおさげが

あゝ　流れゆく
このうしろ姿を

島原乙女

虹の霧かと　雲仙岳に
霧氷きららと　陽がのぼる
どうだんこぼる　春の頃
旅の情けを　かけしゃんしたは
誰にも言うまい
あゝ　島原乙女

有明の紅い朝日は　つれなかろ
天草の紅い夕陽も　つれなかろ

雲か山かの　天草灘に
茜散りしき　陽が沈む
浜木綿むせぶ　夏の夜や
旅ゆく心　いとしく狂う
誰にも見せまい
あゝ　島原乙女

＊有明の紅い朝日は　つれなかろ
　天草の紅い夕陽も　つれなかろ
＊くりかえし

我等が花道

ああ　喜びも悲しみも
苦しみも　胸に秘め　胸に秘め
ベルが鳴る鳴る　幕開きだ　幕開きだ
命をかけた　花道だ
希望《のぞみ》に満ちた　花道だ

ああ　君の手を君の胸
愛の喜びを　深く深く燃やそ
フットライトに灯が入る　ドラが鳴る
友達たちよ　誇らかに

しびれるほどの夢を見よ

ああ　この道を　我は行く
雨の日も風の日も　我は行く
皆んな集えよ　手を継なげ　手を継なげ
昨日を今日に　実のらせよ
生きとし生ける　我が世なれ
生きとし生ける　我が世なれ

（歌詞は聴きとりによるもの）

春　はじめの詩

新しきクレオンの赤や黄を
画用紙に書きなぐり
何を望み
何を嫌み
何か哀しうて
泣いたか
うないの日
あの日も遠い
忘却の春秋が
生まれし家の草いきれに
光るだけだ

夏　はじめの詩

ものうい
青春の日の
うれいを
夏の空の雲にのせ
ギンギラと光る海に捨てて
流れゆく
日を
たゞに
無為にも
過ごしたることども
あれこれや

秋　はじめの詩

枯葉　わくらば
枝より舞い舞う姿
このひとひらの命をいかに生きんと
さくさくと黄なる道を踏み散らし
林を行けど満されず
巷に出て
酒を汲み
白きうなじに
空ごとをつらね
いつわりの恋に

身をゆだね
た

冬　はじめの詩

よごれちまった悲しみに
今日も小雪のふりかかる　と
中原中也を口ずさみ
旅の日を
旅のまにまに
蝦夷をゆき
佐渡にわたり
瀬戸の渦潮に
身をゆだねたことも
いくそたび

故郷の空

遠くはなれた　わが庭を
こゝに思えば　冷たくも
泪すわれに　故郷の風
ああ　幼き日よ　今いずこ

（スコットランド民謡に作詩）

しれとこ旅情

しれとこの岬に　はまなすの咲く頃
思い出しておくれ
俺たちのことを
飲んで騒いで　丘に登れば
はるか　くなしりに白夜は明ける

旅の情けか　酔うほどにさまよい
浜に出て見れば
月は照る　波の上
君を今宵こそ抱きしめんと

岩陰によれば　ピリカが笑う

別れの日は来た　しれとこの村にも
君は出てゆく
峠を越えて
忘れちゃいやだよ　気まぐれ烏さん
私を泣かすな　白いかもめを
白いかもめを……

オホーツクの舟歌

オホーツクの海原
ただ白く凍て果て
命あるものは
暗い雪ノ下
春を待つ心
ペチカに燃やそ
哀れ東《ひんがし》に
オーロラかなし
最涯《さいはて》の番屋に

命の火チロチロ
トドの鳴く夜は
いとし娘の瞼に
誰に語らん
このさみしさ
ランプの灯《ほ》影に
海鳴りばかり

スズランの緑が
雪解けに光れば
アイヌの唄声
谷間にこだます
シレトクの春は
潮路に開けて
舟人のかいな

海に輝く

オレーオレー　オーシコイ
沖の声　舟歌
秋あじだいエリャンサ
揚げる網ゃ大漁
霞むクナシリ
我が故郷
何日の日、詣でむ
御親《みおや》の墓に
ねむれ静かに

何地《いずち》から　吹きすさぶ　朔北の吹雪よ
わたしの胸を刺すように
オホーツクは　今日も　海鳴りの中に

明け　暮れてゆく

父祖の地のクナシリに
長い冬の夜があける日を
白いカモメが告げるまで
最涯ての茜の中で　わたしは　立ちつくす
何故か　眼がしらの涙が凍るまで

（以上台詞）

鎮魂歌──「戦友」挿入詩

あゝ旅順や金洲や
遼東の山や谷
ほろほろと山鳩の声
哀しくも草になき
さびしくも花にうたい
帰らざる生魂を
呼ぶにも似たり
みどりなす丘の彼方も
今は血潮のかわきて
小さき花むらの

萌えいづれば
歴史はここにねむり
こゝにさめ
生きとし生ける人
人の涙をさそう

わだつみの海底深く
あるは草むす陸の西や北
身を白骨と
さらしつゝ
東を向いて鎮もりたもう
御霊の幾万柱ぞ
鳥よ歌え
高く低く
花よ咲け

白く紅く
遠い御国の春のごと
秋のごと

あるは草むす陸《くが》の西や北
身を白骨と
さらしつつ
東を向いて鎮
御霊の数の万柱ぞ
鳥よ歌え
高く低く
花よ咲け
白く紅く
遠い御国の春のごと
秋のごと
一九七三、三
久彌

長崎北陽台高校惜別譜

一、大海原の　残照に
この身を染めて　朱《しゅ》に映《は》える
拓け行く明日　我が夢の
未来を友と　語るとき
あゝ君と袂を分つ日よ

二、長崎あたり　春の雨
歩きつかれた　石だたみ
喧嘩した友　泣いた友
語る言葉も　とぎれがち

あゝ二度と無い日を濡れてゆく

三、嗚呼殉教の　碑は哀し
鐘の鳴る丘　思い出の
十七の秋　二人して
君は右へと我れ左
あゝ捨ててしまった　我が思い

四、朝やけ光る　大村湾
見はるかすなり　金の波
仰げば胸に我が師の恩
しのぶよすがの　北陽台
あゝぬれて唄はむ　惜別《わかれ》をば

俳句

春の海斜めにさゝる鯛の糸

波がしらけりけり蝶の島通い

またも来るおどろおどろの冬の雲

妻と植えし梅に水やる朝《アータ》かな

久彌

あゝ栴檀や金剛や
遼東の山や谷
ほろほろと山鳩《ばと》の声
悲しくも草に住まし
恥じしくも花にうたれい
帰らざる生魂を
呼ぶにも似たり
みどり竿立て波立たし
今は四潮のかわきて
小さき花むらの
萌えいづるは
一史はこゝにねむり
こゝにさめ
生きとし生ける人
人の涙をさそう

わだつみの海底深く
あるは草むす陸の西や北
身を白骨と
さらしつゝ
魂を仰いて鎮りたもう
御霊の幾万柱ぞ
鳥よ歌え
高く低く
花よ咲け
白く紅く
遠い御国の春のごと
秋のごと

一九七三、三、

良禅

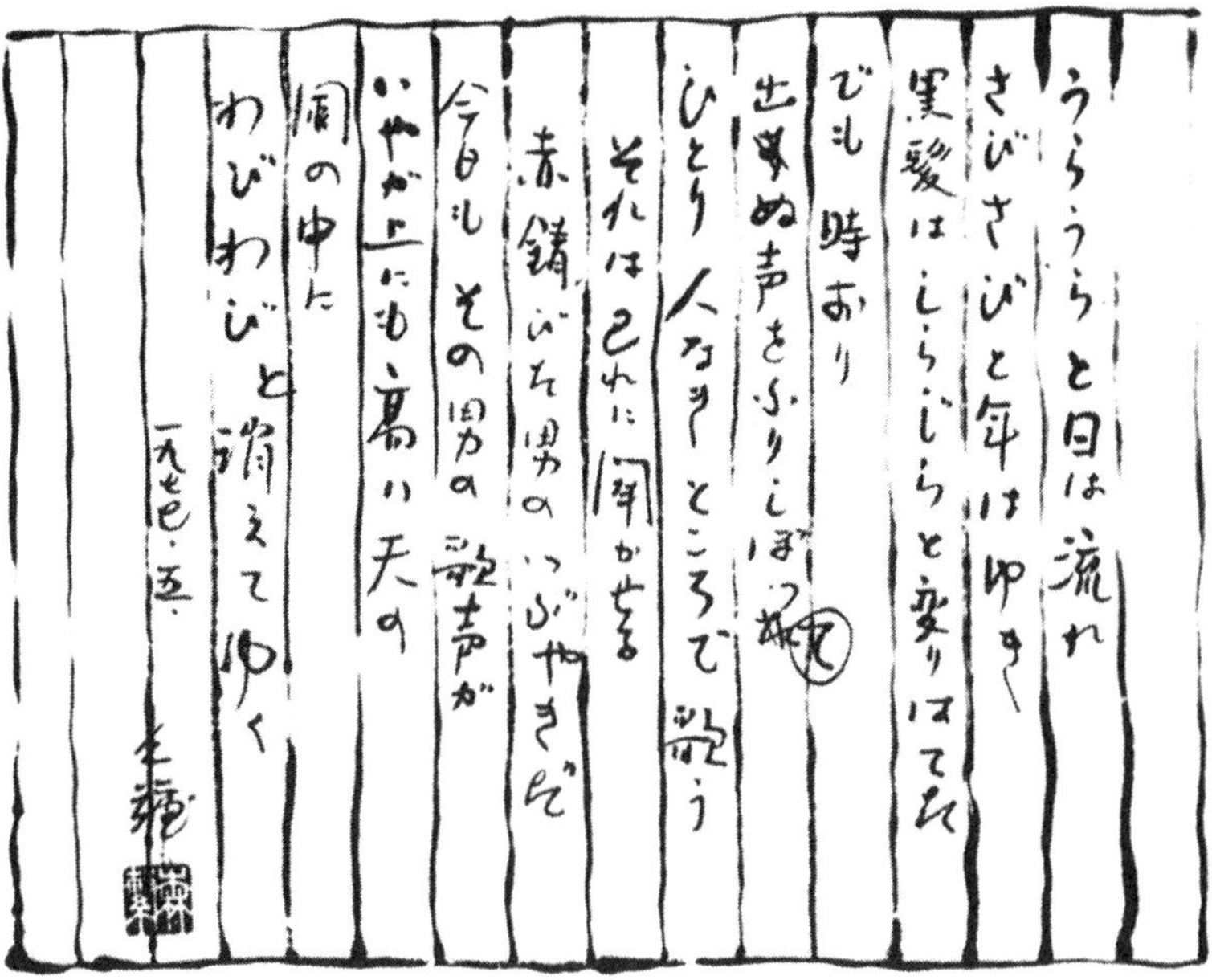

うらうらと日は流れ
さびさびと年はゆき
黒髪はしらじらと変りはてた
でも 時おり
出せぬ声をふりしぼって
ひとり人なきところで歌う
それは己れに聞かせる
赤錆びた男のつぶやきで
今日も その男の歌声が
いやが上にも高い天の
闇の中に
わびわびと消えてゆく
一九七七・五・
久彌

底本一覧

＊タイトルは変更した場合がある

Ⅰ　海よ友よ——メイキッスⅢ号日本一周航海記

『海よ友よ——メイキッスⅢ号日本一周航海記』朝日新聞社、一九九二年（初出『週刊朝日』一九九二年一月三～十日号から同年五月八～十五日号連載）

Ⅱ　わが愛しの海

「メイ・キッス号の船長」『アッパさん船長』中央公論社、一九六一年（中公文庫、一九七八年。初出『文藝春秋』一九五九年九月号）

「かもとりじいさん」『アッパさん船長』

「島と壺」『アッパさん船長』

「わが愛しの海と船」『にんげん望遠鏡』朝日新聞社、一九七九年

「シーマン・シップ——海の友情」『人師は逢い難し』新潮社、一九八四年

「大喧嘩」『あの日あの夜』東京新聞出版局、一九八六年

「〝死〟の波濤の中で——ヨット遭難記」『アッパさん船長』（初出『文藝春秋』一九六五年二月号に加筆）

「シーマンシップ——海の世界のサラリーマン化」『あの日あの夜』

「「ふじやま丸」の思い出」『にんげん望遠鏡』

「岬はわたしを魅惑する」『日本の岬』（写真監修＝林忠彦）桐原書店、一九八五年

「秋の舟旅」　早稲田大学演劇博物館　資料より

「海をゆく旅」　早稲田大学演劇博物館　資料より

Ⅲ　森繁久彌の詩

扉詩　「ふと目の前に」東京新聞出版局、一九八四年

【詩】

「四季の詩」「冬まつり」「雪」「夏日」「阿蘇にて」「日本列島に寄す」　CD『森繁久彌 望郷詩集』二〇〇三年

「こじき袋」　『こじき袋』読売新聞社、一九五七年（中公文庫、一九八〇年）

「友よ明日泣け」　『詩集 和音』森繁詩の会会員、森繁久弥事務所、一九七〇年

「妻の逝去に寄せて」　一九九〇年

「我を育てし 兵庫の里よ、友よ――阪神淡路大震災に際して」　一九九五年一月

「神の座」　尾崎酒造株式会社「大吟 神の座」に寄せて

【詩と文――『一片の雲』より】

「五月の空」　『一片の雲』ちはら書房、一九七九年（初出・一九六四年五月）

「セピアの海」　『一片の雲』（初出・一九六五年三月）

「親父と息子」　『一片の雲』（初出・一九七五年八月）

「海」　『一片の雲』（初出・一九七五年夏）

「知床の人びと」　『一片の雲』（初出・一九七七年九月）

「熟年」　『一片の雲』（初出・一九七七年九月）

「空に咲く」　『一片の雲』（初出・一九七七年十月）

「〝わがアナテフカ〟」　『一片の雲』（初出・一九七八年七月）

「〝北海道の秋〟」　『一片の雲』（初出・一九七八年十月）

「集いによせて」　『一片の雲』（初出・一九七八年十一月）
「無題」　『帰れよやわが家へ』ネスコ、一九九四年
「忘れがたき北野中学」　大阪府立北野高等学校創立百二十周年記念CD『わが母校　北野のうた』一九九三年

【歌詞】
「しらかべ」　一九六二年八月
「あゝ旅ゆく日の」　一九六二年十二月
「島原乙女」　一九六三年九月
「我等が花道」　一九六七年八月
「春　はじめの詩」　一九六七年八月
「夏　はじめの詩」　一九六七年八月
「秋　はじめの詩」　一九六七年八月
「冬　はじめの詩」　一九六七年八月
「故郷の空」　一九六七年八月
「しれとこ旅情」　一九六五年七月
「オホーツクの舟歌」
「鎮魂歌――「戦友」挿入詩」　CD『森繁久彌　ああ戦友・白秋』二〇〇一年
「長崎北陽台高校惜別譜」　作詞・作曲＝森繁久彌

【俳句】
金子兜太編『この人この句　各界俳人三百句』主婦の友社、一九八九年

特別附録1

森繁らくがき帖「はじのうわぬり——書画の世界」

森繁らくがき帖

はじのうわぬり

自分

いつでも
どこにでも
気楽にごろりとねむれたころは
しあわせだった
腹が減っていても
あすがなかっても
この自分の中に
この自分の夢を見た

どうして——
あのころ
それを不幸だと思ったのかしら

すまない
ほんとにすまないと思う

この罰あたりのぜいたく野郎め
——と神サマから
どなりつけられても

一度
勇気を出して
口に出してみたかったのだ
このことを——

しらかべ

しらかべのそばで
あの娘は
霜やけの手で
なづなきざんだ

しらかべのしたで
泣いた日
しらかべも
雨に濡れてた

しらかべの陽だまりに
二人で話した

大人のこと

しらかべの片すみに
落書きしたら
エンピツが
折れてしもた

あのしらかべが
しらかべが
汽車の窓から
光って見えた

人の心

碧く澄んだ
広いもの
それは海だ
しかし
それよりも
広いものがある
それは空だ
しかし

それよりも
まだ
広いものがある
それが
人の心だ

一九六〇年 燈台の子等のために
森繁久彌

或る役者の自画像

さびしさは
哀しみは
胸に秘め
お白粉ぬって
紅ひいて
ベルが鳴ります
幕あきです
フットライトが
めくるめく
さて
また
私の出番です

のんだくれ氏
1964.12.

鵜

鵜は沈み
舟の上
久禅

しあわせ

ぼくは
しあわせなときには
でんきを暗くする
もっとしあわせなときには
枕もとのスタンドも消してしまう
もっともっとしあわせなときは
ふとんをかぶって……
その真暗な中で
こっそり目をあける

ぼくは
悲しいときにはは
でんきをいっぱいつける
だれも行かない廊下の奥も
二階も便所もみんなつける
暗いところのないように

こわいところのないように

ぼくは
苦しみの……なおつのるときには
明るい街から
もっと明るい街をさがしてあるく

暗い映画館で喜劇をやっていても
すすけた灯の酒場のすみに
美人がいても
お断わりだ
ネオンの看板が
昼のように明るい中に立って
目をみひらく
脳みそが
ふっとうするような閃光のなかで
頭の骨がきしむほどの喧騒が
わたしの悲しみを
少しでも見えなくするのだ

都会の夜は明るすぎる
悲しみが充満しているからだろう

いなかの夜は
まだ暗い
あすこには——
ひと握りのしあわせが
まだ生きているからだ

『今日《コンニチ》』は夜のように
ごまかそうとしている
不幸が不幸の上に
際限なく
積みかさなってゆくからだろう

遠い昔は
かそかな星のあかりだけで
闇の美しさは
きずつけられはしなかった

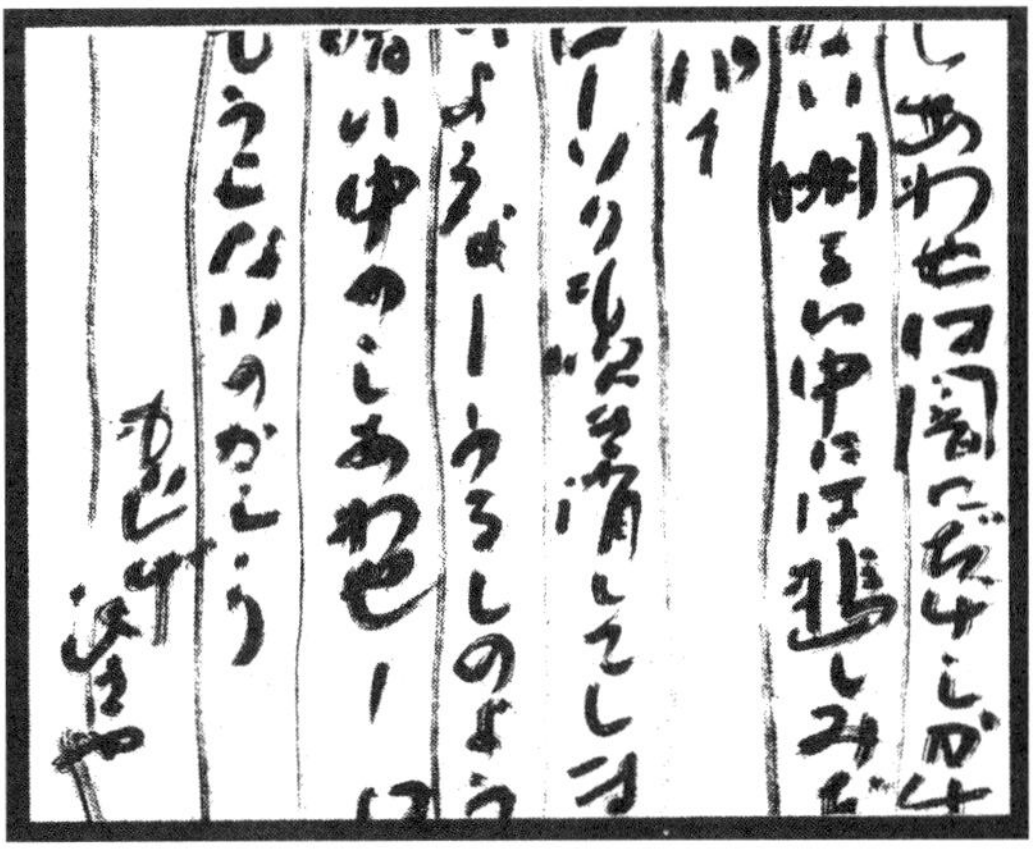

たとえ時々月が照らすとしても
人たちは
昼まに創ったしあわせを
その夜の暗さの中で
そっとかみしめたのだ
美しい……
たのしい
暗さの中で……

しあわせは闇にだけしか生きない
明るい中には悲しみだけが一パイ

ローソクも
吹き消してしまいたいような――
うるしのような暗い中のしあわせ
もうこないのかしら――

想い出

なぜに想い出を
残すのだ
喜びもすぎた
哀しみもすぎた
苦しみもひそかな
ひめごともみんな過
ぎた
それをもう一度

そばに呼ぶのがい
石世に想い出を
残すのだ

生きるものは みな
哀しい
悲しい 悲しい

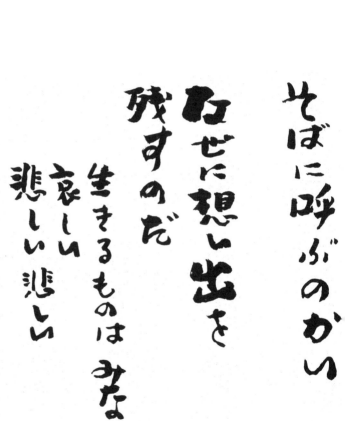

あこがれ

あこがれは
てのひらの上の
ギヤマンの玉なりや
地に落ちて
くだくとも
あこがれは
なお
てのひらに
あり
ひさや

小さき島

小さき島よ
私のくにつち
私のふるさと
私のハカバ
父はこの島の――木とも、石ころとも、手を打てば渚によって来る魚たちとも、鳥や虫たちとまで永い親しいつきあいだった
子等よ
孫等よ
お前たちが人に疲れ、世の中に疲れたら、ここに来い

そして
俺の友達たちとあそんでみろ
初めて生きることの楽しさと有難さ
　がよみがえってくるだろう
淋しくなったら
父さーん
祖父《じい》さーんと呼んでみろ
碧い海の底か
蒼い空の向うか
或は赤土の松の根っこから
俺の声が
「おーい、よく来たな」と
お前たちにきっと返事をするだろう

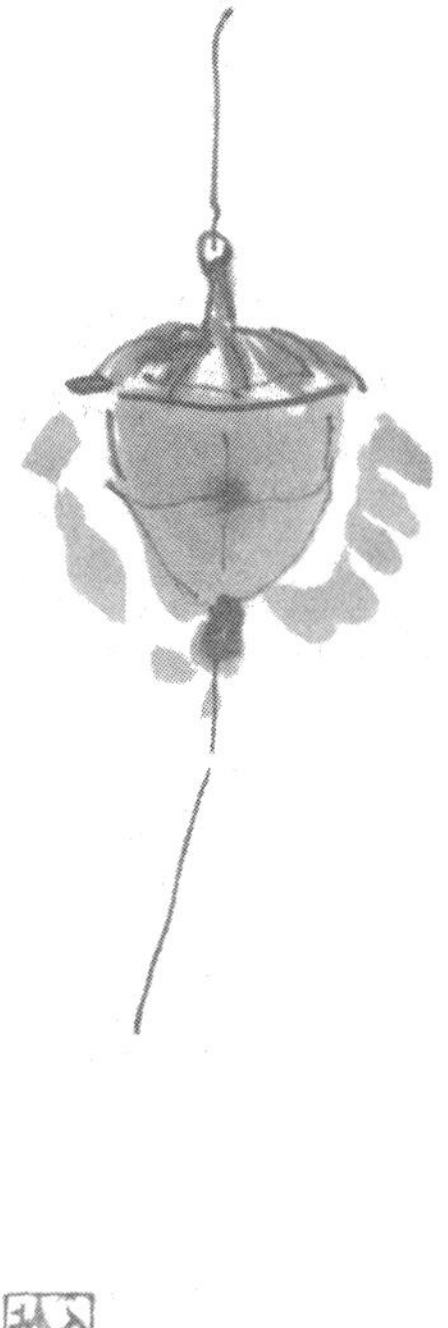

摩天楼

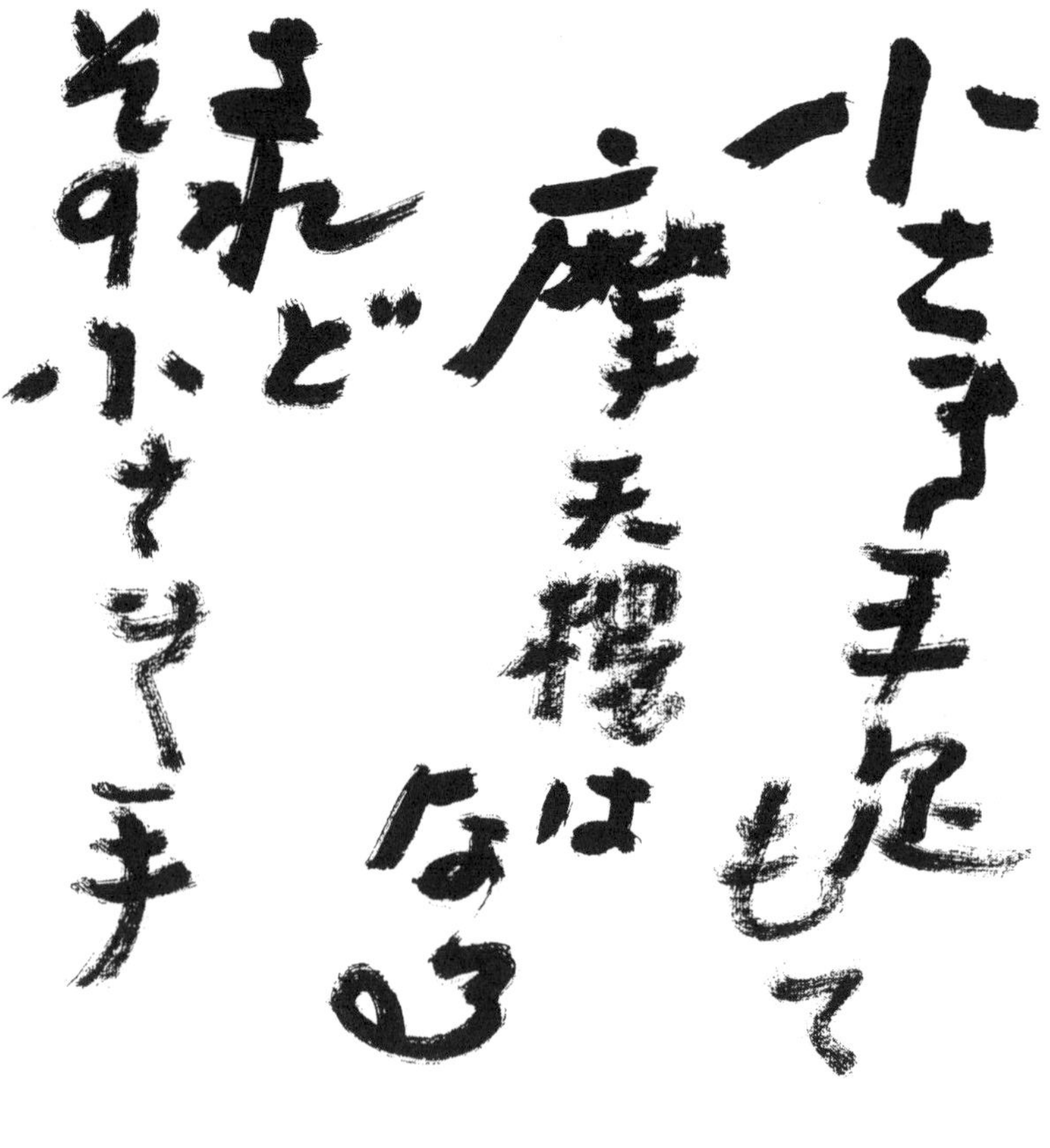

足たつながる
この心
思いのまま
とは
何たる
恩ぞ

久律

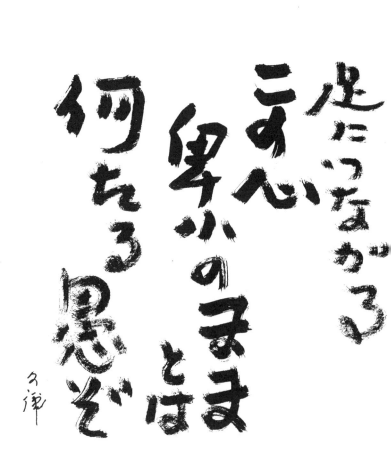

五月の空

雲もなく
雨あがりの
五月の空は
嘲笑に

涯もなく生き長らえよと
無窮の命をば得て
その日
神のことを云うような
やり切れなさ
汗をあくせく吐いた息を怒り

何をあくせく今日を乞い
何をあくせく明日をおそれ
無限の青壁に
嘴をかけ
鳥一羽
翔ひ翔り ふさじに
一片の雲よ
五月の空を飛びつづけ

1984.5.

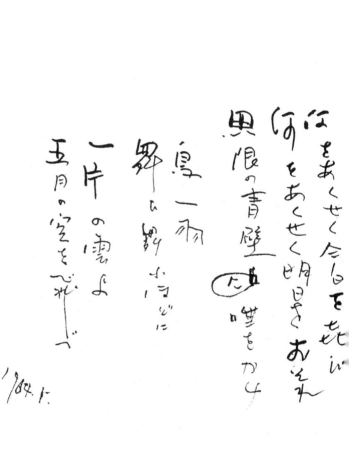

魂碑

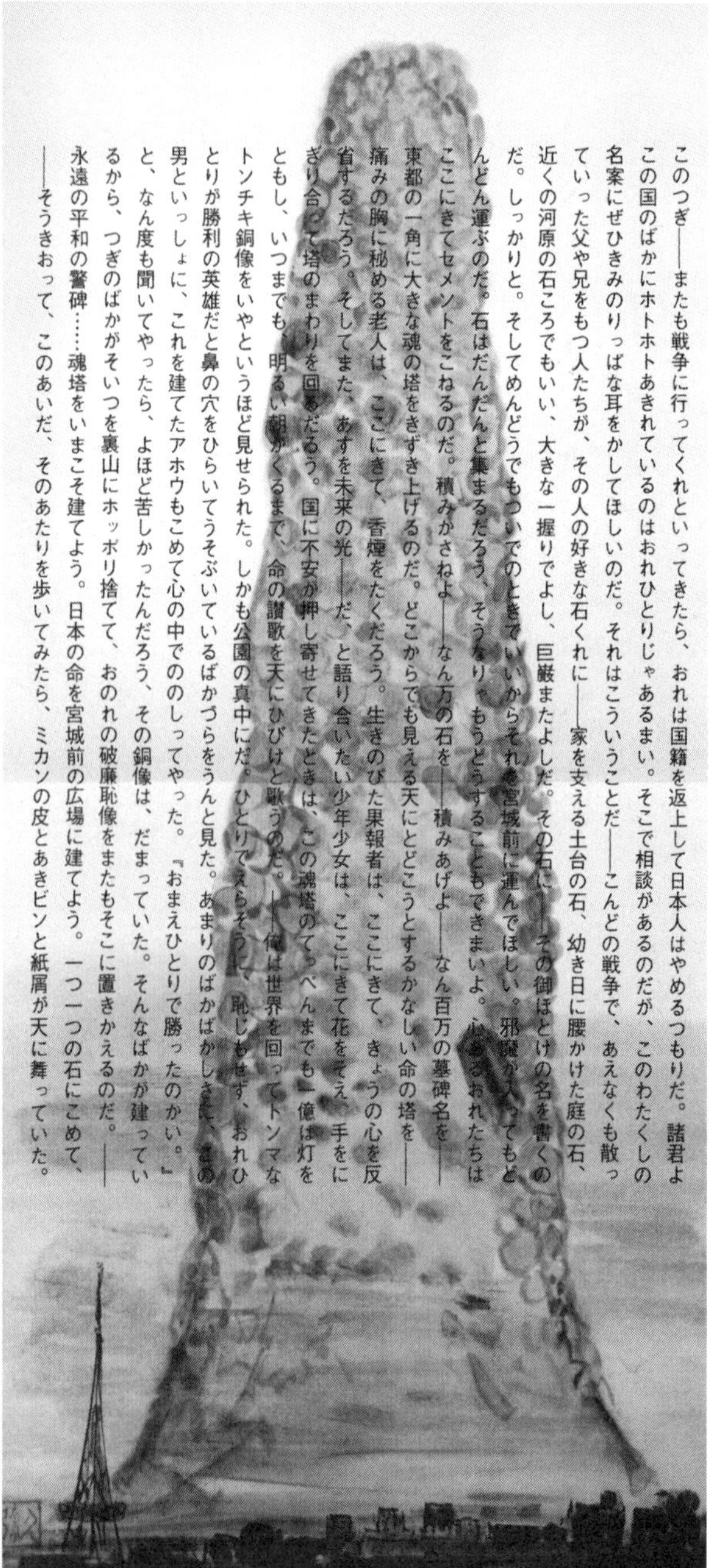

このつぎ――またも戦争に行ってくれといってきたら、おれは国籍を返上して日本人はやめるつもりだ。諸君よこの国のばかにホトホトあきれているのはおれひとりじゃあるまい。そこで相談があるのだが、このわたくしの名案にぜひきみのりっぱな耳をかしてほしいのだ。それはこういうことだ――こんどの戦争で、あえなくも散っていった父や兄をもつ人たちが、その人の好きな石くれに――家を支える土台の石、幼き日に腰かけた庭の石、近くの河原の石ころでもいい、大きな一握りでよし、巨巌またよしだ。その石に――その御ほとけの名を書くのだ。しっかりと。そしてめんどうでもついでのときでいいからそれを宮城前に運んでほしい。邪魔が入ってもどんどん運ぶのだ。石はだんだんと集まるだろう、そうなりゃもうどうすることもできまいよ。さあおれたちはここにきてセメントをこねるのだ。積みかさねよ――なん万の石を――積みあげよ――なん百万の墓碑名を――東都の一角に大きな魂の塔をきずき上げるのだ。どこからでも見える天にとどこうとするかなしい命の塔を――痛みの胸に秘める老人は、ここにきて、香煙をたくだろう。生きのびた果報者は、ここにきて、きょうの心を反省するだろう。そしてまた、あすを未来の光――だ、と語り合いたい少年少女は、ここにきて花をそえ、手をにぎり合って塔のまわりを回るだろう。国に不安が押し寄せてきたときは、この魂塔のてっぺんまでも一億は灯をともし、いつまでも、明るい朝がくるまで、命の讃歌を天にひびけと歌うのだ。――俺は世界を回ってトンマなトンチキ銅像をいやというほど見せられた。しかも公園の真中にだ。ひとりでえらそうに、恥じもせず、おれひとりが勝利の英雄だと鼻の穴をひらいてうそぶいているばかづらをうんと見た。あまりのばかばかしさに、その男といっしょに、これを建てたアホウもこめて心の中でののしってやった。『おまえひとりで勝ったのかい。』と、なん度も聞いてやったら、よほど苦しかったんだろう、その銅像は、だまっていた。そんなばかが建っているから、つぎのばかがそいつを裏山にホッポリ捨てて、おのれの破廉恥像をまたもそこに置きかえるのだ。――永遠の平和の警碑……魂塔をいまこそ建てよう。日本の命を宮城前の広場に建てよう。一つ一つの石にこめて、――そうきおって、このあいだ、そのあたりを歩いてみたら、ミカンの皮とあきビンと紙屑が天に舞っていた。

このつぎ——またも戦争に行ってくれといってきたら、おれは国籍を返上して日本人はやめるつもりだ。諸君よこの国のばかにホトホトあきれているのはおれひとりじゃあるまい。そこで相談があるのだが、このわたくしの名案にぜひきみのりっぱな耳をかしてほしいのだ。それはこういうことだ——こんどの戦争で、あえなくも散っていった父や兄をもつ人たちが、その人の好きな石くれに——家を支える土台の石、幼き日に腰かけた庭の石、近くの河原の石ころでもいい、大きな一握りでよし、巨巌またよしだ。その石に——その御ほとけの名を書くのだ。しっかりと。そしてめんどうでもついでのときでいいからそれを宮城前に運んでほしい。邪魔が入ってもどんどん運ぶのだ。石はだんだんと集まるだろう、そうなりゃもうどうすることもできまいよ。心あるおれたちはここにきてセメントをこねるのだ。積みかさねよ——なん万の石を——積みあげよ——なん百万の墓碑名を——東都の一角に大きな魂の塔をきずき上げるのだ。どこからでも見える天にとどこうとするかなしい命の塔を——痛みの胸に秘める老人は、ここにきて、香煙をたくだろう。生きのびた果報者は、ここにきて、きょうの心を反省するだろう。そしてまた、あすを未来の光——だ、と語り合いたい少年少女は、ここにきて花をそえ、手をにぎり合って塔のまわりを回るだろう。国に不安が押し寄せてきたときは、この魂塔のてっぺんまでも一億は灯をともし、いつまでも、明るい朝がくるまで、命の讃歌を天にひびけと歌うのだ。——俺は世界を回ってトンマなトンチキ銅像をいやというほど見せられた。しかも公園の真中にだ。ひとりでえらそうに、恥じもせず、おれひとりが勝利の英雄だと鼻の穴をひらいてうそぶいているばかづらをうんと見た。あまりのばかばかしさに、この男といっしょに、これを建てたアホウもこめて心の中でののしってやった。『おまえひとりで勝ったのかい。』と、なん度も聞いてやったら、よほど苦しかったんだろう、その銅像は、だまっていた。そんなばかが建っているから、つぎのばかがそいつを裏山にホッポリ捨てて、おのれの破廉恥像をまたもそこに置きかけるのだ。——永遠の平和の誓碑……魂塔をいまこそ建てよう。日本の命を宮城前の広場に建てよう。一つ一つの石にこめて、——そうきおって、このあいだ、そのあたりを歩いてみたら、ミカンの皮とあきビンと紙屑が天に舞っていた。

逝く

逝く

泣いて泣いて泣いて
泣きはらし
まぶたがはれて
くっついて
蝋のような母さんの
大事な顔がもう見
えない

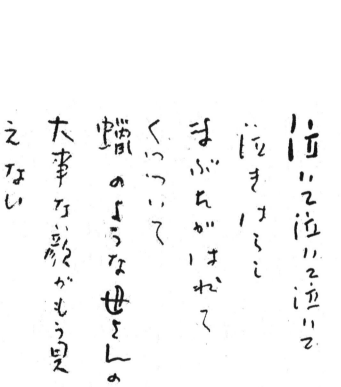

吹雪

吹雪の山を
二人ゆく
鳥もけものも
散りはてて
命あるもの
二人ゆく

おぼろの陽をば
乳色の
空に見上げて
二人ゆく

二人は哀し
燃ゆる目を
あけてはならじ
吹雪ゆえ

吹雪に凍つる
頬からは
流るるものの
あらばこそ
熱き心の
血とおぼゆ

ただ
手をとりて
二人ゆく
吹雪の山を
二人ゆく

吹雪

吹雪の山を
二人ゆく
鳥もけものも
散りはてて
命あるもの
二人ゆく
　おぼろの陽をば
　乳色の
　空に見上げて
　二人ゆく
二人は哀し
燃ゆる目を

あけてはならじ
吹雪ゆえ
　吹雪に凍つる
　頬からは
流るるものの
あらばこそ
熱き心の
　血とおぼゆ
ただ
手をとりて
二人ゆく
吹雪の山を
二人ゆく

役者

役者

役者
役者はお愛そう
人の気うかがい
眼をよんで
金とりすぎて
気がひけて
さして自慢も
ひかえめに
そのくせ

欲心はひと一倍
サイギと
シットと
出るクギ打って
それでも
土台にガタがくる
なりたがる馬鹿
なった馬鹿
おはらいばこの
おかわり馬鹿
役者役者は
可愛そう

久彌

酒の讃

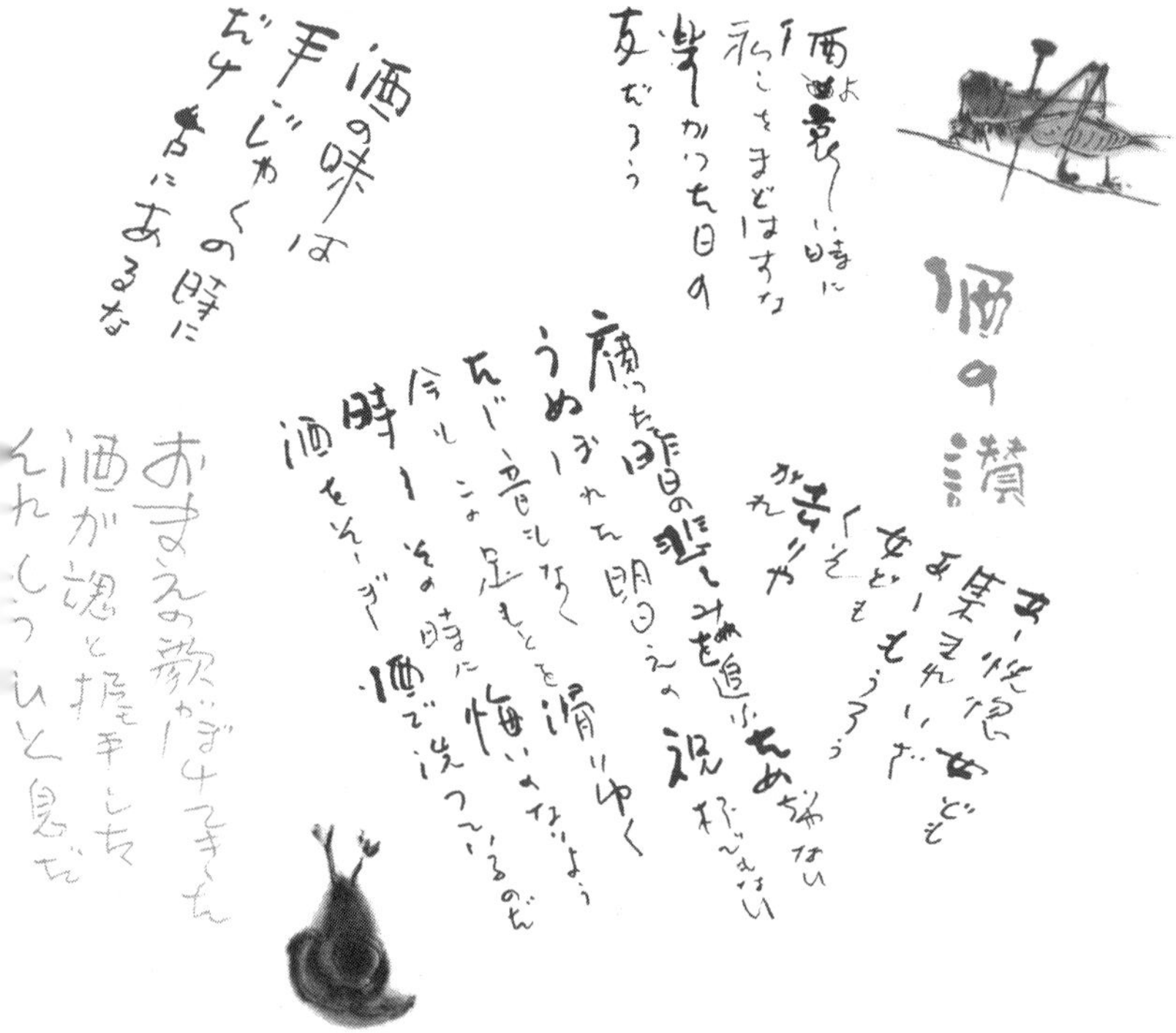
酒の讃
酒よ 悲しい時に
私こそまどはすな
楽しかった日の
友だろう
腐った昨日の悲しみを追ふため
うらぶれた明日への祝杯じゃない
ただ 音もなく足もとを滑りゆく
今し この時に悔いのないよう
時々 その時を酒で洗っているのだ
酒の味は
手じゃくの時に
だけ 旨にあるな
酒が魂と握手した

酒
さけ
サケ

政府も
女房も
日本も
地球も
みんなきらい
酒仙にひざまずいて朝までお供させてもらいます

酔ざめて
ぐちるな
女よ
再び
まみえむ
父には
酒壷
さげて
現れよ
それば
恋の
つゞきをば
語らん
かな

≡酒＝自殺防止薬

あなたはどなた
思い出しました
かけつけ三杯で

にくらしい奴メ
弱い時に入りこんで
友だちになりやがる

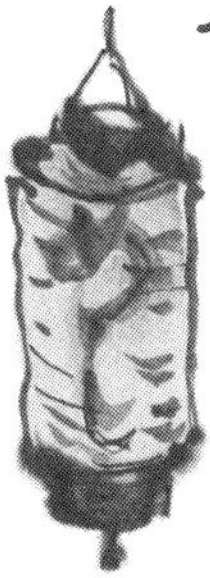

海ものめ
舟ものめ
俺ものむ

心は歌にまたがり

人間は
何が幸せかと言って
歌うことを知っていることだ

哀しい時にも
淋しい時にも
苦しい時にも
勿論　嬉しい時にも

心は歌にまたがり
悲しみを風にのせて
山の彼方にさよならさせ

喜びを天にひびかせて
蒼い空に輝かせる

友よ
誰にはばかることもなく
精一杯に人世を謳おうじゃないか
心を外に羽ばたかせる
歌こそは
造物主の最上の贈りものだ

戦友

昨日街角で逢ったワン公
嬉しそうに尾をふってきたワン公
ポチって言うのかいと聞いたら
首をかしげた

そう言えば誰かに似ている
幼な友だちの木原のようだ
木原はバンドンで戦死したっけ

キハラ　キハラ――と呼んだら
大急ぎで追ってきた

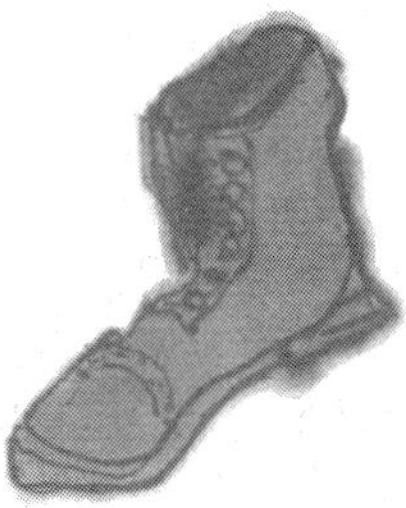

海のごと

海のごとく
やさしく
海のごとく
大らかに　また
海のごとく晴れ
雄大な我まったれ

仕事のしおり

仕事のしおり

模倣で始まるもよし ただし客が飽きる前に己れが飽きること
ゆとりをもって 一芝居はするが
ゆとりのないほどやらねば客は逃げる
尊敬して そしてどこかで軽蔑して
結果を気にする奴は 上達がそれだけおくれる
賞められて 有頂天になる役者 けなされるとすぐくさる
どこをゆずり どこを、ゆずらず どこをがまんする
芝居ずきが 必ずしも役者ならず
飽きた飽きたと七十年以上もやって飽きれ 飽きないのはウソ いやだ．さて．
群衆に調和して 孤独の中に創造む
相手は 育てもするが ダラクも させる
この道 遠けれど この道 えらびたれば
いったい何時も どんな気持で客に対しおられるや

うみちら字く引っこめ この馬鹿役者
色ごと 小児のごとくふる舞ふべし
君が居なくても実はさほどに不自由はせんものだ
それくらいのことは誰もするぞ、さてそれからどうする気だ
いんぎんなものごし 本てんぐ
でるまで チヤホヤ みな味方 でたらカチンと皆んな敵
いーうわさございませんか 悪いーおはらい
お前がうまいと どうして お前がわかるかね
芸術家 芸術品 そんなもの なし 芸術することはあるが
新劇役者 アンマをならえ
歌舞伎役者 八人でボート選手になれ
新劇役者 おんぼになって 人を焼け
役者 作者をないがしろにし 作者 役者にあまえ 選手をこまねいて
スポンサー金を捨てる テレビ重役に一時の笑いあり
テレビラヂオ 無くても 人間生活 実は 大抵に別條なし
この辺 自戒する最后のチャンスなり。

敵

私の目には見えない
見えないが降りかかってゐる
無限の分子がある

宇宙から
やって来た
生きものの
無限の分子が降りかかってゐる

やがて
私たち人類に
とってかはって

地球と言ふ小さな小さな玉を
岩深くくひこんで
くひつくす
生きものの
何千億の光のない分子が
今日も降ってゐる

笑ったり
悲しんだり
儲うけたり
損したり
地の涯の漁師の子供の上にも
大陸の中の百姓の上にも
偽善無頼の紳士の上にも
降りかかってゐる

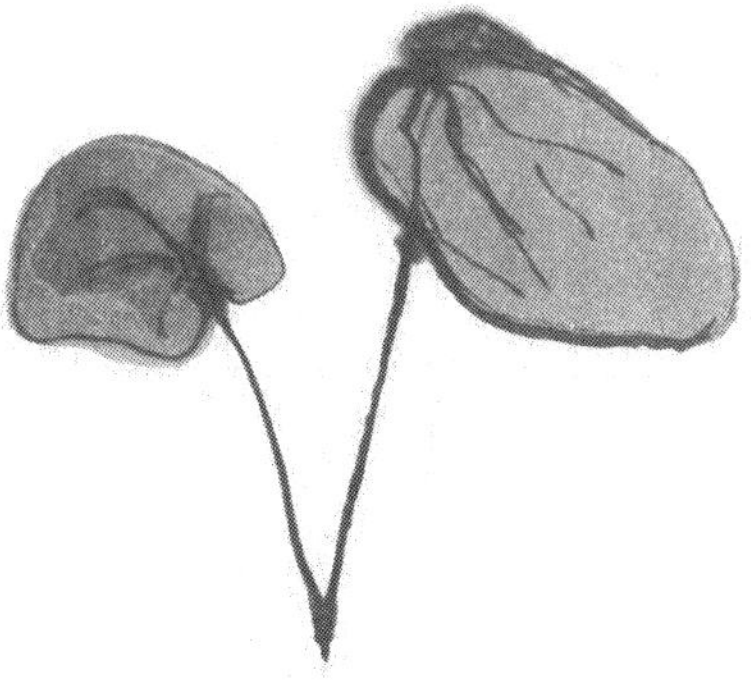

もう皮から肉をとほって
骨の近くまで喰ひこんでゐる

こっそり秘密が呼んでゐる
誰かが居るのか――　いや
勝手にやって来たのか　私は知らない
が、時々そいつらの動く……無限の無言の
音が聞こえる
それが
陽の出るちょっと前に聞こえる

秘密

わたしに
だれも知らない秘密がある
かなしいことには
この秘密は
どんなにていねいに説明しても
だれにも
わかってもらへないことを知ってしまった

それは
時間ごとに
つぎからつぎへと積みかさなってゆく

これを
墓場へまでもつてゆくのかと思ふと
死は永遠を意味しなくなるやうだ
わたしの骨が
さらさらとした
灰色に焼きあがつたとき
かきまはして見たまへ

黒いねつとりした
指先ほどのかたまりを見つけるだらう
実はそれが焼ききれない
わたしの秘密のかたまりなのだ

心の大きな

あたたかい人が
もし　そのときにゐたら
そのかたまりを
碧い広い海の真中に沈めてほしい

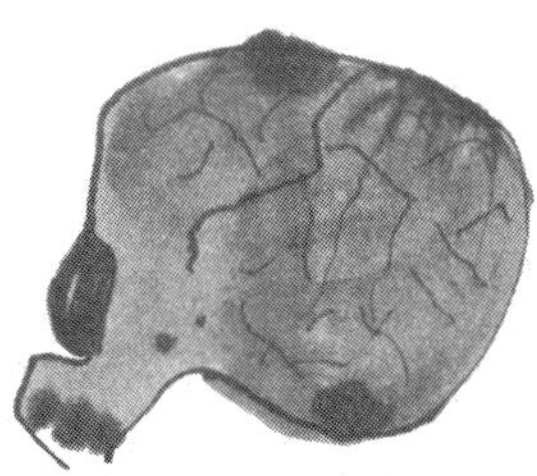

あとがき

私は詩人でもない
絵画きでもない
詩人絵画きの本職が
どんなのかも知らない
だから 何かと 誰かと
くらべて見たりしな
いでほしい
価値そんなものは
こゝにないからだ
高い安いは本屋に云え

本人

これを書く馬鹿
つくる馬鹿
それまた、高価で
買ふあなた、何で
馬鹿だと申しましょう
有難うございました

今野と申す つむじ曲りの
損こき善人が二年もか
かりまして これを作りました
けど道楽がすぎると云ふもの
でし、こんな男も近来少く
なりましたので 大事にした
いと思います どうぞ
よろしく

著者

今野書房、昭和三十九年、限定九百九拾九部

特別附録2

森繁久彌の詩碑、色紙

世田谷文学館の看板は森繁久彌筆（編集部）

【歌碑一覧】

★1「知床旅情」　斜里町ウトロ港（北海道）
★2「知床旅情」　羅臼町（北海道）
★3「浜茄子の咲きみだれたる……」　稚内市浜勇知（北海道）
4　川島雄三の碑「花に嵐のたとえもあるぞ　サヨナラだけが人生だ」　むつ市　徳玄寺（青森県）
★5「舟頭小唄」（野口雨情作）　北茨木市磯原駅西口広場（茨城県）
6「喜劇人の碑」　浅草寺新奥山（東京都）
★7　向田邦子墓碑　多磨霊園（東京都）
★8「波浮の港」（野口雨情作）　大島（東京都）
★9「能登の夢」「七尾の海」　七尾マリンパーク（石川県）
★10「浮きつ島　鼓海を訪ふ」　回天記念館（山口県）
★11「海」　大下島（愛媛県）
★12「烽山の賦」　今治市波方町　梶取の鼻（愛媛県）
★13「烽山の賦」　今治市波方町（愛媛県）
★14「この鰤は……」　佐賀関　速吸の瀬戸（大分県）
★15「五木の子守唄」　道の駅　子守唄の里五木（熊本県）

★は本書所収
＊本文中の年月は建立の時をさす
＊撮影は明記したもの以外、寺田和弘（パオネットワーク）提供

1　「知床旅情」………北海道斜里郡斜里町ウトロ港　三角岩手前　昭和四十四（一九六九）年六月

知床の岬にはまなすの咲く頃
思いだしておくれ俺たちのことを
のんで騒いで丘にのぼれば
遙かクナシリに白夜はあける

2 「知床旅情」……北海道目梨郡羅臼町共栄町

知床旅情

しれとこの岬に
　浜なすの咲く頃
思い出しておくれ
　俺たちのことを
のんでさわいで
　丘にのぼれば
はるか国後に
　白夜は明ける

知床旅情
しれとこの岬に はまなすの咲く頃
思い出しておくれ 俺たちのことを
のんでさわいで 丘にのぼれば
はるか國後に 白夜は明ける
森繁久彌

3　「浜茄子の咲きみだれたる……」……………………北海道稚内市下勇知　浜勇知展望休憩施設

浜茄子の
　咲きみだれたるサロベツの
砂丘の涯の
　海に立つ富士

5 「舟頭小唄」…………茨城県北茨木市磯原町磯原一―二四〇　JR常磐線磯原駅西口広場

舟頭小唄　　野口雨情

おれは河原の　枯れすゝき
おなじお前も　枯れすゝき
どうせ二人は　この世では
花の咲かない　枯れすゝき

なぜに冷たい　吹く風が
枯れたすゝきの　二人ゆえ
あつい涙が　出たときは
汲んでおくれよ　お月さん

7　向田邦子墓碑……………………………東京都府中市多磨町四―六二八　多磨霊園

花ひらき　はな香る
花こぼれ　なほ薫る

花ひらき はな香る
花こぼれ なほ薫る
俗名 向田邦子 一九八一年八月二十二日没
主な著書に 父の詫び状 眠る盃
あ・うん 思い出トランプ等がある
一九八〇年第八十三回直木賞受賞

8　波浮の港……………………………………大島（東京都）

波浮の港

野口雨情　作詞
中山晋平　作曲

磯の鵜の鳥ゃ
　日暮れにゃかえる
波浮の港にゃ
　夕やけ小やけ
あすの日和は
　ヤレホンニサ　なぎるやら

9　能登の夢／七尾の海……石川県七尾市府中町　七尾マリンパーク　平成元（一九八九）年七月

能登の夢

能登ハやさしや土までも
このやさしさに
つゝまれて　七尾の
浦に　育ちしは
たぎるが如き
誇りぞと
タブの葉づれに光る海
流れる雲に涙する

七尾の海

鰤網あげる沖の声
風にちぎれていや増す寒さ
大波洗ふ舟端に
にぶい　夕陽の沈む頃
遠い雷とどろく海に
君は静かに歩みよる
今日の大漁祈る妻
子らの灯したローソクの
ゆれて七尾は暮れてゆく

能登の夢
七尾の海

10 浮きつ島　鼓海を訪ふ……山口県周南市大津島　回天記念館　平成六（一九九四）年十一月

浮きつ島　鼓海《こかい》を訪《とぶら》ふ
天を回《めぐら》せよ
今は嗚呼
鼓海の波は静かなり
その勲《いさお》しのあとや哀し

大津島《おおつしま》に鎮《しず》もれる
魂々《こんこん》よ
静かに想う
人生に無駄なものが
あろうか
眠れ友よいかにも
碧き海に

11 海……………………愛媛県今治市大下島　みんなの広場　昭和四十（一九六五）年三月

碧く澄んだ
　広いもの
それは海だ
しかし
それよりも
　広いものがある
それは空だ
しかし
それよりもまだ
　広いものがある
それが
人の心だ

＊「仰げば尊し」ロケ記念碑

12　烽山の賦……愛媛県今治市波方町　梶取の鼻　昭和五十二（一九七七）年五月

烽山《ほうざん》の賦《ふ》

この頂《いただ》きのあたりを
火山《ひやま》という
狼火《のろし》をあげし水軍や
興亡のあと　松籟《しょうらい》胸をゆすりて
荒猛《あらたけ》き防人《さきもり》を
しのぶよすがもなし
鞺鞳《とうとう》たる来島《くるしま》の
ひゞきのみ　僅かに残る
城塞の石くれに谺《こだま》す
小道をゆけば
斎灘《いつきなだ》の潮の香
たゞようなか　うらうらと
山桃の紅《べに》熟れて
木漏れ日に光るぞ　哀し

（鞺鞳＝鐘や鼓の音）

13　烽山の賦

愛媛県今治市波方町　梶取の鼻

　これ山上を
　火山という
水軍の興亡
松籟に聞くのみ
　狼火焚く
　舟手たちの
　道あれハ
山桃の熟れて
潮騒にゆれて

14　この鰤《ぶり》は……大分市佐賀関　速吸の瀬戸

この鰤《ぶり》は
夫婦《めおと》ならんか　帰り舟
寄り添ふ如く
雪見ていたり

この辺は
夫婦はらんが　踊り舞ふ
寄り添ひて
雲見てゐたり

　　　　　　　嶽風

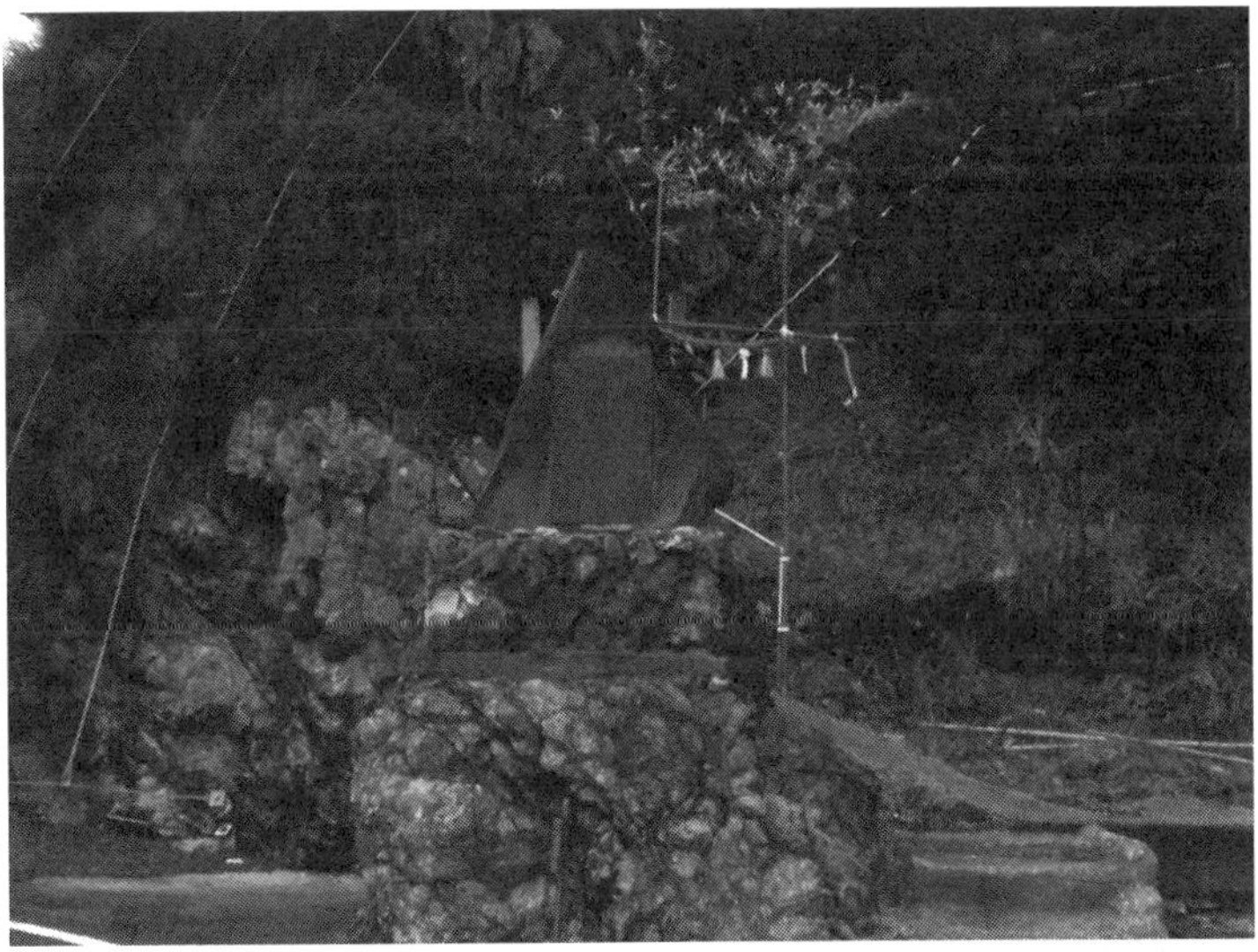

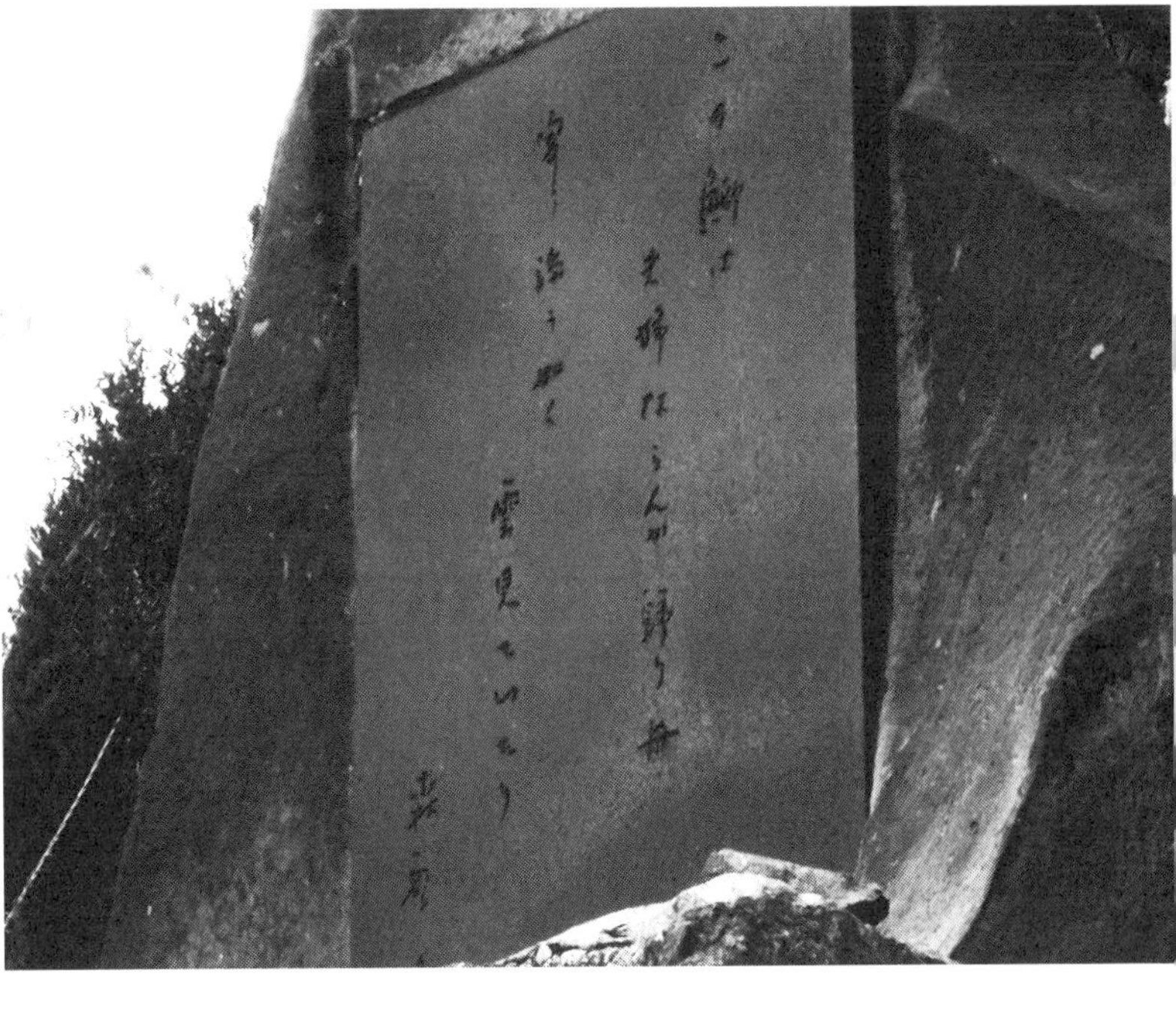

15　五木の子守唄…………………熊本県球磨郡五木村甲二六七二―五四　道の駅子守唄の里五木

五木の子守唄

おどま盆ぎり　盆ぎり
盆から先きゃ　おらんと
盆が早よくりゃ
早よもどる

おどま　かんじん　かんじん
あん人たちゃ　よか衆
よか衆ゃよか帯　よか着物

掛け軸…………（子息・建氏の結婚に際して贈る）

萬《よろず》のこと　頼むへからず　おろかなる人は　ふかく物をたのむがゆえにうらみ　怒ることあり

あふこと　かたうす　あらはなる

えんはふかく　ゆかきたのひ　かやれ

うらみ　つること　も

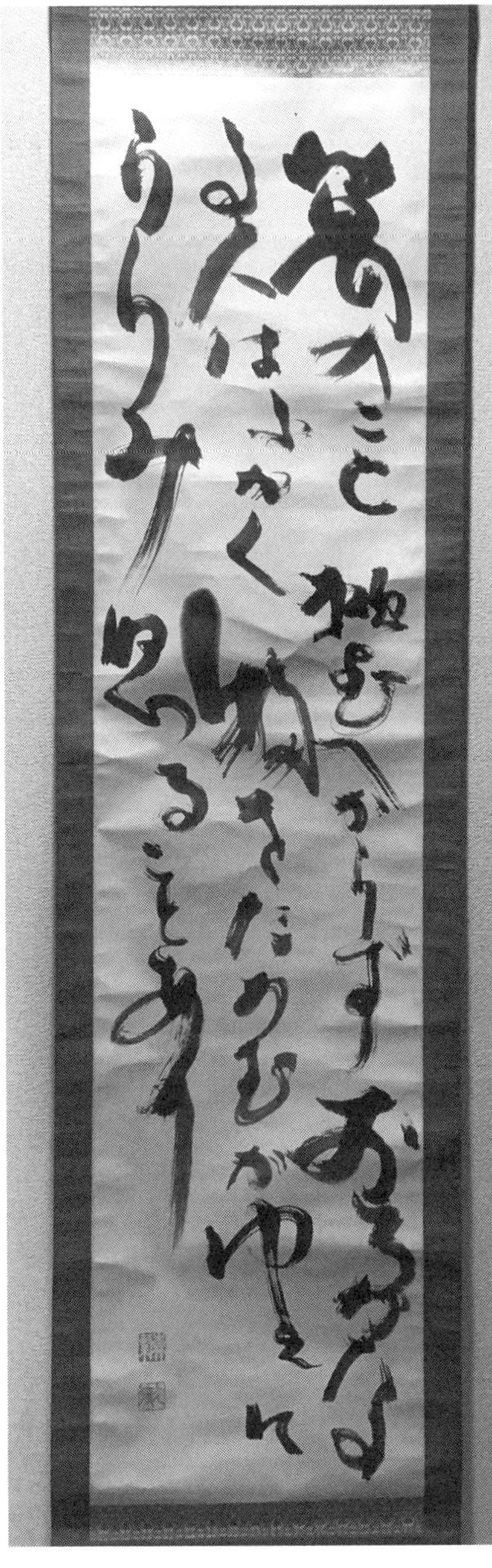

色紙

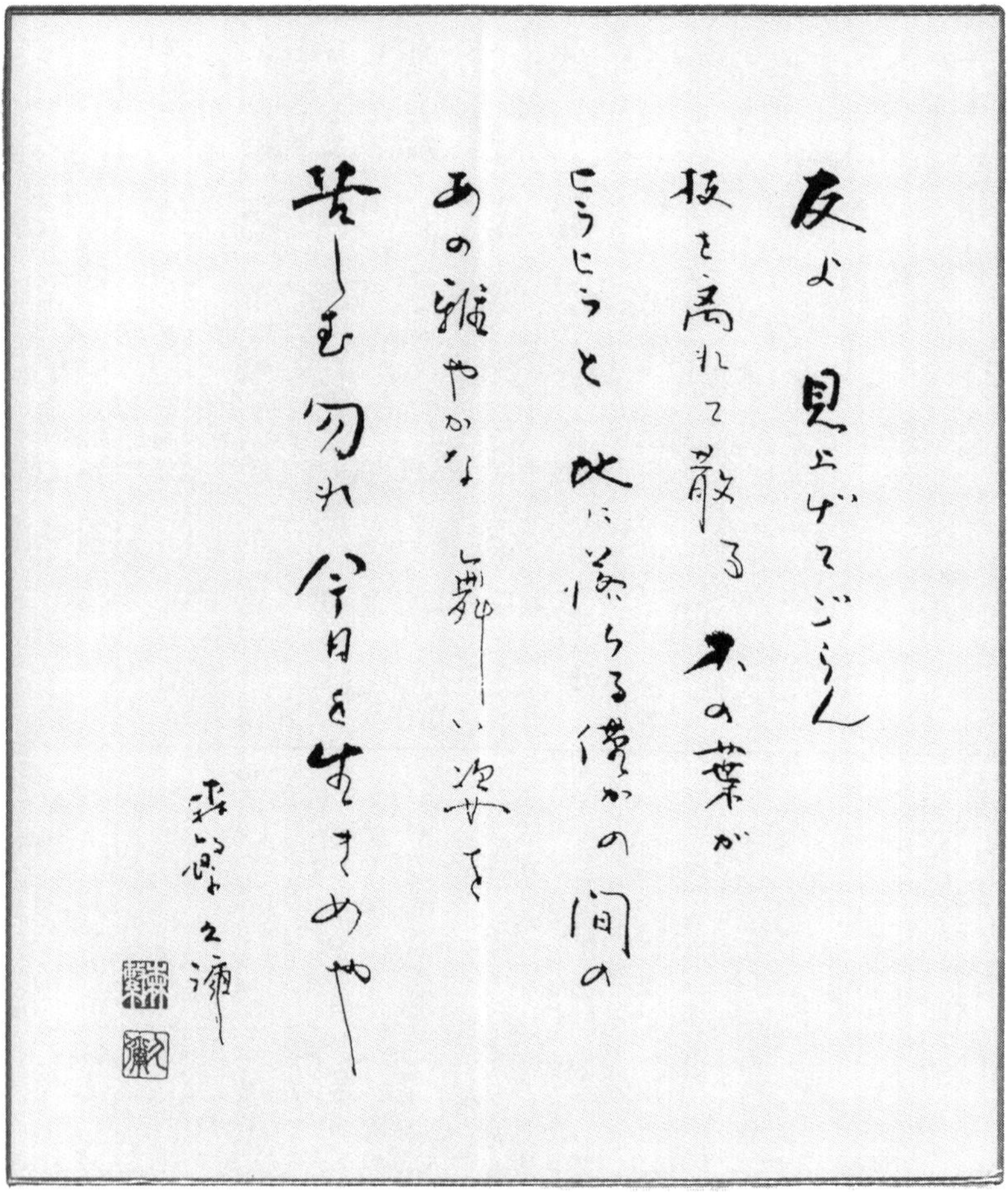
友よ 見上げてごらん
枝を離れて散る 木の葉が
ヒラヒラと 地に落ちる僅かの間の
あの雅やかな 舞い姿を
苦しむ勿れ 今日を生きめや
森繁 久彌

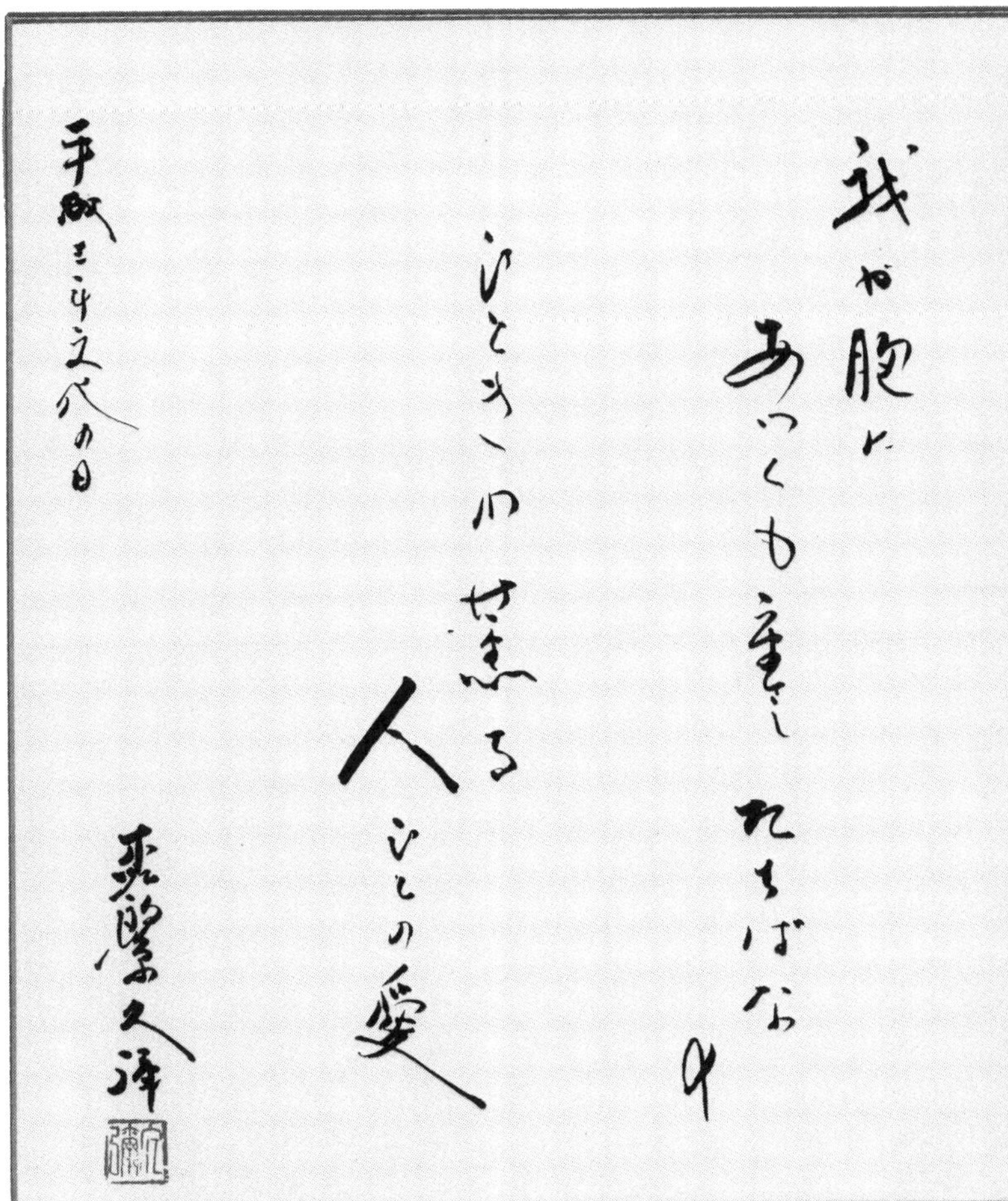

解説

遅いが勝ちの森繁久彌

片山杜秀

なりきりになりきって——喜劇役者と悲劇役者

天才は忘れた頃にやってくる。森繁久彌が三十代半ばになってようやく初出演した映画は、一九四七（昭和二二）年の東宝映画『女優』である。衣笠貞之助が監督し、山田五十鈴が松井須磨子を演じた。大正新劇史物ということだ。森繁は本当に端役。大勢いる劇団員のひとり。目を凝らさねば見逃してしまう。では森繁の映画初主演作はというと、それからさらに三年後の一九五〇年の秋に、プロデューサー、佐藤一郎の個人プロダクションが製作し、新東宝によって配給された『腰抜け二刀流』になる。並木鏡太郎監督、鈴木静一音楽による、ジャズ・ミュージカル映画であり、森繁は宮本武蔵の贋者、実はとても弱くて出鱈目な偽剣法しか使えないのだが、ハッタリの二刀流で危機をなぜか切り抜けてしまう、まことにインチキくさい主人公を熱演し、もちろん歌って踊る。まるで意味不明な二刀流のデモンストレーションをあつかましく弛《たゆ》みなくスピーディにやり続けるくだりは、これぞナンセンスの極みで、まさに森繁らしさ全開である。ミュージカル映画だから音楽が重要だが、作曲を担当した鈴木静一の、この映画のための主要な楽想のひとつが、鈴木の映画音楽家としての戦前からのライヴァル、深井史郎の、演奏会用管弦楽曲としての代表作『パロディ的な四楽章』の「ストラヴィンスキー」と多分に似ているのも、真似る名人、鈴木の真骨頂を示しているようで興味深い。

それはともかく、森繁にこの映画の主演の道が開けたのは、戦前から森繁の才能を買っていた古川緑波の推薦もあってＮＨＫのラジオ・ショー番組『愉快な仲間』に、一九五〇年の初めから藤山一郎と共にメイン・パーソナリティとしてレギュラー出演し、自由自在かつ立て板に水の話芸で全国的な人気を得はじめていたからであろう。森繁の知名度はまずラジオで高まって、映画につながった。

そのあとの森繁は、高速ブルドーザーのようなあつかましさとスピードで、戦後日本の映画・演劇・放送界をたちどころに席巻してゆく。しかもごく初めの頃から喜劇俳優の枠に収まっていない。一九五一年一〇月に封切られた、佐藤一郎プロデュース、市川崑監督の新東宝映画『ブンガワンソロ』はとてもシリアスな映画だけれど、そこで森繁は、池部良と伊藤雄之助と一緒に、日本敗戦間際のジャワ島で、現地住民に匿《かくま》われて生き延びようとする三人の陸軍脱走兵のひとりを演じている。この三人が主役で、森繁より五つも年下の池部は既に大スターで主演は当然だけれど、当時の役者の格からすると、伊藤雄之助と森繁はかなりの抜擢だろう。

そして、市川崑の演出の眼目は、その伊藤と森繁に、典型的な辛抱立役の二枚目、池部を、いかに食わせてしまうかにあるようで、その期待に伊藤と森繁はよく応じている。特に森繁はエキセントリックに目立つ。彼は結局、狂気に駆られ、ジャワ人（といっても小沢栄太郎ら、日本の俳優によって演じられている）の民家の屋根の上に登って（やっぱり森繁は屋根の上じゃなくちゃね！）、「日本が見える」だったか「富士山が見える」だったか、そんなことを叫んで、はるか祖国の幻を観ながら、屋根から転落死する。その迫力は凄まじい。舞台的な声の耳をつんざくほどの力が映画の録音でも利いている。声量の豊かさと滑舌の良さが相まって、日本人好みの曖昧なコミュニケーションの次元を突破してしまう。はったりが突き詰められ、なりきりになったときの森繁は、もう誰にも止められない。

真の悲劇俳優が喜劇を演ずることは難しいが、真の喜劇俳優が悲劇を演ずることはたやすい。そういう法則があるのではないか。森繁はその意味で本物の喜劇役者であり、それはつまりオールマイティということだ。歌舞伎の世界で言う「兼ねる役者」に通じる道を、『ブンガワンソロ』の森繁は既にはっきりと切り開いていたと思う。もちろん、そこに日本人離れしているということが加わる。このくらいでいいということが森繁にはない。ほどよいところでなあなあにならない。中間色に逃げない。よろしくおさまらない。

たとえば、新劇俳優の滝沢修もまた、森繁と同じ意味で日本人離れしていたと思う。はっきり強烈にくどくしつこく嘘くさいほどに演じる。森繁の、はったりが嵩じてなりきりになって、嘘くささも極めれば真実になるという、ひとつ次元を乗り越えるところまで、滝沢も行く。そんな芝居が出来た人となると、私には滝沢か森繁か、この二人に尽きる。山本安英も杉村春子も、水谷八重子も山田五十鈴も、仲代達矢も藤田まことも、もっと手前のところで落ち着く。あるいは彼ら彼女らの人間の地というものをうまく使って収める。ところが滝沢と森繁の演技には、もはや本人の地は関係していないかのようである。全部ハッタリの境地だ。嘘くささ、わざとらしさを、一切のてらいを捨てて極めてゆくと、ハッタリが真実に逆転し、しかもそこに狂気が見えてくるということだ。誰にも止められない、なりきりの境地とは、そういうものだ。日常や正気を突き抜けて赤裸々なものが立ち現れるということだ。

滝沢だと舞台の『セールスマンの死』に、森繁だと映画の『恍惚の人』に、よく示された世界だろうか。もちろん、森繁の舞台での当たり役、『屋根の上のバイオリン弾き』の牛乳屋テヴィエと『佐渡島他吉の生涯』の車夫の他吉を思い出してもいい。前者ではテヴィエが狂ってゆくのではなく、彼を取り巻く世界が狂ってゆく。正気では堪えられない世界の狂気を、危い屋根の上から落ちずに眺め続けられる尋常ならざる強者がテヴィエだ。そして後者では、日本に居る佐渡島他吉が、見えないはずの南十字星を観る。その幻にいかに真実味を持たせるかに、芝居の成否がかかる。やはり森繁の当たり役は並みの正気では律せられない。

しかも『セールスマンの死』は悲劇だろうが、喜劇役者森繁の極めた『屋根の上のバイオリン弾き』と『佐渡島他吉の生涯』も普通に考えると喜劇ではない。痛切な物語である。滝沢は悲劇、森繁も悲劇的。滝沢は真の悲劇俳優であった。喜劇は出来ない。森繁は真の喜劇俳優。悲劇的なるものも芸の内に織り込めた。どちらが上というものではないが、真の悲劇俳優よりも真の喜劇俳優の方が、人間としての引き出しが多いとは言える。演技の細かな引き出しは森繁よりも滝沢の方が多かったかもしれない。が、人間の引き出しはおそらく逆であった。そこに悲劇役者と喜劇役者の分かれ目もあるのだろう。

圧倒的実力はゆるがない

いや、『ブンガワンソロ』の話であった。繰り返せば、この映画が一九五一年一〇月の公開で、その翌々月の一二月には渡辺邦男監督による東宝映画『極楽六花撰』が封切られる。講談『天保六花撰』のナンセンスな後日譚で、罪を重ねた挙句の果てに地獄に落ちた河内山《こうちやま》宗俊と直侍《なおざむらい》と暗闇の丑松が、閻魔《えんま》大王にハッタリをかませてこの世に立ち返り、再び大暴れするのだが、配役は河内山が古川緑波、直侍が榎本健一で、丑松が森繁。ハッタリの主役はやはり森繁であり、エノケンとロッパを食ってしまう。森繁は古川緑波と、同年の二月から三月にかけて、帝国劇場での菊田一夫台本によるコミック・

オペラ『モルガンお雪』で越路吹雪も交えて共演している。緑波と森繁と越路の三人が主演格の舞台である。

そして一九五二年にサラリーマン映画での成功のときが来る。源氏鶏太の原作で東宝が五月に『三等重役』を、これが当たったので立て続けに九月に『続三等重役』を、それぞれ春原政久監督と鈴木英夫監督で作る。この二本の映画の演技上の主たる動力エンジンは、河村黎吉の演じた主役の重役よりも、準主役の中間管理職を務めた森繁であった。その功績を認められ、森繁は一九五三年の東宝の正月映画の一本に主演する。源氏鶏太の小説『一等サラリーマン』を原作とし、佐伯幸三が監督した『三等重役兄弟篇・一等社員』である。森繁の主演による東宝サラリーマン喜劇映画の歴史がここに始まる。

大企業のサラリーマンとは、ひとつの理想としては、定時に出社し退社し、他の時間には何の後腐れもなく、公私の時間を峻別する、ビジネスライクでドライな、巨大機関の歯車のような存在であり、そこには義理と人情の板挟みになって苦虫をかみつぶしているサラリーマンや、人情味豊かに素直な心をさらけ出しているサラリーマンも居るだろうが、組織向けの機能主義的人間観と独立した個人としての自由主義的人間観を時間と空間に応じて鮮やかに使い分け、二枚腰三枚腰で、本心を容易に見せず、仮面をつけかえながら、道化のように振る舞うサラリーマンも居るだろう。むろん最後のタイプが一番近代的なサラリーマンとイメージされ、森繁の演じて映える企業人とは、一貫してまさにそのタイプだった。森繁の実年齢相応に課長から社長へと肩書は変わってゆくけれど。

この映画『一等社員』が公開されたのと同じ年の師走には、森繁は帝国劇場のミュージカルに主演格ではなくズバリ主演する。森繁の一枚看板の興行が一か月間行われる。タイトルは『赤い絨毯』。国会が舞台だ。政党の派閥の領袖たちの覚えをめでたくしようと、ピエロのように右往左往するばかりの陣笠代議士の生態を描く、シニカルでコミカルなミュージカルだ。壮年期の森繁にうってつけの役どころというほかない。

ラジオ番組『愉快な仲間』にレギュラー出演を始めたのが一九五〇年一月。もう三十七歳の年だ。喜劇映画からシリアスな映画まで、幅広い役柄をまぎれもなく森繁の個性の広大な手のひらの上で演じ分け、帝劇のミュージカルの主役を務めるに至ったのが一九五三年一二月。既に四十歳である。古川緑波を後見人にし、早稲田大学からの友人の佐藤一郎プロデューサーらに盛り立てられながら、三十七歳から四十歳までのまる四年で、放送・映画・演劇のどの分野でも圧倒的実力を見せつけ、天下に森繁ありと印象づけた。森繁の急激な覇権拡張時代である。

しかもいったん偉くなったあとの森繁に、スランプ期や試行錯誤期がほとんど見つけられない。古川緑波にも榎本健一にも花菱アチャコにも横山エンタツにも、伴淳三郎にも三木のり平にも有島一郎にも、藤田まことにもハナ肇にも植木等にも、好不調の波があり、年齢からくる幾つもの曲がり角があった。喜劇人に限らずともよい。三船敏郎も勝新太郎も萬屋錦之介も石原裕次郎もそうだ。美空ひばりもまたしかり。そういう曲がり角が森繁にないとは言わない。でもそうたいした曲がり角はない。森繁はいったん偉くなった後は、ずっと偉かった。どんどん偉くなっていった。彼の覇権は揺らがないどころか、映画からテレビに時代が移りかわっても、ますます確立され、安定した。稀有のことだろう。

二人の一九一三年生まれ――森繁と吉田秀和

この森繁の強さとは何なのか。答えはやはり一九一三（大正二）年生まれというところに求められるだろう。先に答えを示してしまえば、森繁の曲がり角はスターになる前に済んでしまった。不惑前にようやく目立ち始めた森繁の、芸についての準備は、そのときもはや万全に近く、改めてドタバタする時期はもう要らなかったのだ。

たとえば森繁と同い年で、やはり文化勲章をもらった人に、音楽評論家の吉田秀和が居る。成城高等学校から東京帝国大学文学部に進んだ。高校時代には、哲学者の阿部次郎の弟で、成城高校のドイツ語教師だった阿部六郎の家に下宿し、ドイツ語をよく仕込まれ、その一方で詩人の中原中也をフランス語の家庭教師にして、大学の学科は独文ではなく仏文である。吉田の志は西洋クラシック音楽について文章を書くことにあって、そこでドイツ語とフランス語の二刀流になり、英語にもなじんでおくことは、たいていどれかひとつの語学しかできない多くの音楽評論家を押しのけてゆくための、最良の武器になるはずであった。吉田はもちろん少年期からピアノに親しみ、楽譜も読んでいる。やりたいことをやるための技をよく身に付けるべく努めていた。そうして詩人の中也のような自由な生き方ができればいい。青年吉田の思い描いた人生の理想の設計だったろう。

ところが、そうは問屋が卸さない。中原中也は一九〇七（明治四〇）年生まれ、あるいは太宰治だったら一九〇九年生まれである。そのへんの世代までは、ひととおり高等教育を受けてから、好きなことをして生きられる自由な二十代を持とうと思えば持てた。経済的環境にもしも恵まれていれば、ボヘミアン的な文学者、芸術家、音楽家、演劇人として青春を送れた。でも、吉田秀和や森繁のように一九一三年生まれで、二十代の頭まで高等教育を受けていると、後の余裕がもうない。一九三七年からはずっと日中戦争だ。その前年には二・二六事件が、前々年には天皇機関説事件があった。吉田が東大を卒業したのも、森繁が早大を中退したのも、二・二六事件の年である一九三六年。何しろ日本には徴兵制があった。無為徒食の若者は引っ張られがちだ。兵役から逃れられたとしても、銃後の生活も国家総動員体制に組み込まれてゆく。どこか公的組織に入らないと生き延びにくくなってくる。吉田もボヘミアン的に暮らしながら文筆業を模索しているわけにはゆかなくなる。内務省や文部省や情報局で翻訳や音楽関係の仕事をするようになった。

吉田はそのとき自由人であることを放棄した。そういう言い方もできるかもしれない。いくら時代が悪くとも、軍や官に縛られず、仮に太く短くとも、生きてみることもできたはずだ。でも、官職につかなければ、兵士にされる確率は上がるだろう。命を失う可能性も高まる。能力ある者は自らの才能を世に知らせずに死にたくはない。太く短くでは意味がない。将来の自由のために、逃げられるだけ逃げておかなくてはならない。少しでも安全圏に入っていると思われる場所に引きこもらなくてはならない。

そうやって雌伏し、戦争が終わった年には吉田はもう三十二歳（森繁もだ）。そこから改めて、戦争中に培った人脈を活かしながら音楽関係の仕事に就き、ついに初めての音楽批評の単行本『主題と変奏』を出版したのは不惑の年の一九五三年。天才は忘れた頃に顔を出す。『主題と変奏』に収められたシューマン論をはじめとする諸論考は、吉田の音楽、文学、ドイツ語、フランス語の蓄積の稀有の混合物であって、独自の高みを示し、この一冊で吉田は偉くなり、あとはずっと偉かった。森繁が映画や舞台での主役の地位を末永くつかんだのと同年だ。

森繁は、別の畑で吉田と並行することをしたと言ってよい。戦前の早稲田で演劇にのめり込み、新劇から軽演劇までのセンスを身に付ける。大学を中退してからは、東宝劇団や古川緑波の一座に加わる。しかし浮草稼業は危ない。妙案を考えつく。日本放送協会のアナウンサーになって、たとえば満洲に出向させてもらえないか。俳優の技術も活かせ、兵隊にとられにくくもなる逃げ場所として、満洲の放送局に行く。俳優はしようがない。やめてしまう。この計画がうまく行った。一九三九年から四五年まで、森繁は満洲でアナウンサーだった。自由人としての将来を担保しようと、大陸での公職を選び、大学時代からの新劇的なもの、軽演劇的なものの俳優体験に続き、アナウンサーの、客観的で私情を離れ、遠くからニュートラルに語るような、ニュースによってはとてもわざとらしく煽動するような、話術を磨いた。インタヴューするときにはおしたりひいたりあつかましくしたり、朗読のためにたくさんの声色を使ったり、のちの森繁をかたちづくる話芸のかなりが、長い満洲でのアナウンサー生活で培われた。森繁と言えば一人で何役もこなすことを得意とし、その芸は東映の日本初の長編アニメーション映画『白蛇伝』(一九五八年)で男の役を全部ひとりで演じわけたことに、よく示されるが、それはアナウンサーに不可欠な朗読術の訓練から磨かれたものに違いない。

森繁の俳優としての芸の引き出しは、俳優をやめざるを得なくなった長い雌伏時代に、赤い夕陽の満洲の広野で、飛躍的に拡張され、そこに早稲田の演劇サークルでの新劇風の芝居や、古川緑波のところでの喜劇の芝居、そして大陸の風土や多民族混交の社会に養われる押しの強さやハッタリや図々しさやしたたかさに満ちた態度が交響して、吉田秀和が独仏両方の教養の上に築き上げたのと同じような、多元的で豊饒で他の追随を許さない芸風を編み出せたのかと思っている。

やはり、もっと若くから活躍できたのに戦争のせいで青春が失われ、遅咲きになって残念だったという話では、決してない。吉田秀和の文章も、森繁久彌の芸も、若くして世に現れても天才的だったろうとは想像する。けれど、彼らが青春時代から活躍していれば、ここまで他を圧せられなかったのではないか、青春を封印し、我慢し、外から見れば不自由に生きながら、内側には個人を保ち、自由を保って、戦後にいきなり熟成した天才として登場したから、もはやそのあとに曲がり角も必要なかった。そもそも俳優や歌手や作家を苦しめる曲がり角とは、熟成する前に青春の未熟を剝き出しにし、それを魅力にして勝負してしまった者に必ず襲い掛かる不幸なのである。

満洲の広野で

とにかく、森繁が兵隊にとられて死なずに済みそうな場所と思って賭けたのが満洲の広野であり、戦時期にかろうじて自由な精神を保てたのもそこであり、アナウンサー風の、個人を超えた高いところからの語り口を養えたのもそこであった。私は、森繁が海を愛し、巨大なヨットを持ち船としたのは、満洲の広野や馬賊や、あるいは童謡『月の沙漠』のような世界を、海原と重ね合わせていたからではないかとも思う。自由を侵害してきそうな他人の滅多に見えないくらいの広いところでないと安心できないのだ。

ところで、私の最愛の森繁映画は、実は「社長シリーズ」でも「駅前シリーズ」でも、豊田四郎監督作品（例の『夫婦善哉』など）でも『次郎長三国志』の連作でもなく、『暖簾《のれん》』、『グラマ島の誘惑』、『縞の背広の親分衆』、『青べか物語』、『喜劇　とんかつ一代』という、川島雄三監督による五本の東宝映画である。川島くらいエキセントリックでないと、俳優森繁の才を御せなかったのではないか。特に『縞の背広の親分衆』と『喜劇　とんかつ一代』の二本には一種の狂気がある。私は若い頃、この二本に全くついていけなかったが、年をとればとるほど、無上の愉悦を覚えるようになった。そして『青べか物語』。全体の狂言回しをまさに満洲のラジオ・アナウンサー風に達観して務める、森繁の扮する作家（原作者の山本周五郎の分身なのだろう）が、東京湾上でべか舟に揺られつつ孤独と自由を満喫する場面がある。海と森繁が響き合う名シーンである。

著作集のこの「海」の巻を、『青べか物語』に付された池野成の音楽を聴きながら（そういえば川島とコンビを組んでいたこの作曲家もヨット愛好者だった）、玩味する。ひとりの日本映画ファンとして、これは至福である。

○**かたやま・もりひで**　一九六三年生。評論家、思想史家。慶應義塾大学法学部教授。専攻は政治学。著書に『音盤考現学』『音盤博物誌』（吉田秀和賞、サントリー学芸賞）『線量計と機関銃　ラジオ・カタヤマ　震災篇』『現代音楽と現代政治　ラジオ・カタヤマ　存亡篇』『ラジオ・カタヤマ　予兆篇』『大東亜共栄圏とＴＰＰ　ラジオ・カタヤマ　存亡篇』（以上、アルテスパブリッシング）『近代日本の右翼思想』（講談社選書メチエ）『未完のファシズム』（新潮選書、司馬遼太郎賞）『鬼子の歌　偏愛音楽的日本近現代史』（講談社）『革命と戦争のクラシック音楽史』（ＮＨＫ出版新書）等。

1992 おやじのヒゲ 11　TBS　大国辰造役
社長になった若大将　TBS
おやじのヒゲ 12　TBS　大国辰造役
おやじのヒゲ 13　TBS　大国辰造役
1993 おやじのヒゲ 14　TBS　大国辰造役
おやじのヒゲ 15　TBS　大国辰造役
鶴姫伝奇――滅亡瀬戸内水軍　NTV　越智兵庫助安用役、原案・三島安精
1994 江戸を斬る　1 話（前後篇）　遠山桜が悪を斬る　TBS　水戸斉昭役
おやじのヒゲ 16　TBS　大国辰造役
森繁ドラマシリーズ　おやじのヒゲ 17　TBS　大国辰造役
1995 清左衛門残日録　仇討ち！　播磨屋の決闘　NHK　原作・藤沢周平
水戸黄門　白いお髭の意地比べ　TBS
森繁ドラマシリーズ　おやじのヒゲ 18　TBS　大国辰造役
銭形平次　最終回　過去からの告発　CX
おやじのヒゲ 19　TBS　大国辰造役
1996 小石川の家　TX　幸田露伴役、原作・青木玉、幸田文
とおりゃんせ　深川人情みお通り　鶴の行方　NHK　原作・北原亜以子
響子　TBS　常吉役、原案・向田邦子、松山巌
大往生　NHK　染み抜き職人役、原作・永六輔
森繁ドラマシリーズ　おやじのヒゲ 20　TBS　大国辰造役
大岡越前　TBS　遊山役
1997 裸の大将　清の放浪感動の最終回！　故郷の母に贈る涙のフラメンコ！　スペイン・島原　CX　八幡学園園長板東役、原作・山下清
森繁久彌ドラマスペシャル　おじいさんの台所　83 歳からの一人暮らし　父娘泣き笑いの老後　TX　原作・佐橋慶女
南町奉行事件帖　怒れ！　求馬　1 話　TBS
南町奉行事件帖　怒れ！　求馬　2 話　TBS
1998 人情馬鹿物語「七つの顔の銀次」「親なしっ子」「深川の鈴」　TX　原作・川口松太郎
オールスター忠臣蔵まつり　今年も元気に笑ってください　NHK
飛んで火に入る春の嫁　TX
1999 赤穂浪士（第一部「元禄騒乱！刃傷松の廊下」　第二部「籠城か殉死か！涙の連判状」　第三部「仇討ちの盟約！赤穂城明け渡し」　第四部「運命の時・それぞれの別れ」　第五部「吉良上杉の逆襲　決死の江戸入り」　第六部「吉良邸討ち入り本懐遂ぐ」　TX　原作・大佛次郎
永遠のアトム　手塚治虫物語　天才は何故アトムを憎んだのか？　嫁姑戦争から介護まで知られざる家族の愛　TX
怒る男　わらう女　NHK　原作・竹山洋
2000 向田邦子新春ドラマ　あ・うん　TBS　初太郎役、原作・向田邦子
2001 森繁久彌サスペンス　小池真理子の「鍵老人」　BS ジャパン　西村与平役、原作・小池真理子
旗本退屈男　幽霊城の姫君　CX　佐々木味津三役
こちら第三社会部　カムバック　TBS
こちら第三社会部　絆の紙芝居　TBS

忠臣蔵　前篇「君、怒りもて　往生を遂ぐ」　NTV　吉良上野介役
1986　森繁久彌シリーズ　おやじのヒゲ　TBS　大国辰造役
白虎隊　第一部「京都動乱」　第二部「落城の賦」　NTV　井上丘隅役
1987　春の姉妹　NTV　泰造役
麗子の足　TBS　原案・向田邦子
半七捕物帳　十手無用の仮面舞踏会　ANB　半七役、原作・岡本綺堂
森繁久彌シリーズ おやじのヒゲ 2 独身女性にだけ部屋を貸します　TBS　大国辰造役
江戸を斬る　血染めの遠山桜　TBS
江戸を斬る　天下を救う名裁き　TBS
恋人よわれに帰れ！　老いざかり、でも恋ざかり!!　ANB　譲次役、原案・高橋正圀
田原坂　第一部「英雄野に下る」　第二部「桜島は死せず」　NTV　竜左民役
1988　森繁ドラマシリーズ　おやじのヒゲ 3　TBS
森繁久彌ドラマ　花くらべ　TBS　岩田東吉役、原作・岩田幸子
南十字星に賭けた女　NTV　原案・森崎東
おやじのヒゲ 4　TBS　大国辰造役
裸の大将　芦屋雁之助・郡上八幡編　園長先生ゴメンなさい！　CX　八幡学園園長板東役、原作・山下清
五稜郭　第一部「江戸最後の日　男たちの選択」　第二部「幻の蝦夷共和国函館戦争」　エピローグ「ラウルを越えて」　NTV　佐藤泰然役
1989　サラリーマン忠臣蔵　華麗なる復讐　ANB　原作・葉村彰子
行きつ戻りつ春の道　TBS
ウルトラマンをつくった男たち　星の林に月の舟　TBS　原作・実相寺昭雄
大風呂敷　後藤新平　時代をクリエートした男　TX　後藤新平役、原作・杉森久英
ロマンの果て　CX　永井荷風役
翔んでる！　平賀源内　TBS　原案・葉村彰子
翔んでる！　平賀源内　濡れ衣晴らしたエレキテル　TBS　原案・葉村彰子
おやじのヒゲ 5　TBS　大国辰造役
おやじのヒゲ 6　息子の結婚話にヘンな横ヤリが入りました　TBS　大国辰造役
女と男の忠臣蔵　討入りそば屋の一番手柄、無辺流畳返し　ANB　（語り）
女と男の忠臣蔵　討入り前夜、涙の祝言！　ANB　（語り）
女と男の忠臣蔵　討入り絵図別れ酒！　ANB　（語り）　原作・海音寺潮五郎
1990　みんな玉子焼き　ANB　泰造役
おやじのヒゲ 7　息子の嫁と仲良くしてはいけませんか　TBS　大国辰造役
おやじのヒゲ 8　女湯を覗いたのは誰？　TBS　大国辰造役
勝海舟　第一部「日本よーそろ・サムライ太平洋を渡る」　第二部「幕臣残照・咸臨丸は沈まず」　エピローグ「海舟臨終・永遠の船出」　NTV　渋田利右衛門役
1991　遊の人・天下の御意見番・大久保彦左衛門　TBS　大久保彦左衛門役
兄貴に乾杯！　TBS
森繁久彌ドラマスペシャル　大逆転！　NTV　乙松役
おやじのヒゲ 9　TBS　大国辰造役
森繁久彌オムニバス　仙人のいたずら「人の好い悪党」「マジメ銀行員の秘密　笑顔の裏」「赤とんぼ」　TBS
おやじのヒゲ 10　TBS　大国辰造役

いごこち満点　TBS　岩崎（老紳士）役
君の名は　NET　浮浪者役、原作・菊田一夫
三男三女婿一匹　TBS　桂大五郎役
1977 新春大吉　NTV　安部木竜子役
毛糸の指輪　NHK
江戸を斬るⅢ　TBS
天北原野　TBS　原作・三浦綾子
かあさん堂々　TBS
だいこんの花　ANB　永山忠臣役
お手々つないで　ANB　老画家役
1978 悪女について　ANB　沢山役、原作・有吉佐和子
三男一女婿一匹　TBS　桂大五郎役
赤サギ　NHK　守屋繁一役
亭主の家出　翔んでる男たち　ANB　亭主の館主人役、原作・吉村昭
亭主の家出　自由を我らに！　ANB　亭主の館主人役、原作・吉村昭
素晴らしいクリスマス　消えた一億円　ANB　竜介役
1979 ケッパリ先生仰げば尊し　ANB　私立学園校長役、原作・山口瞳
熱い嵐　TBS　高橋是清役、原作・松浦行真
天山先生本日も多忙　ANB　並川天山役、原作・見川鯛山
三男一女婿一匹Ⅲ　TBS　桂大五郎役
天下御免の頑固おやじ　大久保彦左衛門　TBS
新・座頭市　渡世人の詩　前後篇　CX　渡世人利助役
1980 王将　二つの王将　CX　坂田三吉役、原作・北條秀司
王将　たそがれの王将　CX　坂田三吉役、原作・北條秀司
松坂慶子の雪国　純白の雪と湯煙りに燃える恋！　NTV　（語り）　原作・川端康成
七人の軍隊　CX　茂一役、原作・草野唯雄
機の音　NTV
1981 関ヶ原　TBS　徳川家康役、原作・司馬遼太郎
森繁久彌のおやじは熟年　ANB　大文字泰助役
夫婦は夫婦　CX　京平役
歌枕　落日のかがやきにも似て 二人だけの旅路　NTV　鳥羽役、原作・中里恒子
1982 裸の大将放浪記 8　ヨメ子が嫁になりたがるので　KTV　八幡学園園長板東役、原作・山下清
哀愁のやもめたち　TBS　清一役
1983 戦後最大の宰相　吉田茂　CX　吉田茂役、原案・猪木正道
裸の大将放浪記　最終回　ボクは富士山に登るので　CX　八幡学園園長板東役
黒い雨　姪の結婚　NTV　閑間重松役、原作・井伏鱒二
碧り海鳴り　熟年弁護士の証拠くずし　ANB　猪狩文助役、原作・和久峻三
栄花物語　CX　田沼意次役、原作・山本周五郎
1985 眠る盃　TBS　原作・向田邦子
ガンコおやじに敬礼！　TBS　忠行役
そして戦争が終わった　TBS　鈴木貫太郎役、原作・半藤一利
おじいちゃんとボクはじめての旅　CX　甚五郎役

二挺三味線　NHK　新内流しの登志造役、原作・長谷川幸延
1966 夕べの雲　NHK　大浦役、原作・庄野潤三
太陽の丘　NHK　八代邦住役
1967 おやじさん　NET　牛田善之進役、原作・遠藤周作
文五捕物絵図　NHK　原作・松本清張
1968 嗚呼坊っちゃん　NHK　野々宮浩太郎役
顎十郎捕物帳　俺が手をかす、とっつぁんやんな　TBS
おじゃまさま　NTV　三田村武平役
1969 浪漫飛行　NHK　三森竜平役
S・Hは恋のイニシアル　TBS　重太郎役
極楽夫婦　NHK　（語り）　原作・茂木草介
1970 華燭　NHK　山崎役、原作・中山義秀
おれの義姉さん　CX　浜野真砂役
男は度胸　NHK　原作・柴田錬三郎
だいこんの花　NET　永山忠臣役
1971 おも舵とり舵　TBS　犬丸平吉役
人生劇場　瓢吉の青春　NET　青成瓢太郎役、原作・尾崎士郎
1972 新・だいこんの花　NET　永山忠臣役
針女　NHK　原作・有吉佐和子
桃から生まれた桃太郎　NHK　竜造役
だいこんの花　NET　永山忠臣役
1973 時間ですよ　元女形がお客に　TBS　瀬川墨之丞役
あんたがたどこさ　TBS　元旅回り一座の女形（明経）役
1974 さよなら、今日は　NTV
唐変木に花咲けば　NET　唐木番作役
だいこんの花　NET　永山忠臣役
水戸黄門　二人の御老公・佐賀　TBS
ふたりは夫婦　CX
水もれ甲介　頼んだぜ、甲介！　NTV　三ッ森保太郎役
水もれ甲介　ドラムは捨てたんだ　NTV　三ッ森保太郎役
四季の家　NHK
1975 元禄太平記　NHK　原作・南條範夫
あんたがたどこさ　TBS　林田明経役
山盛り食堂　NTV
どてかぼちゃ　NET　漢文教師役
江戸を斬るII　TBS
1976 雨傘　TBS　修役
徹子の部屋　第1回　森繁久彌の時計をとめて　NET　（ゲスト）
マチャアキの森の石松　清水港の名物男…？　NET　身受山の鎌太郎役
マチャアキの森の石松　旅姿！　花もシビレルいい男　NET　身受山の鎌太郎役
マチャアキの森の石松　一世一代　石松の恋　NET　身受山の鎌太郎役
マチャアキの森の石松　死ぬな石松　あの名場面　NET　身受山の鎌太郎役
八丁目のダメ親父！　カンナ・トンカチ・キリキリ舞い　NTV　大工役

●テレビ

1953 半七捕物帳　十五夜御用心　NHK　原作・岡本綺堂
生と死の十五分間　NTV　原作・知切光歳
1956 ミュージカルドラマ　忘れえぬクリスマス　KR　原作・キノトール
1957 その夜の哀愁　KR
遠きにありて　NHK　原作・小野田勇
姥子の湯　NHK　原作・北條秀司
惑星への招待　KR　（解説）
1958 初笑い文士劇　鬼よりこわい清水の港　KR　原作・菊田一夫
たいこ焼とリボン　NHK　たいこ焼屋役、原作・矢代静一
マンモスタワー　KR
1959 花嫁の日　NTV　原作・笠原良三
鉄道唱歌物語　NTV　原作・一田元蔵
1960 一枚看板　KR　原作・小島政二郎
モリシゲ新春の夢　NTV
現代人間模様　鮨　にぎり職人　前篇・後篇　NHK　原作・茂木草介
花の星座　NHK
私売ります　NET　原作・花登筐
1961 父親（てておや）　NET　木田新次郎役、原作・里見弴
バラエティー　空は晴れている　NHK
ママちょっと来て　ママちょっと来て祭り　三年目の出発　NTV
王将　NHK　坂田三吉役、原作・北條秀司
青年の樹　TBS　原作・石原慎太郎
青年の樹　敗北　TBS　原作・石原慎太郎
青年の樹　曙光　TBS　原作・石原慎太郎
1962 人生劇場　NHK　原作・尾崎士郎
続人生劇場　NHK　原作・尾崎士郎
1963 吾輩は猫である　NHK　苦沙弥千世役、原作・夏目漱石
窓をひらけば風がはいる　NHK　原作・内村直也
きんとま一代　一本杉の巻　NET　貞吉役、原作・井上貞治郎
真珠の海　TBS　森川役
きんとま一代　花いばらの巻　NET　原作・井上貞治郎
帰郷　NET　原作・大佛次郎
ささくれ　NHK　原作・向田邦子
きんとま一代　春秋遙かなりの巻　NET　原作・井上貞治郎
1964 河のほとりで　TBS
さぼてん　TBS
七人の孫　TBS　北原亮作役、原作・源氏鶏太
ミスター・ガンノロ　TBS　赤間大作役、原作・遠藤周作、阿川弘之
1965 初雪　NHK　尾形役、原作・大佛次郎
七人の孫　TBS　北原亮作役、原作・源氏鶏太
黄色い褒章　TBS　原田新吉役

原作(作)	脚本	演出	音楽	共演
山本周五郎	堀井康明	井上思	池辺晋一郎	林与一、西郷輝彦
瀧口康彦	堀越真	桜井秀雄	池辺晋一郎	平幹二朗、平淑恵
吉川英治	杉山義法	津村健二	桑原研郎	淡路恵子、平淑恵
織田作之助	椎名龍治	森繁久彌、井上思	小川寛興	小柳久子、野川由美子
山本周五郎	沢島正継	沢島正継	岩代浩一	竹脇無我、頭師佳孝
船山馨	杉山義法	津村健二	池辺晋一郎	水谷良重・淡路恵子、竹脇無我
長谷川幸延	水谷幹夫	森繁久彌、水谷幹夫	橋場清	荒木道子、林与一
海音寺潮五郎	中江良夫、堀井康明	井上思	池辺晋一郎	北大路欣也、林与一
布施博一		小林俊一	渡辺俊幸	草笛光子、竹脇無我
杉本苑子	杉山義法	森谷司郎、津村健二、佐藤浩史	池辺晋一郎	司葉子、竹脇無我
杉本苑子	杉山義法	森谷司郎、津村健二、佐藤浩史		西村晃、竹脇無我
山本周五郎	沢島正継	沢島正継	岩代浩一	頭師佳孝、井上孝雄
織田作之助	椎名龍治	森繁久彌、井上思、山田和也	小川寛興	北大路欣也、宮本信子

作品名	年	会場	役名	製作
栄花物語	1990	帝国劇場	老中田沼意次	古川清、栗村勝久
拝領妻始末	1990	東京宝塚劇場	笹原伊三郎	佐藤勉、長谷山太刀
松のや露八	1990		土肥庄次郎(松のや露八)	佐藤勉、長谷山太刀
佐渡島他吉の生涯	1990	御園座	佐渡島他吉	
赤ひげ診療譚	1991	帝国劇場	新出去定	津村健二、細川潤一
薫火野	1991	帝国劇場	河井森右衛門	佐藤勉、長谷山太刀
みおつくし　浪花の風雪　曽我廼家五郎・十郎物語	1991	中日劇場	中村珊之助〜曽我廼家五郎	佐藤勉、栗村勝久
明治太平記	1992	帝国劇場	神保車之助(石川金之助)	佐藤勉、津村健二
レインボー通りの人びと	1992	東京宝塚劇場	森田清吉	佐藤勉、栗村勝久
孤愁の岸	1992	劇場飛天	伊集院十蔵久東	佐藤勉、栗村勝久
孤愁の岸	1993	帝国劇場	伊集院十蔵久東	佐藤勉、栗村勝久
赤ひげ診療譚	1994	東京宝塚劇場	新出去定	佐藤勉、細川潤一
佐渡島他吉の生涯	1997	御園座	佐渡島他吉	御園座制作部

原作(作)	脚本	演出	音楽	共演
ショラム・アレイハム	ジョセフ・スタイン(倉橋健)	ジェローム・ロビンス、サミー・ベイス	ジェリー・ボック	淀かおる、江崎英子
長谷川幸延	水谷幹夫	森繁久彌	小川寛興	野川由美子、安奈淳
山本周五郎		沢島正継	岩代浩一	竹脇無我、浅野ゆう子
杉本苑子	杉山義法	森谷司郎	池辺晋一郎	竹脇無我、小山明子
ショラム・アレイハム	ジョセフ・スタイン(倉橋健)	ジェローム・ロビンス、サミー・ベイス	ジェリー・ボック	安奈淳、松岡由利子
ショラム・アレイハム	ジョセフ・スタイン(倉橋健)	ジェローム・ロビンス、サミー・ベイス	ジェリー・ボック	淀かおる、江崎英子
織田作之助	椎名龍治	森繁久彌	小川寛興	大津十誌子、安奈淳
杉本苑子	杉山義法	森谷司郎、津村健二	池辺晋一郎	竹脇無我、小山明子
杉本苑子	杉山義法	森谷司郎、津村健二	池辺晋一郎	竹脇無我、東千晃
北條秀司		北條秀司	杵屋正邦	山田五十鈴、植木等
ショラム・アレイハム	ジョセフ・スタイン(倉橋健)	ジェローム・ロビンス、サミー・ベイス	ジェリー・ボック	淀かおる、岩崎宏美
林房雄	杉山義法	瀬山雍康、津村健二	池辺晋一郎	西郷輝彦、根本律子
杉山義法		瀬木宏康、佐藤浩史	池辺晋一郎	山岡久乃、山口いづみ
杉山義法		瀬木宏康、佐藤浩史	池辺晋一郎	久慈あさみ、山本みどり
亀屋原徳		佐藤浩史	甲斐正人	小林桂樹、樹木希林
織田作之助	堀井康明	深町幸男	池辺晋一郎	三田佳子、一の宮あつ子
亀屋原徳		佐藤浩史	甲斐正人	小林桂樹、樹木希林
織田作之助	堀井康明	深町幸男	池辺晋一郎	淡島千景、一の宮あつ子
杉本苑子	杉山義法	森谷司郎、津村健二	池辺晋一郎	竹脇無我、司葉子
宮本輝	堀井康明	深町幸男	山本直純	乙羽信子、大石千暁
杉本苑子	杉山義法	森谷司郎、津村健二	池辺晋一郎	竹脇無我、司葉子
杉山義法		桜井秀雄、井上思	甲斐正人	司葉子、新井春美
船山馨	杉山義法	津村健二	池辺晋一郎	遙くらら、かとうかずこ
杉山義法		桜井秀雄、井上思	甲斐正人	司葉子、新井春美
織田作之助	椎名龍治	森繁久彌、井上思	小川寛興	小柳久子、野川由美子

作品名	年	会場	役名	製作
屋根の上のヴァイオリン弾き	1982	帝国劇場	テヴィエ	佐藤勉、永野誠
みおつくし　浪花の花道	1983	東京宝塚劇場	曽我廼家五郎	津村健二、永野誠
赤ひげ診療譚	1983	御園座	新出去定	津村健二、永野誠
孤愁の岸	1983	帝国劇場	伊集院十蔵久東	佐藤勉、永野誠
屋根の上のヴァイオリン弾き	1984	中日劇場	テヴィエ	佐藤勉、永野誠
屋根の上のヴァイオリン弾き	1984	帝国劇場	テヴィエ	佐藤勉、永野誠
佐渡島他吉の生涯	1985	東京宝塚劇場	佐渡島他吉	佐藤勉、津村健二
孤愁の岸	1985	帝国劇場	伊集院十蔵久東	佐藤勉、永野誠
孤愁の岸	1985	御園座	伊集院十蔵久東	
狐狸狐狸ばなし	1985	東京宝塚劇場	手拭屋主人伊之助	
屋根の上のヴァイオリン弾き	1986	帝国劇場	テヴィエ	
青年	1986	東京宝塚劇場	プーラン	
遙かなり山河　白虎隊異聞	1987	帝国劇場	井上丘隅	
遙かなり山河　白虎隊異聞	1987	中日劇場	井上丘隅	
貝殻島にて	1987	東京宝塚劇場	法林甚右衛門	
蛍	1987		寺田屋伊助	
貝殻島にて	1987	御園座	法林甚右衛門	
蛍	1987		寺田屋伊助	
孤愁の岸	1988	御園座	伊集院十蔵久東	佐藤勉、栗村勝久
夢見通りの人々	1988	東京宝塚劇場	王さん	
孤愁の岸	1989	帝国劇場	伊集院十蔵久東	
星降る里	1989		天野	
蘆火野	1989	帝国劇場	河井森右衛門	
星降る里	1989	中日劇場	天野	
佐渡島他吉の生涯	1990	東京宝塚劇場	佐渡島他吉	佐藤勉、津村健二

原作(作)	脚本	演出	音楽	共演
森繁久彌				
ジゥリオ・スカルニッチ、レンゾ・タラブウシ(原千代海訳)		小沢栄太郎	中村八大	山岡久乃、井上順
小幡欣治		小幡欣治	いずみたく	京塚昌子、芦屋雁之助
山本周五郎	沢島忠	沢島忠	岩代浩一	竹脇無我、音無美紀子
ショラム・アレイハム	ジョセフ・スタイン(倉橋健)	ジェローム・ロビンス、サミー・ベイス	ジェリー・ボック	淀かおる、江崎英子
ショラム・アレイハム	ジョセフ・スタイン(倉橋健)	ジェローム・ロビンス、サミー・ベイス	ジェリー・ボック	淀かおる、大空真弓
山崎豊子	菊田一夫	菊田一夫	古関裕而	林美智子、西郷輝彦
山崎豊子	菊田一夫	菊田一夫	古関裕而	林美智子、倉丘伸太朗
沢島正継	岡本育子	森繁久彌、本間忠良		由利徹、松山英太郎
ショラム・アレイハム	ジョセフ・スタイン(倉橋健)	ジェローム・ロビンス、サミー・ベイス	ジェリー・ボック	淀かおる、音無美紀子
清水寥人(原案・井上和男)	大藪郁子	森繁久彌、三木のり平		三木のり平、荻島真一
小幡欣治		小幡欣治	岩代浩一	竹脇無我、西郷輝彦
ショラム・アレイハム	ジョセフ・スタイン(倉橋健)	ジェローム・ロビンス、サミー・ベイス	ジェリー・ボック	淀かおる、音無美紀子
織田作之助	椎名龍治	森繁久彌	小川寛興	柳川慶子、野川由美子
ショラム・アレイハム	ジョセフ・スタイン(倉橋健)	ジェローム・ロビンス、サミー・ベイス	ジェリー・ボック	淀かおる、江崎英子

作品名	年	会場	役名	製作
森繁久彌心の詩	1976	宮城県民会館		
ナポリの王様　キャビアか煮豆か	1977	日生劇場	レオニーダ	佐藤勉、津村健二
森繁と故郷へ	1977	熊本市民会館		
百三代さま	1977	帝国劇場	榊原彦八	大原由紀夫、古川清
屋根の上のヴァイオリン弾き	1977	宮城県民会館	テヴィエ	
屋根の上のヴァイオリン弾き	1977	岩手県民会館	テヴィエ	
屋根の上のヴァイオリン弾き	1977	八戸市公会堂	テヴィエ	
屋根の上のヴァイオリン弾き	1977	函館市民会館	テヴィエ	
屋根の上のヴァイオリン弾き	1977	札幌厚生年金会館	テヴィエ	
屋根の上のヴァイオリン弾き	1977	名古屋中日劇場	テヴィエ	
赤ひげ診療譚	1978	東京宝塚劇場	新出去定	津村健二、永野誠
屋根の上のヴァイオリン弾き	1978	梅田コマ劇場	テヴィエ	佐藤勉、永野誠
屋根の上のヴァイオリン弾き	1978	帝国劇場	テヴィエ	佐藤勉、永野誠
暖簾	1979	帝国劇場	八田吾平	津村健二、永野誠
暖簾	1979	御園座	八田吾平	津村健二、永野誠
赤富士　葛飾北斎画狂一代	1979	東京宝塚劇場	葛飾北斎	
屋根の上のヴァイオリン弾き	1979	九州沖縄公演	テヴィエ	
屋根の上のヴァイオリン弾き	1980	帝国劇場	テヴィエ	佐藤勉、永野誠
機関士ナポレオンの退職	1980	東京宝塚劇場	寺山源吉	
華麗なる遺産	1981	帝国劇場	柳川民三	津村健二、細川潤一
屋根の上のヴァイオリン弾き	1981	早稲田大隈講堂	テヴィエ	
屋根の上のヴァイオリン弾き	1981	中日劇場	テヴィエ	佐藤勉、永野誠
屋根の上のヴァイオリン弾き	1981	北海道・東宝公演	テヴィエ	
佐渡島他吉の生涯	1981	帝国劇場	佐渡島他吉	佐藤勉、津村健二
屋根の上のヴァイオリン弾き	1982	梅田コマ劇場	テヴィエ	佐藤勉、永野誠

原作(作)	脚本	演出	音楽	共演
沙羅双樹	安永貞利、紙屋五平	津村健二	岩代浩一	扇千景、光本幸子
花登筐		花登筐	神津善行	三田佳子、本郷功次郎
		北條秀司	北村得夫	水谷良重、三田佳子
		山本紫朗	山屋清	宝田明、宮城まり子
土井行夫		津村健二	吉村武史	宝田明、野川由美子
中江良夫		森繁久彌	神津善行	南利明、石間健史
小幡欣治		津村健二	吉村武史	宝田明、那智わたる
中江良夫		森繁久彌	神津善行	南利明、石間健史
小幡欣治		津村健二	吉村武史	宝田明、那智わたる
安永貞利		木村光一	林光	中野良子、大和田伸也
		山本紫朗	岩代浩一	淀かおる、ジュディ・オング
長谷川幸延	相良準三	マキノ雅弘	吉村武史	野川由美子、船戸順
神津善行		森繁久彌	神津善行	芦屋雁之助、中村メイコ
吉川英治	平岩弓枝	平岩弓枝	岩河三郎	宇津井健、真木洋子
小幡欣治		小幡欣治	いずみたく	上月晃、浜畑賢吉
ショラム・アレイハム	ジョセフ・スタイン(倉橋健)	ジェローム・ロビンス、サミー・ベイス	ジェリー・ボック	上月晃、淀かおる
平岩弓枝		津村健二	小川寛興	山岡久乃、堺正章
藤本義一		京澄一歩、佐藤浩史	吉村武史	芦屋雁之助、芦屋小雁
長谷川幸延	相良準三、水谷幹夫	森繁久彌	岩河三郎	林美智子、三浦布美子
小幡欣治		小幡欣治	いずみたく	甲にしき、浜畑賢吉
織田作之助	椎名龍治	森繁久彌	小川寛興	小倉靖子、林美智子
ショラム・アレイハム	ジョセフ・スタイン(倉橋健)	ジェローム・ロビンス、サミー・ベイス	ジェリー・ボック	上月晃、淀かおる
ショラム・アレイハム	ジョセフ・スタイン(倉橋健)	ジェローム・ロビンス、サミー・ベイス	ジェリー・ボック	上月晃、淀かおる

作品名	年	会場	役名	製作
浪花かんざし　恋の勝負師	1972		宮川新六	永井孝男
［題名不詳］	1972	九州地方公演		
ぼてじゃこの灯	1972	東京宝塚劇場		津村健二、酒井喜一
深川不動	1972		市川三十助	津村健二、酒井喜一
夢は世界を駆けめぐる	1973	梅田コマ劇場		伊藤邦輔、酒井喜一郎
昨日今日淀の水あと	1973		円山勘七	伊藤邦輔、酒井喜一郎
三人宿	1973	御園座	按摩喜代市	
北海の花道	1973		近江屋小六	
川どめ三人旅	1973	明治座	按摩喜代市	
北海の花道	1973		近江屋小六	
夢は巴里か倫敦か　音二郎貞奴物語	1973	帝国劇場	川上音二郎	津村健二、中根公夫
虹から虹へ	1974	梅田コマ劇場		
みおつくし　浪花の風雪　曽我廼家五郎物語	1974		中村珊之助〜曽我廼家五郎	永井孝男、津村健二、岡田圭二
極楽屋騒送曲	1974	名鉄ホール	堀田	津村健二、永野誠
松のや露八	1974		土肥庄次郎〜露八	
にっぽんサーカス物語　道化師の唄	1974	帝国劇場	牛山忠七	大原由紀夫、長谷山太刀夫
屋根の上のヴァイオリン弾き	1975	日生劇場	テヴィエ	
喜劇　鶴亀屋二代	1975	帝国劇場	鶴田亀之助	佐藤勉、細川潤一
ひも	1975	御園座		永野誠、津村健二
みおつくし　浪花の花道	1975		曽我廼家五郎	永野誠、津村健二
にっぽんサーカス物語　道化師の唄	1975	梅田コマ劇場	牛山忠七	大原由紀夫、浦光雄
佐渡島他吉の生涯	1976	東京宝塚劇場	佐渡島他吉	津村健二
屋根の上のヴァイオリン弾き	1976	中日劇場	テヴィエ	佐藤勉、永野誠
屋根の上のヴァイオリン弾き	1976	神戸文化ホール		
屋根の上のヴァイオリン弾き	1976	帝国劇場	テヴィエ	佐藤勉、永野誠

原作(作)	脚本	演出	音楽	共演
土井行夫		津村健二	斉藤一郎	三木のり平、扇千景
小野田勇		増見利清	小川寛興	三木のり平、扇千景
土井行夫		津村健二	斉藤一郎	三木のり平、扇千景
	菊田一夫	菊田一夫	古関裕而、小川寛興	朝丘雪路、フランキー堺
菊田一夫		菊田一夫、榎本健一	古関裕而、菊田伊寧子	高島忠夫、三木のり平
長谷川幸延、土井行夫		津村健二	斎藤一郎	扇千景、山茶花究
		森繁久彌	小川寛興	宮城まり子、花菱アチャコ
織田作之助	土井行夫	津村健二	斎藤一郎	森光子、花菱アチャコ
井上和男		井上和男	斎藤一郎	水谷良重、三木のり平
中江良夫		津村健二	小川寛興	水谷良重、三木のり平
土井行夫		三木のり平	神津善行	三木のり平、中村メイコ
中江良夫		津村健二	小川寛興	水谷良重、三木のり平
織田作之助	椎名龍治	森繁久彌	小川寛興	小倉康子、中村メイコ
北條秀司		北條秀司	古関裕而	中村吉右衛門、有馬稲子
小幡欣治			斎藤一郎	山田五十鈴、中村吉右衛門
有吉佐和子	榎本滋民	榎本滋民	杵屋花叟	草笛光子、市川翠扇
花登筐		花登筐	小川寛興	淡島千景、林成年
土井行夫		土井行夫	加納光記	藤岡琢也、水谷良重
沙羅双樹	紙屋五平、霜川遠志	津村健二	斎藤一郎	那智わたる、宇津井健
菊田一夫		森繁久彌	内藤孝敏	京塚昌子、水谷良重
山本周五郎	相良準三、宮崎紀夫	津村健二	内藤孝敏	芦屋雁之助、磯野洋子
小幡欣治		小幡欣治	斎藤一郎	山田五十鈴、浜木綿子
山本周五郎	相良準三、宮崎紀夫	津村健二	内藤孝敏	芦屋雁之助、磯野洋子
小幡欣治		小幡欣治	斎藤一郎	山田五十鈴、西尾恵美子
北條秀司		北條秀司、井上和男	岩河三郎	藤岡琢也、草笛光子
火野葦平	津上忠	津上忠	いずみたく	草笛光子、内田朝雄
O・ヘンリー、福田善之		福田善之	山屋清	緒方拳、淀かおる

作品名	年	会場	役名	製作
新・桂春団治	1969		桂春団治	
相合傘おかめひょっとこ	1969	名鉄ホール	仁兵衛	
新・桂春団治	1969		桂春団治	
金瓶梅	1969	御園座	西門慶	菊田一夫
浅草交響楽	1969	帝国劇場	毛馬内浩平	津村健二、酒井喜一郎
新・桂春団治	1970	新歌舞伎座	桂春団治	
春爛漫の花の宴	1970	東京宝塚劇場		
夫婦善哉	1970		維康柳吉	津村健二、中根公夫
船頭小唄	1970	明治座	辻村	
じょんがらの星	1970		成田	
駅前万国博	1970		ヘンリーと名乗る男	
じょんがらの星	1970	御園座	成田	
佐渡島他吉の生涯	1970		佐渡島他吉	永井孝男、津村健二
夜な夜な中納言	1970	東京宝塚劇場	夜な夜な中納言	津村健二、永野誠
横浜どんたく　富貴楼おくら	1970		斎藤亀次郎	津村健二、永野誠
連舞	1971	東京宝塚劇場	ロバート飯田	津村健二
道頓堀どんどこ囃子	1971		金太郎	津村健二
生国魂神社	1971	明治座	親方	
天下の糸平	1971		田中平八	
鶯の宿	1971		勘次	
[題名不詳]	1971	北海道地方公演		
ひとごろし	1971	東京宝塚劇場	双子六兵衛	津村健二、安達隆夫
博多思案橋	1971		大吉	津村健二、安達隆夫
ひとごろし	1971	名鉄ホール	双子六兵衛	津村健二、安達隆夫
博多思案橋	1971		大吉	津村健二、安達隆夫
ドクトル机竜之助	1972	東京宝塚劇場	津久井嘉門	津村健二、安達隆夫
花と龍	1972		玉井金五郎	津村健二、安達隆夫
[題名不詳]	1972	岐阜地方公演		
業平金庫破り	1972	明治座	値伝三	

原作(作)	脚本	演出	音楽	共演
富田常雄				
阿木翁助		阿木翁助	中村兼藤	山茶花究、草笛光子
南條範夫	榎本滋民	森繁久彌	山本直純	三木のり平
小野田勇		小野田勇	小川寛興	三木のり平
尾崎士郎	中江良夫	津村健二	橋場清	津川雅彦
		小野田勇	松井八郎、小川寛興	
尾崎士郎	中江良夫	津村健二	橋場清	
亀屋原徳		榎本滋民	橋場清	山茶花究
井伏鱒二	中野実	中野実	服部良一	山茶花究、三木のり平
小野田勇		三木のり平	小川寛興	三木のり平、森光子
永井龍男	斎藤豊吉	津村健二	松井八郎	瑳峨三智子、三木のり平
小野田勇		三木のり平	小川寛興	三木のり平
井伏鱒二	中野実	中野実	服部良一	山茶花究、三木のり平
中江良夫		津村健二	橋場清	草笛光子、谷幹一
織田作之助	椎名龍治	森繁久彌	小川寛興	森光子、山茶花究
小野田勇		三木のり平	小川寛興	三木のり平、森光子
永井龍男	中野実	中野実	服部良一	古今亭志ん朝、草笛光子
きだみのる	中江良夫	中江良夫	橋場清	京塚昌子、山茶花究
花登筺			小倉博	水谷良重
滝田要吉	井上和男	井上和男	小川寛興	三木のり平、草笛光子
椎名龍治		津村健二	松井八郎	草笛光子、山茶花究
滝田要吉	井上和男	井上和男	小川寛興	三木のり平、草笛光子
椎名龍治		津村健二	松井八郎	草笛光子、山茶花究
ショラム・アレイハム	ジョセフ・スタイン(倉橋健訳)	サミー・ベイス、菊田一夫	ジェリー・ボック、内藤法美	越路吹雪、市川染五郎
織田作之助				
新田次郎	小幡欣治	中村哮夫	小川寛興	三木のり平、森光子
宮崎康平	菊田一夫、椎名龍治	津村健二	古関裕而	森光子、三木のり平
小野田勇		三木のり平	小川寛興	三木のり平、草笛光子
榎本滋民		榎本滋民	橋場清	山茶花究、三木のり平
清水寥人	井上和男	井上和男	神津善行	山茶花究、三木のり平
山崎豊子	菊田一夫	菊田一夫、津村健二	古関裕而	森光子
小野田勇		三木のり平	小川寛興	三木のり平、草笛光子
榎本滋民		榎本滋民	橋場清	山茶花究、三木のり平
海音寺潮五郎	中江良夫	菊田一夫、関矢幸雄		井上孝雄、高島忠夫
	菊田一夫	菊田一夫	古関裕而、小川寛興	朝丘雪路、フランキー堺
小野田勇		増見利清	小川寛興	三木のり平、扇千景

作品名	年	会場	役名	製作
白虎	1964		乙次郎	
結婚と包丁	1965	明治座	繁森老人	
風雲どんどん節	1965		岩崎弥太郎	
ホワイト・カラーの道化師	1965		森尾船長	
人生劇場　青春の伝説篇　落日の歌篇	1965		吉良常	
わが心の歌　森繁ファンタジー	1965	梅田コマ劇場		
人生劇場	1965		吉良常	
貝殻島にて	1966	明治座	法林甚右衛門	
駅前二十年	1966		生野次平	
悪女の勲章	1966		久森	
幸吉八方ころがし	1966		御木本幸吉	
悪女の勲章	1966	名鉄ホール	久森	
駅前二十年	1966		生野次平	
ガラスの椅子	1966	新橋演舞場		
佐渡島他吉の生涯	1966		佐渡島他吉	
わが故郷は銀座裏	1966		警官竹森	
けむりよ煙	1966		岩谷松平	
庶民の幸福	1967	明治座	牟田口	
砂と銭	1967		庄平	
質屋いそっぷ	1967		関根	
空に真赤な雲のいろ	1967		昌之介	
質屋いそっぷ	1967	名鉄ホール	関根源三郎	
空に真赤な雲のいろ	1967		昌之介	
屋根の上のヴァイオリン弾き	1967	帝国劇場	テヴィエ	
佐渡島他吉の生涯	1967	宮城県民会館	佐渡島他吉	
夫婦八景	1968	東京宝塚劇場	吉田秀長	
まぼろしの邪馬台国	1968		宮川昇平	永井龍男
楽屋のれん	1968	明治座	ホットドック屋	
葦原将軍	1968		葦原真次郎	
最後の汽笛	1968		寺山	
暖簾	1968		八田吾平	
楽屋のれん	1968	名鉄ホール	ホットドック屋	
葦原将軍	1968		葦原真次郎	
明治太平記	1968	帝国劇場	神保車之助(石川金之助)	菊田一夫
金瓶梅	1969	帝国劇場	西門慶	菊田一夫
相合傘おかめひょっとこ	1969	明治座	仁兵衛	

原作(作)	脚本	演出	音楽	共演
山本紫朗				
	菊田一夫		古関裕而	
森繁久彌				
山本紫朗		野口善春、県洋二、平野宏果	半間巌一、内藤法美	三木のり平、フランキー堺
田漢		白井鐵造	河崎一朗、宮城秀雄	
有吉佐和子		菊田一夫	古関裕而、村山芳男	
織田作之助				
森繁久彌				
中村実				
織田作之助				
織田作之助	八住利雄	森繁久彌	小川寛興	淡島千景
	菊田一夫		古関裕而	
松木ひろし		津村健二		
山崎豊子	菊田一夫	菊田一夫		八千草薫
松山善三、井手俊郎		程島武夫		
織田作之助	椎名龍治			
織田作之助				
加東大介	椎名龍治	森繁久彌	中村兼藤	加東大介
菊田一夫		菊田一夫	古関裕而	
遠藤周作	矢代静一	矢代静一		三木のり平
平田雅哉、内田克巳	菊田一夫	菊田一夫		八千草薫
藤原審爾	椎名龍治	椎名龍治		山茶花究
相良準三	相良準三	森繁久彌		草笛光子
松本清張	矢代静一	石川甫		西村晃
小幡欣治		菊田一夫		淡島千景
小野田勇		阿部広次		三木のり平
宇野浩二	相良準三	津村健二		淡島千景
山崎豊子				
バーナード・ショウ(「ピグマリオン」より)	アラン・ジェイ・ラーナー	菊田一夫	フレデリック・ロウ	江利チエミ
山崎豊子				
小野田勇		阿部広次		三木のり平
井伏鱒二		川口松太郎		越路吹雪、山茶花究
	神谷量平	森繁久彌		
富田常雄	中江良夫			三木のり平、山茶花究
小野田勇				

作品名	年	会場	役名	製作
七彩のプリズム	1957	名古屋市公会堂		
風雪三十三年の夢	1958	芸術座		
森繁久彌ショウ	1958	今治公会堂		
新春スタア・パレード	1959	日本劇場		
金鱗記	1959	東京宝塚劇場		
浪花どんふぁん	1959			
夫婦善哉	1959	大阪新歌舞伎座	維康柳吉	
シャベッド・ショウ	1959			
その女の影	1959			
佐渡島他吉の生涯	1959		佐渡島他吉	
第二回大阪まつり	1959	大阪毎日ホール		
夫婦善哉	1960	東京宝塚劇場	維康柳吉	
流浪物語	1960			
いえ、結構	1961	明治座		
暖簾	1961		八田吾平	
娘・妻・母	1961			
佐渡島他吉の生涯	1961		佐渡島他吉	
佐渡島他吉の生涯	1961	名鉄ホール	佐渡島他吉	
南の島に雪が降る	1962	東京宝塚劇場		
女を売る船	1962			
おバカさん	1962	明治座		
大工一代	1962		大工音松	
愚連隊純情派	1962			
恋獄	1962		板前鉄	
坂道の家	1963	明治座	スリラー狂	
勝負師	1963		棋士新五郎	
恋文飯店	1963			
子を貸し屋	1963		佐蔵	
暖簾	1963	名鉄ホール	八田吾平	
マイ・フェア・レディ	1963	東京宝塚劇場		
暖簾	1963	仙台電力ホール	八田吾平	
ポケットの雪	1964	明治座		
ジョン万次郎漂流記	1964		万次郎	
聖のんだくれ物語	1964		フランスの浮浪者アンドレス	
白虎	1964		乙次郎	
ぼんびき騎士道	1964	梅田コマ劇場		

原作(作)	脚本	演出	音楽	共演
セルゲイ・トレチャコフ				
サマセット・モーム				
ユージーン・グラッドストーン・オニール				
秋田雨雀				
岸田国士				
モーリス・ルブラン				
小山内薫				
中野実		園池公功		東宝新劇団
金子洋文				
長谷川伸		青柳信雄		東宝劇団
吉川英治	八住利雄	村山知義		東宝劇団
古川ロッパ				古川ロッパ
長谷川伸				古川ロッパ
菊田一夫		南伝三		
R・スチーブンソン	宝石座文芸部(岡倉士郎、佐藤勉)	宝石座文芸部(岡倉士郎、佐藤勉)		
伊藤晴雨	鈴木泉三郎	山本紫朗		芦田伸介
菊田一夫			古関裕而	
中江良夫				
吉田史郎				
矢田茂				
菊田一夫		東信一ほか	山内匡二ほか	越路吹雪、古川緑波
				越路吹雪
帝国劇場文芸部		田中栄三ほか	服部良一	越路吹雪、古川緑波
	秦豊吉	小崎政房	松本四郎ほか	有島一郎
	秦豊吉	小崎政房	松本四郎ほか	
	矢田茂	矢田茂	石川皓也、早川博二	
森繁久彌				
森繁久彌				
山崎豊子	菊田一夫		古関裕而	三益愛子
山崎豊子	菊田一夫		古関裕而	

●舞台

作品名	年	会場	役名	製作
吼えろ　支那	1935			
雨	1935	飛行館		
アンナ・クリスティ	1935	築地小劇場		
国境の町	1935			
運を主義にまかす男	1935			
アルセーヌ・ルパン	1935			
塵境	1935			
細君三日天下	1936	日本劇場		
ふるさと	1936			
舶来巾着切	1936	有楽座		
宮本武蔵　地の巻	1936			
ロッパと兵隊	1937			
子はかすがい	1937			
非常警戒	1947	日劇小劇場		
ジギル博士とハイド氏	1948	日劇小劇場		
火焙り	1948			
鐘の鳴る丘　信州篇	1948	有楽座		
にしん場	1948	新宿ムーラン・ルージュ		
蛇(ながむし)	1949	新宿ムーラン・ルージュ		
太陽を射る者	1949	新宿ムーラン・ルージュ		
モルガンお雪	1951	帝国劇場		
美人ホテル	1952	帝国劇場		
天一と天勝	1952	帝国劇場		
赤い絨氈	1953	帝国劇場		
赤い絨氈	1954	九州公演		
父の物語	1954	日本劇場		
唄い手でない唄い手リサイタル	1956	大阪産経会館		
雨情春情欲情	1957	OSミュージック		
歌と踊りと寸劇と	1957	神戸新聞会館		
暖簾	1957	芸術座	八田吾平	
暖簾	1957	梅田コマ劇場	八田吾平	
第一回大阪まつり	1957	梅田コマ劇場		

脚本	監督	撮影	音楽	共演
長瀬喜伴	佐伯幸三	黒田徳三	広瀬健次郎	伴淳三郎、フランキー堺
藤本義一	佐伯幸三	村井博	松井八郎	フランキー堺、伴淳三郎
藤本義一	佐伯幸三	黒田徳三	松井八郎	フランキー堺、伴淳三郎
井上和男、新井一	井上和男	黒田徳三	広瀬健次郎	フランキー堺、伴淳三郎
藤本義一、井上和男	井上和男	黒田徳三	広瀬健次郎	フランキー堺、伴淳三郎
八住利雄、広沢栄	豊田四郎	岡崎宏三	山本直純	伴淳三郎、フランキー堺
広沢栄	豊田四郎	村井博	別宮貞雄	フランキー堺、伴淳三郎
池田一朗	山田達雄	黒田徳三	浜口庫之助	フランキー堺、伴淳三郎
池田一朗	杉江敏男	岡崎宏三	広瀬健次郎	フランキー堺、伴淳三郎
沢村勉	筧正典	遠藤精一	馬渡誠一	加東大介、小林桂樹
井手俊郎	筧正典	中井朝一	馬渡誠一	小林桂樹、加東大介
井手俊郎	杉江敏男	鈴木斌	神津善行	加東大介、小林桂樹
井手俊郎	杉江敏男	鈴木斌	神津善行	加東大介、新珠三千代
藪下泰司	藪下泰司	塚原孝吉、石川光明	木下忠司	宮城まり子
レイモンド・ブリッグズ	ジミー・T・ムラカミ（日本語版大島渚）		ロジャー・ウォーターズ	加藤治子
今泉俊昭	出崎哲	諫川弘	日吉真澄、志茂田順子	佐々木望、島田敏
	宮崎駿	籔田順二、高橋わたる、古城環	久石譲	松田洋治、石田ゆり子

作品名	封切年	配給	役名	製作	原作（作）
喜劇 駅前番頭	1966	東宝	森田徳之助	佐藤一郎、金原文雄	
喜劇 駅前競馬	1966	東宝	森田徳之助	佐藤一郎、金原文雄	
喜劇 駅前満貫	1967	東宝	森田徳之助	佐藤一郎、金原文雄	
喜劇 駅前学園	1967	東宝	森田徳之助	佐藤一郎、金原文雄	八住利雄
喜劇 駅前探検	1967	東宝	森田徳之助	佐藤一郎、金原文雄	桑田忠親（原案）
喜劇 駅前百年	1967	東宝	森田徳之助	佐藤一郎、金原文雄	
喜劇 駅前開運	1968	東宝	森田徳之助	佐藤一郎、金原文雄	
喜劇 駅前火山	1968	東宝	森田徳之助	佐藤一郎、奥田喜久丸	
喜劇 駅前桟橋	1969	東宝	森田徳之助	佐藤一郎、奥田喜久丸	
●新・三等重役シリーズ					
新・三等重役	1959	東宝	沢村四郎	藤本真澄、三輪禮二	源氏鶏太
新・三等重役 旅と女と酒の巻	1960	東宝	沢村四郎	藤本真澄、三輪禮二	源氏鶏太
新・三等重役 当るも八卦の巻	1960	東宝	沢村四郎	藤本真澄、三輪禮二	源氏鶏太
新・三等重役 亭主教育の巻	1960	東宝	沢村四郎	藤本真澄、三輪禮二	源氏鶏太
●声の出演					
白蛇伝	1958	東映	男性キャラクターのすべて	大川博	
風が吹くとき When the Wind Blows	1987	ヘラルド	ジム	ジョン・コーツ	レイモンド・ブリッグズ
せんぼんまつばら 川と生きる少年たち	1992	スペース映像	昔語り	杉野直道、国保徳丸、瀬戸義昭、伊藤叡	岸武雄
もののけ姫	1997	スタジオジブリ／東宝配給	乙事主	氏家齋一郎、成田豊	宮崎駿
ヘラクレス	1997	ディズニー	ナレーション		
どんぐりの家	1997	映画『どんぐりの家』製作委員会			
ドラえもん のび太と翼の勇者たち	2001	東宝	鳥野守博士（晩年）		

脚本	監督	撮影	音楽	共演
笠原良三	松林宗恵	西垣六郎	山本直純	小林桂樹、加東大介
笠原良三	松林宗恵	鈴木斌	山本直純	小林桂樹、フランキー堺
笠原良三	松林宗恵	鈴木斌	山本直純	小林桂樹、フランキー堺
笠原良三	松林宗恵	鈴木斌	山本直純	小林桂樹、フランキー堺
笠原良三	松林宗恵	鈴木斌	山本直純	小林桂樹、フランキー堺
笠原良三	松林宗恵	長谷川清	宅孝二	小林桂樹、司葉子
笠原良三	松林宗恵	長谷川清	宅孝二	小林桂樹、フランキー堺
笠原良三	松林宗恵	長谷川清	宮川泰	小林桂樹、加東大介
笠原良三	松林宗恵	長谷川清	宮川泰	小林桂樹、加東大介
笠原良三	松林宗恵	鈴木斌	神津善行	加東大介、関口宏
笠原良三	松林宗恵	鈴木斌	神津善行	団令子、関口宏
笠原良三	松林宗恵	長谷川清	宅孝二	小林桂樹、加東大介
笠原良三	松林宗恵	長谷川清	宅孝二	小林桂樹、加東大介
八住利雄	豊田四郎	安本淳	團伊玖磨	淡路恵子、伴淳三郎
長瀬喜伴	久松静児	遠藤精一	広瀬健次郎	フランキー堺、伴淳三郎
長瀬喜伴	久松静児	黒田徳三	広瀬健次郎	フランキー堺、伴淳三郎
長瀬喜伴	久松静児	岡崎宏三	広瀬健次郎	フランキー堺、伴淳三郎
長瀬喜伴	久松静児	黒田徳三	広瀬健次郎	伴淳三郎、フランキー堺
長瀬喜伴	久松静児	黒田徳三	広瀬健次郎	伴淳三郎、フランキー堺
長瀬喜伴	佐伯幸三	黒田徳三	松井八郎	フランキー堺、伴淳三郎
長瀬喜伴	佐伯幸三	黒田徳三	広瀬健次郎	フランキー堺、伴淳三郎
長瀬喜伴、新井一	佐伯幸三	黒田徳三	松井八郎	伴淳三郎、フランキー堺
長瀬喜伴	佐伯幸三	黒田徳三	広瀬健次郎	フランキー堺、伴淳三郎
長瀬喜伴、斎藤良輔	佐伯幸三	岡崎宏三	松井八郎	フランキー堺、伴淳三郎
長瀬喜伴	佐伯幸三	岡崎宏三	広瀬健次郎	フランキー堺、伴淳三郎
長瀬喜伴	佐伯幸三	岡崎宏三	松井八郎	フランキー堺、伴淳三郎
長瀬喜伴	佐伯幸三	黒田徳三	広瀬健次郎	フランキー堺、伴淳三郎
長瀬喜伴	佐伯幸三	黒田徳三	松井八郎	フランキー堺、伴淳三郎

作品名	封切年	配給	役名	製作	原作（作）
続・社長紳士録	1964	東宝	小泉礼太郎	藤本真澄	
社長忍法帖	1965	東宝	岩戸久太郎	藤本真澄	
続・社長忍法帖	1965	東宝	岩戸久太郎	藤本真澄	
社長行状記	1966	東宝	栗原弥一郎	藤本真澄	
続・社長行状記	1966	東宝	栗原弥一郎	藤本真澄	
社長千一夜	1967	東宝	庄司啓太郎	藤本真澄	
続・社長千一夜	1967	東宝	庄司啓太郎	藤本真澄	
社長繁盛記	1968	東宝	高山圭太郎	藤本真澄	
続・社長繁盛記	1968	東宝	高山圭太郎	藤本真澄	
社長えんま帖	1969	東宝	大高長太郎	藤本真澄	
続・社長えんま帖	1969	東宝	大高長太郎	藤本真澄	
社長学ABC	1970	東宝	網野参太郎	藤本真澄、五明忠人	
続・社長学ABC	1970	東宝	網野参太郎	藤本真澄、五明忠人	
●駅前シリーズ					
駅前旅館	1958	東宝	生野次平（柊元旅館番頭）	佐藤一郎	井伏鱒二
喜劇 駅前団地	1961	東宝	戸倉金太郎	佐藤一郎、金原文雄	
喜劇 駅前弁当	1961	東宝	柳田金太郎	佐藤一朗（＝一郎）、金原文雄	
喜劇 駅前温泉	1962	東宝	吉田徳之助	佐藤一朗、金原文雄	
喜劇 駅前飯店	1962	東宝	徳清波	佐藤一朗、金原文雄	
喜劇 駅前茶釜	1963	東宝	森田徳之助	佐藤一郎、金原文雄	
喜劇 駅前女将	1964	東宝	森田徳之助	佐藤一郎、金原文雄	
喜劇 駅前怪談	1964	東宝	森田徳之助	佐藤一郎、金原文雄	
喜劇 駅前音頭	1964	東宝	森田徳之助	佐藤一郎、金原文雄	
喜劇 駅前天神	1964	東宝	森田徳之助	佐藤一郎、金原文雄	
喜劇 駅前医院	1965	東宝	森田徳之助	佐藤一郎、金原文雄	
喜劇 駅前金融	1965	東宝	森田徳之助	佐藤一郎、金原文雄	
喜劇 駅前大学	1965	東宝	森田徳之助	佐藤一郎、金原文雄	
喜劇 駅前弁天	1966	東宝	森田徳之助	佐藤一郎、金原文雄	
喜劇 駅前漫画	1966	東宝	森田徳之助	佐藤一郎、金原文雄	

脚本	監督	撮影	音楽	共演
高岡泰央	大山勝美	川又昂	池辺晋一郎	安田成美、渡辺裕之
須川栄三	斎藤武市	酒井良一	池辺晋一郎	野川由美子、佐藤浩市
池上金男、竹山洋、市川崑	市川崑	五十畑幸勇	谷川賢作	高倉健、中井貴一
小水ガイラ、川瀬晶子	向井寛	鈴木史郎	西村直記	淡島千景、大沢樹生
山田洋次、朝原雄三、鈴木敏夫	朝原雄三	近森眞史	重実徹	三宅裕司、岸本加世子
長谷川隆、後藤槙子、菅原浩志	菅原浩志	栢野直樹	佐藤俊彦	緒形直人、薬師丸ひろ子
	降旗康男			
鈴木盛子、吉田茂水	向井寛	鈴木史郎		大河内奈々子、松岡俊介
小林弘利、犬童一心	犬童一心	栢野直樹	周防義和	山崎努、宇津井健
笠原良三	千葉泰樹	中井朝一	松井八郎	小林桂樹、司葉子
笠原良三	千葉泰樹	中井朝一	松井八郎	小林桂樹、越路吹雪
笠原良三	渡辺邦男	渡辺孝	松井八郎	小林桂樹、三木のり平
川内康範、永来重明、新井一	青柳信雄	遠藤精一	松井八郎	津島恵子、岡田茉莉子
笠原良三	松林宗恵	小原譲治	宅孝二	小林桂樹、加東大介
笠原良三	松林宗恵	小原譲治	宅孝二	加東大介、小林桂樹
笠原良三	松林宗恵	玉井正夫	宅孝二	加東大介、小林桂樹
笠原良三	青柳信雄	西垣六郎	松井八郎	小林桂樹、加東大介
笠原良三	杉江敏男	完倉泰一	神津善行	加東大介、宝田明
笠原良三	杉江敏男	完倉泰一	神津善行	小林桂樹、加東大介
笠原良三	松林宗恵	鈴木斌	古関裕而	小林桂樹、団令子
笠原良三	松林宗恵	鈴木斌	松井八郎	団令子、淡路恵子
笠原良三	松林宗恵	西垣六郎	神津善行	加東大介、小林桂樹
笠原良三	松林宗恵	西垣六郎	神津善行	加東大介、小林桂樹
笠原良三	杉江敏男	完倉泰一	神津善行	尤敏、加東大介
笠原良三	杉江敏男	完倉泰一	神津善行	小林桂樹、尤敏
笠原良三	杉江敏男	完倉泰一	神津善行	小林桂樹、三木のり平
笠原良三	杉江敏男	完倉泰一	神津善行	雪村いづみ、加東大介
笠原良三	松林宗恵	鈴木斌	神津善行	小林桂樹、三木のり平
笠原良三	松林宗恵	鈴木斌	神津善行	小林桂樹、三木のり平
笠原良三	松林宗恵	西垣六郎	山本直純	小林桂樹、加東大介

作品名	封切年	配給	役名	製作	原作（作）
開港風雲録 YOUNG JAPAN	1989	東宝	井伊直弼	三木孝祐	三木孝祐
流転の海	1990	東宝	松坂熊吉	漆戸靖治	宮本輝
四十七人の刺客	1994	東宝	千坂兵部	高井英幸、萩原敏雄	池宮彰一郎
GOING WEST 西へ…	1997	東映	近所の修ちゃん		
新サラリーマン専科	1997	松竹	寺内庄助	幸甫、山本久	東海林さだお
マグニチュード　明日への架け橋	1997	東宝	（ナレーション）		
蓮如上人	1998		風阿弥		
Last Dance　ラストダンス　離婚式	2001	テレビ朝日／東映配給			
死に花	2004	東映	青木六三郎	横溝重雄、大里洋吉、早河洋	太田蘭三
●社長シリーズ					
へそくり社長	1956	東宝	田代善之助	藤本真澄	
続へそくり社長	1956	東宝	田代善之助	藤本真澄	
はりきり社長	1956	東宝	大神田平八郎	藤本真澄	
おしゃべり社長	1957	東宝	早乙女	山崎喜暉	中野実
社長三代記	1958	東宝	浅川啓太郎	藤本真澄	
続・社長三代記	1958	東宝	浅川啓太郎	藤本真澄	
社長太平記	1959	東宝	牧田庄太郎	藤本真澄	
続・社長太平記	1959	東宝	牧田庄太郎	藤本真澄	
サラリーマン忠臣蔵	1960	東宝	大石良雄	藤本真澄	
続サラリーマン忠臣蔵	1961	東宝	大石良雄	藤本真澄	
社長道中記	1961	東宝	三沢英之介	藤本真澄	源氏鶏太
続・社長道中記	1961	東宝	三沢英之介	藤本真澄	源氏鶏太
サラリーマン清水港	1962	東宝	山本長五郎	藤本真澄	
続サラリーマン清水港	1962	東宝	山本長五郎	藤本真澄	
社長洋行記Three Gentlemen from Tokyo	1962	東宝	本田英之介	藤本真澄	
続・社長洋行記Three Gentlemen Return from HongKong	1962	東宝	本田英之介	藤本真澄	
社長漫遊記	1963	東宝	堂本平太郎	藤本真澄	
続・社長漫遊記	1963	東宝	堂本平太郎	藤本真澄	
社長外遊記 3 gent's in Hawaii	1963	東宝	風間圭之助	藤本真澄、角田健一郎	
続・社長外遊記 Aloha 3 gents	1963	東宝	風間圭之助	藤本真澄、角田健一郎	
社長紳士録	1964	東宝	小泉礼太郎	藤本真澄	

脚本	監督	撮影	音楽	共演
野村芳太郎、三村晴彦、加藤泰	加藤泰	丸山憲司	鏑木創	竹脇無我、田宮二郎
松本ひろし、葉村彰子	井上和男	鷲尾馨	宮川泰	伴淳三郎、関根恵子
掛札昌裕、森崎東	森崎東	吉川憲一	山本直純	川崎あかね、中村メイコ
松山善三	豊田四郎	岡崎宏三	佐藤勝	高峰秀子、田村高廣
松浦健郎	土居通芳	永井仙吉	中村八大	砂塚秀夫、伴淳三郎
松山善三	井上和男	平林茂明	佐藤勝	市原悦子、川口晶
森崎東、梶浦政男	森崎東	吉川憲一	佐藤勝	堺正章、栗田ひろみ
高橋玄洋、松林宗恵	松林宗恵	村井博	神津	淡島千景、フランキー堺
松山善三	松山善三	中川芳久	木下忠司	土屋建一、原口祐子
	門田龍太郎			
隆巴、岡本喜八	岡本喜八	木村大作	佐藤勝	三浦友和、秋吉久美子
新藤兼人	野村芳太郎	川又昂	芥川也寸志	永島敏行、松坂慶子
山田富也、桜井彰生	桜井彰生	高間賢治	山田寛之、佐々木孝夫、岡崎光治	山田秀人、斉藤悦子
田中陽造	久世光彦	増田敏雄	都倉俊一	郷ひろみ、岸本加代子
笠原和夫	舛田利雄	飯村雅彦	山本直純	仲代達矢、あおい輝彦
須崎勝彌	松林宗恵	加藤雄大	谷村新司、服部克久	小林桂樹、永島敏行
井手俊郎、森谷司郎	森谷司郎	木村大作	南こうせつ	高倉健、三浦友和
長坂秀佳、森谷司郎	森谷司郎	木村大作	川村栄二	芦田伸介、小沢栄太郎
紺野八郎	松林宗恵	長沼六男	渡辺俊幸	植木等、中村メイコ
小松左京	橋本幸治	原一民	羽田健太郎	三浦友和、ディアンヌ・ダンジェリー
早坂暁	佐藤純彌	飯村雅彦	ツトム・ヤマシタ	北大路欣也、小川真由美
井手俊郎	出目昌伸	飯村雅彦	池辺晋一郎	草刈正雄、十朱幸代
永田貴士	永田貴士	片岡二郎、菱田誠	小林亜星、フランシス・レイ	斉藤由貴、藤村志保

作品名	封切年	配給	役名	製作	原作（作）
人生劇場　青春篇　愛慾篇　残侠篇	1972	松竹大船	青成瓢太郎	三嶋与四治、野村芳太郎、杉崎重美	尾崎士郎
湯けむり110番　いるかの大将	1972	東宝	八十島仙吉	椎野英之、佐藤正之	阿川弘之
女生きてます 盛り場渡り鳥	1972	松竹大船	金沢	上村力	藤原審爾
恍惚の人	1973	芸苑社／東宝配給	立花茂造	佐藤一郎、市川喜一	有吉佐和子
毘沙門天慕情	1973	砂塚企画／東宝配給	俎ぽん助	砂塚秀夫、小林正	
喜劇　黄綬褒章	1973	東宝	山崎竜夫	佐藤正之、椎野英之	松山善三
街の灯	1974	松竹	栗田会長	瀬島光雄、杉崎重美	
喜劇 百点満点	1976	東宝	北上大三	椎野英之、和久哲也	高橋玄洋
ふたりのイーダ	1976	ふたりのイーダプロ	須川利一郎	山口逸郎、赤井明	松谷みよ子
チェチェメ二号の冒険	1976		（ナレーション）		
姿三四郎	1977	東宝	玄沙和尚	貝山知弘	富田常雄
事件	1978	松竹	清川民蔵	野村芳太郎、織田明	大岡昇平
さよならの日日	1979	オフィス山田企画		山田富也	
夢一族 ザ・らいばる	1979	東映	雨笠治平		コーネル・ウールリッチ
二百三高地	1980	東映	伊藤博文		
連合艦隊	1981	東宝	本郷直樹（考古学者）	田中友幸	
海峡	1982	東宝	岸田源助	田中友幸、森岡道夫、田中壽一、森谷司郎	岩川隆
小説吉田学校	1983	東宝	吉田茂	山本又一朗	戸川猪佐武
ふしぎな國・日本	1983	松竹	細田老人	荒木正也、名島徹、高橋松男、大久保欣四郎	
さよならジュピター	1984	東宝	地球連邦大統領	田中友幸、小松左京	小松左京
空海	1984	東映	阿刀大足	高岩淡、中村義英	
白い野望	1986	東映	名島宗之介		門田泰明
ラッコ物語	1987	東宝	長老		風小路將伍、桜井貢

脚本	監督	撮影	音楽	共演
八住利雄	豊田四郎	岡崎宏三	平岡精二	山本富士子、池部良
新藤兼人	川島雄三	岡崎宏三	池野成	フランキー堺、池内淳子
井手俊郎、川島雄三	川島雄三	西垣六郎	池野成	加山雄三、星由里子
菊島隆三	松林宗恵	鈴木斌	團伊玖磨	フランキー堺、加東大介
八住利雄	稲垣浩	山田一夫	伊福部昭	松本幸四郎、加山雄三
八住利雄	豊田四郎	岡崎宏三	團伊玖磨	山本富士子、新珠三千代
柳沢類寿	川島雄三	岡崎宏三	松井八郎	淡島千景、団令子
八住利雄	豊田四郎	岡崎宏三	團伊玖磨	淡島千景、団令子
八住利雄	豊田四郎	岡崎宏三	團伊玖磨	淡島千景、淡路恵子
井手俊郎	千葉泰樹	西垣六郎	團伊玖磨	団令子、星由里子
平戸延介	山本嘉次郎	小泉福造	広瀬健次郎	小林桂樹、三木のり平
松山善三	松山善三	村井博	佐藤勝	小林桂樹、高峰秀子
新藤兼人	久松静児	梁井潤	崎出伍一	団令子、草笛光子
松山善三	松山善三	中井朝一	團伊玖磨	加山雄三、久保明
松山善三、井上和男	井上和男	岡崎宏三	佐藤勝	三木のり平、岡田茉莉子
八住利雄	豊田四郎	村井博	山本直純	ハナ肇、藤田まこと
笠原良三、田辺靖男	古澤憲吾	飯村正、小泉福造	広瀬健次郎、萩原哲晶	植木等、ハナ肇
松山善三	渋谷実	岡崎宏三	林光	佐々木愛、市原悦子
笠原良三	千葉泰樹	長谷川清	佐藤勝	宝田明、池内淳子
山田洋次、宮崎晃	山田洋次	高羽哲夫	山本直純	渥美清、倍賞千恵子
山田洋次、森崎東	森崎東	吉川憲一	山本直純	中村メイコ、倍賞美津子
森崎東、熊谷勲	森崎東	吉川憲一	山本直純	左幸子、久里千春
直居欽哉	森一生	森田富士郎	村井邦彦	勝新太郎、三國連太郎
掛札昌裕、森崎東	森崎東	吉川憲一	山本直純	市原悦子、夏純子

作品名	封切年	配給	役名	製作	原作（作）
如何なる星の下に	1962	東宝	但馬	佐藤一郎、金原文雄	高見順
青べか物語	1962	東宝	先生	佐藤一朗（＝一郎）、椎野英之	山本周五郎
箱根山	1962	東宝	大原泰山	藤本真澄、角田健一郎	獅子文六
新・狐と狸	1962	東宝	額田丹平	杉原貞雄、佐藤一郎	熊王徳平
忠臣蔵 花の巻・雪の巻	1962	東宝	本陣主人・半兵衛	藤本真澄、田中友幸、稲垣浩	
憂愁平野	1963	東宝	納所賢行	佐藤一郎、金原文雄	井上靖
喜劇　とんかつ一代	1963	東宝	五井久作	佐藤一郎、椎野英之	八住利雄
台所太平記	1963	東宝	千倉磊吉	佐藤一郎、金原文雄	谷崎潤一郎
新・夫婦善哉	1963	東宝	維康柳吉	佐藤一郎、金原文雄	織田作之助
裸の重役	1964	東宝	日高孝四郎	藤本真澄	源氏鶏太
天才詐欺師物語　狸の花道（たぬきの中の狸）	1964	東宝	赤井紋太	山本嘉次郎、菅英久	町田浩二
われ一粒の麦なれど	1964	東宝	乳児院院長	佐藤一郎、椎野英之	
沙羅の門	1964	東宝	承海	寺本忠弘	水上勉
戦場にながれる歌	1965	東宝	中国の老爺	藤本真澄、市川喜一	團伊玖磨
喜劇 各駅停車	1965	東宝	寺山源吉	椎野英之、金原文雄	清水寥人
大工太平記	1965	東宝	太田三治	佐藤一郎、金原文雄	平田雅哉、内田克己
大冒険	1965	渡辺プロ／東宝配給	総理大臣	藤本真澄、渡辺晋	
喜劇　仰げば尊し	1966	東宝	浜口丈太郎	佐藤一郎、椎野英之	
水戸黄門漫遊記	1969	東宝	水戸黄門	佐藤一郎	
男はつらいよ　純情篇	1971	松竹大船	千造	小角恒雄	山田洋次
喜劇 女は男のふるさとョ	1971	松竹大船	金沢	小角恒雄	藤原審爾
喜劇 女生きてます	1971	松竹大船	金沢	樋口清	藤原審爾
座頭市御用旅	1972	勝プロ／東宝配給	藤兵衛	勝新太郎、西岡弘善	子母沢寛
喜劇 女売出します	1972	松竹大船	金沢	上村力	藤原審爾

脚本	監督	撮影	音楽	共演
木村武、川西正純	川西正純	飯村正	斎藤一郎	鶴田浩二、木暮実千代
木村恵吾、藤本義一、倉田順介	木村恵吾	岡崎宏三	真鍋理一郎	乙羽信子、田崎潤
椎名龍治	杉江敏男	完倉泰一	神津善行	池部良、志村喬
川島雄三	川島雄三	岡崎宏三	黛敏郎	フランキー堺、三橋達也
八住利雄	豊田四郎	安本淳	芥川也寸志	淡島千景、アチャコ
森田龍男	福田晴一	太田喜晴	木下忠司	伴淳三郎、柳家金語楼
菊島隆三	千葉泰樹	西垣六郎	團伊玖磨	加東大介、小林桂樹
八住利雄	豊田四郎	安本淳	芥川也寸志	淡島千景、花菱アチャコ
八住利雄、久松静児	久松静児	高橋通夫	松井八郎	香川京子、乙羽信子
高岩肇	久松静児	杉本正二郎	松井八郎	淡路恵子、峯京子
八住利雄	佐伯幸三	遠藤精一	真鍋理一郎	加東大介、淡島千景
八住利雄	豊田四郎	玉井正夫	佐藤勝	淡島千景、乙羽信子
新藤兼人	久松静児	杉本正二郎	斎藤一郎	原節子、太田博之
小国英雄	福田晴一	片岡清	木下忠司	伴淳三郎、城山順子
菊島隆三	稲垣浩	山田一夫	團伊玖磨	原節子、江利チエミ
笠原良三	千葉泰樹	完倉泰一	古関裕而	三益愛子、森雅之
三枝睦明、久松静児	久松静児	遠藤精一	團伊玖磨	司葉子、織田政雄
柳沢類寿	川島雄三	岡崎宏三	松井八郎	淡島千景、フランキー堺
椎名龍治	久松静児	遠藤精一	広瀬健次郎	原知佐子、加東大介
八住利雄	豊田四郎	玉井正夫	芥川也寸志	淡島千景、芥川比呂志
椎名龍治	佐伯幸三	遠藤精一	広瀬健次郎	高島忠夫、原知佐子
馬場当、堀内真直	堀内真直	小原治夫	木下忠司	伴淳三郎、高千穂ひづる
笠原良三	久松静児	黒田徳三	広瀬健次郎	加東大介、伴淳三郎
野田高梧、小津安二郎	小津安二郎	中井朝一	黛敏郎	原節子、新珠三千代
沢村勉、東善六	堀川弘通	完倉泰一	黛敏郎	伴淳三郎、団令子
花登筺	市村泰一	倉持友一	小川寛興	伴淳三郎、大村崑

作品名	封切年	配給	役名	製作	原作（作）
眠狂四郎無頼控　魔剣地獄	1958	東宝	狂言師宗鶴、実は紀州家来山本兵衛	田中友幸	柴田錬三郎
野良猫	1958	東宝	兵太郎	滝村和男	茂木草介
人生劇場　青春篇	1958	東宝	吉良常	佐藤一郎	尾崎士郎
グラマ島の誘惑	1959	東宝	香椎宮為久	滝村和應（＝和男）、佐藤一郎	飯沢匡
花のれん	1959	東宝	河島吉三郎	滝村和男、杉原貞雄	山崎豊子
かた破り道中記	1959	松竹	近藤勇、近藤勇太郎	杉山茂樹、内藤陽介	
狐と狸	1959	東宝	額田丹平	藤本真澄	熊王徳平
男性飼育法	1959	東宝	佐谷伸吉	佐藤一郎	三宅艶子（原案）
愛の鐘	1959	東宝	川辺由松	永島一朗、佐藤一郎	
飛びっちょ勘太郎	1959	東宝	飛びっちょの勘太郎	滝村和男	長谷川伸
天下の大泥棒　白浪五人男	1960	東宝	竜太、実は遠山の金さん	滝村和男	
珍品堂主人	1960	東宝	加納夏麿（珍品堂主人）	佐藤一郎	井伏鱒二
路傍の石	1960	東宝	愛川庄吾	滝村和男	山本有三
はったり二挺拳銃	1960	松竹京都	聖母園園長・森村源之丞	杉山茂樹	
ふんどし医者	1960	東宝	小山慶斎	田中友幸	中野実
がめつい奴	1960	東宝	彦人	藤本真澄	菊田一夫
地の涯に生きるもの	1960	森繁プロ／東宝配給	村田彦市	滝村和男	戸川幸夫
縞の背広の親分衆	1961	東宝	守野圭助	佐藤一郎、金原文雄	八住利雄
河内風土記　おいろけ説法	1961	東宝	今野東吾和尚	三輪禮二	今東光
東京夜話	1961	東宝	宗田	佐藤一郎	富田常雄
河内風土記　続おいろけ説法	1961	東宝	今野東吾和尚	三輪禮二	今東光
はったり野郎「おったまげ村物語」より	1961	松竹大船	熊坂長吉	佐々木孟	須藤東起
南の島に雪が降る	1961	東宝	森大尉	佐藤一郎、金原文雄	加東大介
小早川家の秋	1961	東宝	磯村英一郎	藤本真澄、金子正且、寺本忠弘	
猫と鰹節	1961	東宝	白神善六	藤本真澄、菅英久	佐川恒彦
喜劇　団地親分	1962	松竹	相原竹夫	関西喜劇人協会	

脚本	監督	撮影	音楽	共演
須崎勝彌、内川清一郎	内川清一郎	岡崎宏三	大森盛太郎	力道山、宮城まり子
	山本嘉次郎	依田孝喜	渡辺浦人	槇有恒、小原勝郎
八住利雄	豊田四郎	三浦光雄	芥川也寸志	香川京子、山田五十鈴
渋谷天外、木村恵吾	木村恵吾	三村明	船越隆二	淡島千景、八千草薫
長瀬喜伴、新井一	佐伯幸三	岡崎宏三	古関裕而	宝田明、益田キートン
小野田勇、キノトール	青柳信雄	芦田勇	松井八郎	三木のり平、越路吹雪
小野田勇、キノトール	青柳信雄	芦田勇	松井八郎	三木のり平、越路吹雪
八木隆一郎、高岩肇	久松静児	中井朝一	古関裕而	木暮実千代、草笛光子
八住利雄	豊田四郎	安本淳	團伊玖磨	池部良、岸恵子
井手俊郎	丸山誠治	鈴木斌	團伊玖磨	岡田茉莉子、千秋実
橋本忍	野村芳太郎	井上晴二	芥川也寸志	伴淳三郎、山茶花究
八住利雄	久松静児	玉井正夫	池野成	池部良、淡島千景
長瀬喜伴、新井一	瑞穂春海	飯村正	斎藤一郎	江利チエミ、中村メイコ
菊島隆三	渋谷実	長岡博之	黛敏郎	伊藤雄之助、淡島千景
八住利雄	豊田四郎	安本淳	芥川也寸志	望月優子、乙羽信子
菊島隆三	内川清一郎	岡崎宏三	松井八郎	津島恵子、清川虹子
長瀬喜伴、津路嘉朗	瑞穂春海	遠藤精一	神津善行	津島恵子、雪村いづみ
井手俊郎、山本嘉次郎	山本嘉次郎	山崎市雄	松井八郎	山口淑子、宝田明
		桜井清寿、伊藤義一	黛敏郎	
八住利雄、川島雄三	川島雄三	岡崎宏三	真鍋理一郎	山田五十鈴、中村鴈治郎
猪俣勝人、長谷部慶治	五所平之助	竹野治夫	芥川也寸志	伴淳三郎、三國連太郎
八住利雄	久松静児	高橋通夫	斎藤一郎	香川京子、望月優子
斎藤良輔、長瀬喜伴、椎名龍治	久松静児	遠藤精一	松井八郎	司葉子、乙羽信子
菊島隆三	内川清一郎	太田喜晴	大森盛太郎	清川虹子、森美樹

作品名	封切年	配給	役名	製作	原作（作）
力道山　男の魂	1956	協同プロ、東宝配給	大衆酒場の店主	若槻繁、篠勝三	
標高8125米　マナスルに立つ	1956	毎日映画社	（解説）	塩次秀雄、対島好武	
猫と庄造と二人のをんな	1956	東宝	庄造	滝村和男、佐藤一郎	谷崎潤一郎
世にも面白い男の一生　桂春団治	1956	東宝	桂春団治	滝村和男	長谷川幸延
白夫人の妖恋	1956	東宝	終南山の道士		
極楽島物語	1957	東宝	ハニー	菊田一夫、山本紫朗	菊田一夫
次郎長意外伝　灰神楽の三太郎	1957	東宝	森の石松	竹井諒、宇佐美仁	正岡容
次郎長意外伝　大暴れ三太郎笠	1957	東宝	森の石松	竹井諒、宇佐美仁	
雨情	1957	東宝	野口英吉（雨情）	滝村和男	時雨音羽
雪国	1957	東宝	伊村（県会議員）	佐藤一郎	川端康成
山鳩	1957	東宝	多木弁造	掛下慶吉	北條秀司
糞尿譚	1957	松竹京都	阿部丑之助	市川哲夫	火野葦平
裸の町	1957	東宝	増山金作	滝村和男、佐藤一郎	真船豊
森繁の僕は美容師	1957	東宝	川田貫一	杉原貞雄、平尾善大	水木洋子
気違い部落	1957	松竹大船	解説者X氏		きだみのる
負ケラレマセン勝ツマデハ	1958	東宝	岡見久吉（自動車内張屋）	佐藤一郎	坂口安吾
口から出まかせ	1958	東宝	宮本小次郎	滝村和男	
恋は異なもの味なもの	1958	東宝	繁三	佐藤一郎、山崎喜暉	
東京の休日	1958	東宝	中華屋李香蘭の店主	堀江史朗	
民族の河メコン　日本民族の原流を探る	1958	読売映画社／東和映画配給	（解説）	川喜多長政、田口助太郎	
暖簾	1958	東宝	八田吾平／次男孝平	滝村和男	山崎豊子
欲	1958	松竹京都	荒手取格之進	杉山茂樹	尾崎士郎
つづり方兄妹	1958	東宝	河原	滝村和男	野上丹治、野上洋子、野上房雄
みみずく説法	1958	東宝	今野東吾和尚	滝村和男	今東光
女侠一代	1958	松竹京都	大陸浪人	杉山茂樹	火野葦平

脚本	監督	撮影	音楽	共演
梅田晴夫、山本嘉次郎	山本嘉次郎	飯村正	服部良一	山口淑子、雪村いづみ
古川緑波	古川緑波	杉本正二郎	古賀政男	近江俊郎、三木のり平
柳沢類寿	佐藤武	山崎安一郎	松井八郎	島秋子、馬淵晴子
井手俊郎	久松静児	姫田真佐久	團伊玖磨	伊藤雄之助、三國連太郎
八木保太郎、毛利三四郎	マキノ雅弘	横山実	松井八郎	河津清三郎、北原三枝
川内康範	渡辺邦男	渡辺孝	松井八郎	杉葉子、清川虹子
三村伸太郎	中川信夫	岡戸嘉外	清瀬保二	若山富三郎、桂木洋子
渡辺邦男、川内康範	渡辺邦男	渡辺孝	松井八郎	上原謙、藤田進
八木保太郎	マキノ雅弘	横山実	松井八郎	河津清三郎、北原三枝
八住利雄	久松静児	高橋通夫、玉井正夫	團伊玖磨	田中絹代、高峰秀子
川内康範	渡辺邦男	渡辺孝	松井八郎	杉葉子、久保菜穂子
笠原良三	千葉泰樹	西垣六郎	三木鶏郎	上原謙、小林桂樹
梅田晴夫、宮内義治	青柳信雄	芦田勇	飯田信夫	岡田茉莉子、志村喬
須崎勝彌	渡辺邦男	渡辺孝		藤田進、角梨枝子
須崎勝彌	渡辺邦男	渡辺孝	松井八郎	紫千鶴、江畑絢子
八住利雄	豊田四郎	三浦光雄	團伊玖磨	淡島千景、司葉子
柳沢類寿	川島雄三	横山実	仁木他喜雄	月丘夢路、三橋達也
マキノ雅弘	マキノ雅弘	高村倉太郎	大久保徳次郎	水島道太郎、河津清三郎
長瀬喜伴、小野田勇	瑞穂春海	三村明	原六郎	香川京子、瑳峨三智子
キノトール、三木鮎郎、小野田勇	渡辺邦男	渡辺孝	松井八郎	紫千鶴、中村メイコ
椿澄夫、梅田晴夫	青柳信雄	遠藤精一	松井八郎	池部良、小泉博
高岩肇	久松静児	姫田真佐久	伊福部昭	新珠三千代、左幸子
井手俊郎、長瀬喜伴	瑞穂春海	三村明	奥村一	木暮実千代、瑳峨三智子
長瀬喜伴、新井一	瑞穂春海	三村明	小川寛興	香川京子、杉葉子
野村芳太郎、光畑碩郎	野村芳太郎	井上晴二	木下忠司、村山芳男	草笛光子、佐田啓二
井手俊郎、長谷川公之	杉江敏男	完倉泰一	神津善行	美空ひばり、江利チエミ

作品名	封切年	配給	役名	製作	原作（作）
土曜日の天使	1954	東宝	片岡敬吉	滝村和男	中野実
陽気な天国	1955	近江プロ／日活配給	久森繁也	近江俊郎	
スラバヤ殿下Prince Soerabaja	1955	日活	長曽我部久太郎、長曽我部永二	高木雅行	菊田一夫
警察日記	1955	日活	吉井巡査	坂上静翁	伊藤永之介
次郎長遊侠伝　秋葉の火祭り	1955	日活	森の石松	浅田健三	
森繁の新入社員	1955	新東宝	豊臣三太郎		
番場の忠太郎	1955	新東宝	青木一作		長谷川伸
のんき裁判	1955	新東宝	被告	星野和平	
次郎長遊侠傳　天城鴉	1955	日活	森の石松	浅田健三	
渡り鳥いつ帰る	1955	東宝	吉田伝吉	滝村和男、三輪禮二	永井荷風
森繁のやりくり社員	1955	新東宝	森岡繁	安達英三郎	
アツカマ氏とオヤカマ氏	1955	新東宝	春山	藤本真澄、金子正且	岡部冬彦
芸者小夏　ひとり寝る夜の小夏	1955	東宝	川島	佐藤一郎	舟橋聖一
わが名はペテン師	1955	新東宝	堀川新兵衛		キノトール、小野田勇
森繁のデマカセ紳士	1955	新東宝	堀川	安達英三郎、前川洋佑	キノトール、小野田勇
夫婦善哉	1955	東宝	維康柳吉	佐藤一郎	織田作之助
銀座二十四帖	1955	日活	ムービージョッキー（声）	岩井金男	井上友一郎
人生とんぼ返り	1955	日活	市川段平	高木雅行	長谷川幸延
いらっしゃいませ	1955	東宝	区々坪平	永島一朗、山崎喜暉	代田安彦
森繁の新婚旅行	1956	新東宝	森文吾	安達英三郎、前川洋佑	
花嫁会議	1956	東宝	山ノ内専務	佐藤一郎	
神阪四郎の犯罪	1956	日活	神阪四郎	岩井金男	石川達三
鬼の居ぬ間	1956	東宝	丹木南平	滝村和男	源氏鶏太
森繁よ何処へ行く	1956	東宝	森繁太郎	山崎喜暉	キノトール、小野田勇
花嫁募集中	1956	松竹大船	川本（ジョージ）金太郎	保住一之助	三木鮎郎
ロマンス娘	1956	東宝	森下	杉原貞雄	井手俊郎

脚本	監督	撮影	音楽	共演
民門敏雄	森一生	武田千吉郎	大久保徳二郎	大泉滉、伴淳三郎
須崎勝彌	佐伯幸三	峰重義	飯田三郎	菅原謙二、若尾文子
丸根賛太郎	丸根賛太郎	松井鴻	高橋半	横山エンタツ、岸井明
八田尚之	杉江敏男	会田吉男	飯田信夫	池部良、久慈あさみ
松浦健郎	佐伯幸三	鈴木博	鈴木静一	八千草薫、小林桂樹
松浦健郎、村上元三	マキノ雅弘	山田一夫	鈴木静一	小堀明男、若山セツ子
民門敏雄	加戸敏	牧田行正	白木義信	伏見和子、入江たか子
松浦健郎、井手雅人	渡辺邦男	渡辺孝		柳家金語楼、野上千鶴子
城三平	志村敏夫	平野好美		伴淳三郎、月丘千秋
西亀元貞、棚田吾郎	滝沢英輔	会田吉男	松井八郎	越路吹雪、若山セツ子
吉村公三郎、清水宏	清水宏	鈴木博	大森盛太郎、小沢秀夫	佐野周二、島崎雪子
松浦健郎	マキノ雅弘	山田一夫	鈴木静一	小堀明男、若山セツ子
松浦健郎	マキノ雅弘	山田一夫	鈴木静一	小堀明男、廣沢虎造
関沢新一、清水宏	清水宏	遠藤精一	松井八郎	池部良、有馬稲子
八住利雄	渡辺邦男	渡辺孝	鈴木静一	藤間紫、柳家金語楼
八田尚之	丸山誠治	山崎一雄	渡辺浦人	池部良、岡田茉莉子
高木恒穂	冬島泰三	藤井春美	河村篤二	大谷友右衛門、八千草薫
松浦健郎	マキノ雅弘	飯村正	鈴木静一	小堀明男、河津清三郎
松浦健郎	マキノ雅弘	飯村正	鈴木静一	小堀明男、河津清三郎
松浦健郎	マキノ雅弘	飯村正	鈴木静一	小堀明男、河津清三郎
池田一朗、山本嘉次郎	山本嘉次郎	安本淳	渡辺浦人	小林桂樹、伊豆肇
井手俊郎	青柳信雄	山崎一雄	三木鶏郎	榎本健一、古川緑波
梅田晴夫	杉江敏男	玉井正夫	飯田信夫	岡田茉莉子、池部良
池田一朗、山本嘉次郎	山本嘉次郎	安本淳	渡辺浦人	小林桂樹、河内桃子
小川信昭、沖原俊哉	マキノ雅弘	飯村正	鈴木静一	小堀明男、越路吹雪
梅田晴夫	鈴木英夫	鈴木斌	松井八郎	根岸明美、加東大介
岸松雄	渡辺邦男	渡辺孝	松井八郎	新倉美子、高島忠夫

作品名	封切年	配給	役名	製作	原作（作）
腰抜け巌流島	1952	大映京都	宮本武蔵		荻原賢次（原案）
明日は日曜日	1952	大映東京	宮田課長		源氏鶏太
エンタツちょび髭漫遊記	1952	東映	無敵尊者（剣聖）	高村将嗣	香住春吾
あゝ青春に涙あり	1952	東宝	寛助	佐藤一郎	
一等社員　三等重役兄弟篇	1953	東宝	天栗太郎	藤本真澄	源氏鶏太
次郎長三国志　第二部 次郎長初旅	1953	東宝	森の石松	本木荘二郎	村上元三
凸凹太閤記	1953	大映京都	木下藤吉郎		
親馬鹿花合戦	1953	新東宝	源斉		
色ごよみ　権九郎旅日記	1953	新東宝	権九郎		田岡典夫
安五郎出世	1953	東宝	中山安五郎	田中友幸	藤原審爾
もぐら横丁	1953	新東宝	出岡	柴田万三	尾崎一雄
次郎長三国志　第三部 次郎長と石松	1953	東宝	森の石松	本木荘二郎	村上元三
次郎長三国志　第四部 勢揃い清水港	1953	東宝	森の石松	本木荘二郎	村上元三
都会の横顔	1953	東宝	牧さん	佐藤一郎	
亭主の祭典	1953	東宝	天野修作（医者）	山本紫朗	志智双六
坊っちゃん	1953	東宝	赤シャツ	加藤譲、佐藤一郎	夏目漱石
喧嘩駕籠	1953	宝塚映画／東宝	怪盗鼠小僧	森一	
次郎長三国志　第五部 殴込み甲州路	1953	東宝	森の石松	本木荘二郎	村上元三
次郎長三国志　第六部 旅がらす次郎長一家	1953	東宝	森の石松	本木荘二郎	村上元三
次郎長三国志　第七部 初祝い清水港	1954	東宝	森の石松	本木荘二郎	村上元三
坊っちゃん社員	1954	東宝	番太（まかない）	藤本真澄	源氏鶏太
落語長屋は花ざかり	1954	東宝	杢市（按摩）	佐藤一郎、岸井良衛	
芸者小夏	1954	東宝	川島	佐藤一郎	舟橋聖一
續坊っちゃん社員	1954	東宝	番太（まかない）	藤本真澄	源氏鶏太
次郎長三国志　第八部 海道一の暴れん坊	1954	東宝	森の石松	本木荘二郎	村上元三
魔子恐るべし	1954	東宝	山村寒三	佐藤一郎	宮本幹也
東京ロマンス　重盛君上京す	1954	新東宝	重盛重夫	安達英三郎	西沢実、寺島信夫

脚本	監督	撮影	音楽	共演
久板栄二郎、衣笠貞之助	衣笠貞之助	中井朝一	早坂文雄	山田五十鈴、土方与志
三村伸太郎	並木鏡太郎	平野好美		轟夕起子、香川京子
山下与志一	中川信夫	友成達雄	服部正	柳家金語楼、野上千鶴子
和田夏十、市川崑	市川崑	横山実	服部正	池部良、久慈あさみ
八田尚之	佐伯清	河崎喜久三	清瀬保二	藤田進、花井蘭子
八田尚之	佐伯清	河崎喜久三	清瀬保二	藤田進、花井蘭子
山下与志一	毛利正樹	山中進	鈴木静一	小林桂樹、野上千鶴子
小国英雄	稲垣浩	鈴木博	深井史郎	三船敏郎、浅茅しのぶ
岡田豊	原千秋			大空千尋、市村俊幸
和田夏十、市川崑	市川崑	横山実	飯田信夫	池部良、伊藤雄之助
村上元三、松浦健郎、藤木弓(=稲垣浩)	稲垣浩	飯村正	深井史郎	大谷友右衛門、山根寿子
松浦健郎、渡辺邦男	渡辺邦男	渡辺孝	鈴木静一	榎本健一、古川緑波
佐伯清、井手雅人	佐伯清	小原譲治		池部良、白光
友田昌二郎	渡辺邦男	渡辺孝	西悟郎	宮城千賀子、田崎潤
高岩肇	久松静児	高橋通夫	服部良一	笠置シヅ子、白鳥みづえ
井出俊郎	丸山誠治	中井朝一	渡辺浦人	小林桂樹、杉葉子
椎名文、島耕二	島耕二	三村明	大森盛太郎	水島道太郎、香川京子
松浦健郎	マキノ雅弘	山崎一雄	鈴木静一	重光彰、田崎潤
神谷量平	渡辺邦男	渡辺孝	服部良一	久慈あさみ、折原啓子
山本嘉次郎、井手俊郎	春原政久	玉井正夫	松井八郎	河村黎吉、小林桂樹
神谷量平	渡辺邦男	渡辺孝	服部良一	轟夕起子、折原啓子
井手俊郎、吉田二三夫	千葉泰樹	飯村正	飯田信夫	原節子、三船敏郎
笠原良三	佐伯幸三	秋野友宏	渡辺浦人	若尾文子、長谷部健
松浦健郎	鈴木英夫	飯村正	三木鶏郎	河村黎吉、小林桂樹

●映画

作品名	封切年	配給	役名	製作	原作（作）
女優	1947	東宝	座員	松崎啓次	
腰抜け二刀流	1950	新東宝	宮本武蔵		稲垣浩
アマカラ珍道中	1950	新東宝	井川（背景画家）	山下敬太郎（＝柳家金語楼）、小笠原久夫	有崎勉（＝柳家金語楼）
恋人	1951	新東宝	ナイトクラブのマネージャー	青柳信雄	梅田晴夫
新遊侠傳	1951	新東宝	留吉（捕手）	永島一朗	火野葦平
新遊侠傳　遊侠往来	1951	新東宝	留吉（捕手）	永島一朗	火野葦平
有頂天時代	1951	新東宝	片倉（ニュースカメラマン）	坂上静翁	藤倉修一
海賊船	1951	東宝	チャック（海賊）	本木荘二郎、菅英久	
花嫁蚤と戯むる	1951	東映	蚤		池田愛
ブンガワンソロ	1951	新東宝	武上等兵	佐藤一郎	金貝省三
完結　佐々木小次郎　巌流島決闘	1951	東宝	お喋り町人	宮城鎮治、稲垣浩	村上元三
極楽六花撰	1951	東宝	暗闇の丑松	加藤譲	
恋の蘭燈	1951	新東宝	佐竹（「銀座の雀」）		
落花の舞	1952	新東宝	藤吉（小悪党）	岸川誠輔	前田曙山
生き残った辨天様	1952	大映東京	森髷秀弥		チャールス・J・ミラゾー
息子の花嫁	1952	東宝	千造（八百屋）	田中友幸	宇野信夫
上海帰りのリル	1952	新東宝	岡村一郎（バンドマスター）	竹中美弘	藤田澄子
浮雲日記	1952	東宝	仙吉（ポン引）	本木荘二郎	富田常雄
チャッカリ夫人とウッカリ夫人	1952	新東宝	茂さん	佐藤一郎	梅田晴夫、市川三郎、佐々木恵美子
三等重役	1952	東宝	浦島太郎（人事課長）	藤本真澄	源氏鶏太
續チャッカリ夫人とウッカリ夫人　底抜けアベック三段とび	1952	新東宝	高橋頑鐵（居候）	佐藤一郎	梅田晴夫、市川三郎、佐々木恵美子
東京の恋人	1952	東宝	赤澤（成金）	熊谷久虎、藤本真澄	
花嫁花婿チャンバラ節	1952	大映東京	青木（証券会社秘書）		
續三等重役	1952	東宝	浦島太郎（人事課長）	藤本真澄	源氏鶏太

1999年
『心に詩を〜美空ひばり・森繁久彌　二人の声』日本コロムビア、2001年
『森繁久彌　愛誦詩集』avex io、2001年
『森繁久彌　ああ戦友　白秋』avex io、2001年
『森繁久彌　望郷詩集』avex io、2003年
『森繁久彌全曲集』コロムビア、2006年
『森繁久彌大全集CD』コロムビア、2007年、2枚組
『森繁ゴールデン劇場』1「あの唄 この唄 僕の唄」 2「ロマン誕生「人生劇場」(原作・尾崎士郎)」 3「ロマン誕生「妹の縁談」(原作・山本周五郎)」 4「ロマン誕生「湯治」(原作・山本周五郎)」 5「ロマン誕生「おたふく」(原作・山本周五郎)」、ビクターエンタテインメント、2008年
『何処へ　森繁久彌ラストコンサート』ポニーキャニオン、2009年
『森繁久彌　歌の旅　映画の人生』ビクターエンタテインメント、2010年
『森繁久彌のNHK日曜名作座　藤沢周平名作選』CDブック14枚組、小学館、2010年
『文化放送アーカイブス「語り芸」』文化放送、2010年(「今晩は森繁久彌です」「友よ森繁だ」のCD化)
『わたしの自叙伝』日本放送出版協会(NHK CD)、森繁久彌・芦田伸介、2012年
*その他音楽LP、CD等多数

● VHS、DVD
(映画作品等のVHS、DVDを除く)
『森繁巡礼　第1部〜忘れがたき旅情 わが故郷を歌う』バップ、1997年(日本列島を巡るドキュメンタリー。監督・松本正志、監修・三浦朱門)
『森繁巡礼　第2部〜美しき旅人 時の舞』バップ、1997年(日本の四季を旅するドキュメンタリー。監督・松本正志、監修・三浦朱門)
『イスラエルに見る聖書の世界　旧約編』森繁久彌・神津カンナ、ミルトス、2005年
『森繁對談・日曜日のお客様』TCエンタテインメント、2015年(森繁久彌司会による対談番組、1982年放送、毎日放送製作、毎日放送・TBS系列放送。森繁久彌七回忌追悼企画)

『友よ明日泣け』サンケイ新聞出版局　1966年
『涙をけとばせ――今晩は森繁久彌です』（森繁久彌、川崎洋他）文化放送出版部、1967年
『猛烈社員の条件――社長さん森繁です』新人物往來社、1969年
『満州旅情――1938年夏　飯田鉄太郎写真集』（写真・飯田鉄太郎、文・森繁久彌）サンブライト出版、1981年
『わたしのニューカレドニア』（森繁久彌、小谷章 共編）太陽出版、1982年
『こぼれ松葉　森繁久彌の五十年』（カセット付）日本放送出版協会、1983年
『フォトエッセー　碧い海をもとめて――“めいきっす3世号”日本一周クルージング』（詩と文・森繁久彌、写真・佐々木正和）東京新聞出版局、1992年
『森繁巡礼――森繁久彌フォトエッセイ　忘れがたき旅路、わが故郷を求めて』日本テレビ放送網、1992年（文化勲章受章記念）
『悪人正機を生きる――親鸞の世界』（梅原猛、森繁久彌他）プレジデント社（人生学読本）、1995年
『私の父、私の母 Part II』（「父と母の昔話」収録）中央公論社、1996年
『対談　男と女の一心不乱』（森繁久彌、加藤唐九郎、加藤登紀子他）風媒社、1997年
『森繁久彌　八六才芸談義』（述・森繁久彌、聞き手・倉本聰）小学館（小学館文庫）、1999年
『大遺言書』（語り・森繁久彌、文・久世光彦）新潮社、2003年（新潮文庫、2006年）
『今さらながら大遺言書』（語り・森繁久彌、文・久世光彦）新潮社、2004年
『生きていりゃこそ』（語り・森繁久彌、文・久世光彦）新潮社、2005年
『さらば大遺言書』（語り・森繁久彌、文・久世光彦）新潮社、2006年
『聞いたり聞かれたり』（和田誠 編著）（「森繁久彌、役者を語る」収録）七つ森書館、2013年
『お茶をどうぞ――向田邦子対談集』河出書房新社、2016年（河出文庫、2019年）
『高峰秀子と十二人の男たち』河出書房新社、2017年（高峰秀子対談集）
『泥水のみのみ浮き沈み――勝新太郎対談集』文藝春秋（文春文庫）、2017年

●カセット、CD

『ふと目の前に　自作エッセイ朗読』（東京新聞カセットブック）東京新聞出版局、1988年
『山椒魚　屋根の上のサワン』（新潮カセットブック）新潮社、1990年
『唐詩を読む』（新潮カセットブック）新潮社、1991年
『小倉百人一首』ポリスター、1995年
『森繁久彌の21世紀の孫たちへ　語り継がれる昔話』エイベックス・トラックス、

森繁久彌　全仕事一覧

＊『銀幕の天才 森繁久彌』（山田宏一編、ワイズ出版、2003年）等を参考に作成

◎著 作

●単行本（単著）

『こじき袋』読売新聞社　1957年（中公文庫 1980年）
『見てきた・こんな・ヨーロッパ』雪華社　1961年（中公文庫 1992年）
『アッパさん船長』中央公論社　1961年（文庫 1978年）
『森繁自伝』中央公論社　1962年（文庫 1977年）
『森繁らくがき帖　はじのうわぬり』今野書房　1964年
『ブツクサ談義』未央書房　1967年
『知床旅情』共同音楽出版社（Kyôdô's Band Score）　1971年
『わたしの自由席』大学書房　1976年（中公文庫 1979年）
『一片の雲』ちはら書房　1979年
『にんげん望遠鏡』朝日新聞社　1979年
『さすらいの唄　私の履歴書』日本経済新聞社　1981年
『人師は遭い難し』新潮社　1984年
『ふと目の前に』東京新聞出版局　1984年
『あの日あの夜』東京新聞出版局　1986年
『左見右見』扶桑社　1987年
『森繁久彌の碧い海を求めて――メイキッスⅢ世号　日本一周クルージング』東京新聞出版局　1992年
『隙間からスキマへ』日本放送出版協会　1992年
『海よ友よ』朝日新聞社　1992年
『夜光虫』新潮社　1993年
『帰れよや我が家へ』ネスコ　1994年
『青春の地はるか』日本放送出版協会　1996年
『もう一度逢いたい』朝日新聞社　1997年
『品格と色気と哀愁と』朝日新聞社　1999年

●単行本（共著・寄稿等）

『森繁久弥の朝の訪問』日本放送出版協会（NHK 新書）、1957年

〈シリーズ完結記念　特別公開〉

森繁久彌さんの肉声

完結に際して、ぜひ森繁さんの声の魅力を味わっていただきたいと思います。

下記のQRコードをスマートフォンなどで読み取っていただければ、藤原書店ホームページから森繁さんの朗読をお聞きいただけます。

本巻をお求めいただいた皆様のみの特典です。

1 **木切れ**　昭和59（1984）年初出
2 **知床旅情**　（同上）
3 **ふと目の前に**　（同上）
4 **君散りぬ、君果てぬ**　昭和56（1981）年初出

（いずれもコレクション第3巻所収。録音は昭和63（1988）年）

↓スマートフォンで読み取ってください。

著者紹介

森繁久彌（もりしげ・ひさや）

大正2（1913）年、大阪府枚方市に生れる。2歳の時に父・菅沼達吉が死去。大正9年、母方祖父の姓を継ぎ森繁久彌に。昭和10年、早稲田大学商学部入学。昭和11年、東宝新劇団に入団、解散し東宝劇団歌舞伎、次いでロッパ一座に。昭和14年、NHKアナウンサー試験を経て、満洲の新京中央放送局に勤務。昭和21年、新京で劇団コッコ座を結成、11月帰国。昭和22年、「女優」で映画初出演。昭和24年、新宿ムーラン・ルージュに参加。昭和25年、「腰抜け二刀流」で映画初主演。昭和28年、「半七捕物帳　十五夜御用心」でテレビ初出演。昭和30年、映画「警察日記」「夫婦善哉」大ヒット。昭和31年、ブルーリボン賞、「へそくり社長」で「社長シリーズ」始まる。昭和33年、「駅前旅館」で「駅前シリーズ」始まる。昭和35年、初プロデュースの主演映画「地の涯に生きるもの」。この撮影で「知床旅情」作詞・作曲。昭和37年、森繁劇団の旗揚げで「南の島に雪が降る」上演。昭和42年、ミュージカル「屋根の上のヴァイオリン弾き」初演（主演テヴィエ役、昭和61年に900回を迎える）。昭和48年、映画「恍惚の人」大ヒット。昭和59年、文化功労者。平成3年、俳優として初の文化勲章を受章。平成16年、映画「死に花」で最後の映画出演。テレビドラマ「向田邦子の恋文」で最後の演技。平成21（2009）年11月10日死去。12月、国民栄誉賞が追贈。

海《うみ》――ロマン
全著作《ぜんちょさく》〈森繁久彌《もりしげひさや》コレクション〉5（全5巻）　〈最終配本〉

2020年 8月10日　初版第1刷発行©

著　者　森繁久彌
発行者　藤原良雄
発行所　株式会社　藤原書店

〒162-0041　東京都新宿区早稲田鶴巻町 523
電　話　03（5272）0301
FAX　03（5272）0450
振　替　00160 - 4 - 17013
info@fujiwara-shoten.co.jp

印刷・製本　中央精版印刷

Printed in Japan
ISBN978-4-86578-275-2

全著作〈森繁久彌コレクション〉

全5巻　**内容見本呈**

推薦　石原慎太郎／稲盛和夫／老川祥一／岡田裕介／加藤登紀子／黒柳徹子／堺 正章／玉井義臣／野村正朗／橋田壽賀子／橋本五郎／松本白鸚／萬代 晃／山田洋次／由井常彦／吉永小百合

2019年10月発刊　各巻本体2800円
四六変上製カバー装　各600頁程度
各巻に**解説・口絵・月報**を収録

I　道——自伝　　**解説＝鹿島 茂**

文人の家系に生まれその流れを十二分に受け継ぎ、演劇の世界へ。新天地・満洲での活躍と苦難の戦後、帰国。そして新しい日本で、俳優として活躍された森繁さん。人生五十年の“一応の区切り”として書いた『森繁自伝』他。　〈付〉年譜／人名索引

月報＝草笛光子／山藤章二／加藤登紀子／西郷輝彦

640頁　ISBN978-4-86578-244-8　［第1回配本／2019年10月］2800円

II　人——芸談　　**解説＝松岡正剛**

「芸」とは何か、「演じる」とは何か。俳優としての森繁さんは、自らの“仕事”をどう見ていたのか。また俳優仲間、舞台をともにした仲間との思い出を綴る珠玉の随筆を集める。

月報＝大宅映子／小野武彦／伊東四朗／ジュディ・オング

512頁　ISBN978-4-86578-252-3　［第2回配本／2019年12月］2800円

III　情——世相　　**解説＝小川榮太郎**

めまぐるしい戦後の社会の変化の中で、古き良き日本を知る者として、あたたかく、時にはちくりと現代の世相を突く名言を残された。

月報＝大村崑／宝田明／塩澤実信／河内厚郎

480頁　ISBN978-4-86578-259-2　［第3回配本／2020年2月］2800円

IV　愛——人生訓　　**解説＝佐々木 愛**

俳優として芸能界の後輩に語るだけでなく、人生のさまざまな場面で、だれの心にもしみる一言を残してくれた森繁さん。

月報＝池辺晋一郎／本條秀太郎／林家正蔵／原 荘介

360頁　ISBN978-4-86578-268-4　［第4回配本／2020年4月］2800円

V　海——ロマン　　**解説＝片山杜秀**

人と文化をつなぐ“海”を愛し、「ふじやま丸」「メイキッス号」などの船を所有し、78歳で日本一周をなしとげた。また歌を愛した森繁さんの詩を集成。　**［附］森繁久彌の書画、詩碑／全仕事一覧**

月報＝司葉子／安奈淳／岩代太郎／黒鉄ヒロシ／上條恒彦／富岡幸一郎／森繁建

488頁　ISBN978-4-86578-275-2　［最終配本／2020年7月］2800円